Knaur

Frank von Berger

Schöne Gärten mit Stauden

Frank von Berger

Schöne Gärten mit Stauden

- Bewährte Pflanzpläne für alle Standorte
- Stauden kombinieren und inszenieren

www.knaur.de

Bibliografische Information Der Deutschen Bibliothek
Die Deutsche Bibliothek verzeichnet diese Publikation in der Deutschen Nationalbibliografie; detaillierte bibliografische Daten sind im Internet über http://dnb.ddb.de abrufbar.

Ein Unternehmen der Droemerschen Verlagsanstalt Th. Knaur Nachf. GmbH & Co., München

Umschlaggestaltung: ZERO Werbeagentur, München
Illustration: Svetlana Safronow
Satz: Uhl + Massopust, Aalen
Reproduktion: Repro Ludwig, Zell am See
Druck und Bindung: Appl, Wemding
Gedruckt auf chlorfrei gebleichtem Papier
Printed in Germany

ISBN 3-426-66731-2

Bitte besuchen Sie uns im Internet unter www.droemer-knaur.de

Bildnachweis

GBA/GartenBildAgentur S. 4/5,6, 7, 8, 10, 22, 23, 28, 31, 33, 36, 52, 74, 97, 100, 126; Redeleit S. 127 re., 130 li., 139 re., 141 li., 142 li., 149 re.; alle anderen Fotos sind vom Autor.
Umschlagfoto: GBA/Garten-BildAgentur (Vorder- und Rückseite)

Erläuterungen der Piktogramme

- Winterhart
- Nicht winterhart
- Winterschutz erforderlich
- Immergrün
- Blattzierend
- Bienenweide
- Vasenschmuck
- Standort Halbschatten
- Standort Schatten
- Standort Sonne
- Pflanze für Steingarten, Trockenmauer oder Kräuterspirale
- Pflanze für den Uferbereich
- Topf- und Kübelpflanze
- Bodendecker
- Zweijährige Pflanze
- Pflegeintensiv
- Pflegeleicht
- Viel gießen
- Normal gießen
- Wenig gießen
- Für Anfänger
- Für Spezialisten
- Regelmäßiger Schnitt erforderlich
- Giftpflanze

Inhalt

Kenner geraten beim Anblick eines gut geplanten und sorgfältig gepflegten Staudengartens ins Schwärmen, Laien genießen einfach die außergewöhnliche Atmosphäre.

Vorwort

Dieses Buch ist sowohl für den Anfänger wie auch für den erfahrenen Freizeitgärtner geschrieben worden. Der Anfänger findet neben den grundsätzlichen Gestaltungsprinzipien für Staudenbeete praktische Pflanz- und Pflegehinweise, Tipps und Adressen zum Pflanzenkauf sowie einen Vorschlag für das erste pflegeleichte Staudenbeet mit robusten Pflanzen. Dem geschulten Gartenfreund bieten die zahlreichen, detaillierten Pflanzpläne neue Anregungen und Problemlösungen für fast jede Gartensituation: Schattige Standorte werden genauso berücksichtigt wie Hanglagen, trockene Standorte oder solche mit staunassen Böden. Tabellen nennen an den betreffenden Stellen geeignete Stauden für die jeweilige Situation, damit man weiß, was dort wächst und wie man variieren kann. Dem Liebhaber des Besonderen werden Vorschläge gemacht, wie man dem Garten durch attraktive, ausgefallene Gestaltungen, beispielsweise durch ein Moor- oder Sumpfbeet oder eine Trockenmauer noch mehr Ausdruck und Persönlichkeit verleihen kann.

Dass hierbei den Farben und Formen, den Blattstrukturen und dem Wuchshabitus von Stauden eine ganz besondere Rolle zukommt, ist kaum verwunderlich, sind doch Stauden unter den Gewächsen des Ziergartens die unbestritten vielseitigsten und dekorativsten Vertre-

ter. Die Bandbreite reicht dabei von den Teppich bildenden Bodendeckern wie Mauerpfeffer, Moosphlox und Ysander über dekorative Blütenstauden wie Sonnenhut, Mädchenauge und Feinstrahl bis hin zu so spektakulären Solitärstauden wie den großen Bartiris-Zuchtsorten, dem auffälligen Rittersporn oder den Edelpfingstrosen. Dabei werden nicht nur die bekanntesten Sorten berücksichtigt, auch Ausgefallenes wird in ungewöhnlichen Arrangements kombiniert. Neben den Wurzel- und Rhizomstauden werden auch die Zwiebelstauden berücksichtigt, da sie besonders im Frühjahr eine wichtige Rolle im Staudengarten spielen. Oft sind sie die ersten im Jahr, die mit ihren bunten Blüten erfreuen. Andere Zwiebelstauden wie die im Herbst blühende Gewitterblume, die filigrane Schachbrettblume oder die Türkenbundlilie sind echte Raritäten für besondere Gestaltungen. Darüber hinaus werden Wildstauden und einheimische Stauden wie Eisenhut, Blutweiderich, Küchenschelle oder Waldgeißbart vorgestellt, die leider immer seltener in der freien Natur anzutreffen sind. Sie sind oft ebenso attraktiv wie die Zuchtsorten, aber leisten außerdem noch einen wertvollen Beitrag zur ökologischen Vielfalt im Garten. Spezialisierte Gärtnereien haben sich auf die Vermehrung und den Vertrieb dieser Stauden konzentriert. Über Adressen und Hinweise sowie Literatur gibt der Anhang Auskunft.

Wem der Zierwert der Stauden allein nicht genügt, der findet auch Anregungen zur Gestaltung mit nützlichen und heilkräftigen Stauden. Nicht alles, was praktisch ist, muss gleichzeitig reizlos und nüchtern wirken. Vielleicht kommen Sie ja auf den Geschmack und setzen zur Abwechslung zwischen Kohl und Tomaten einmal die eine oder andere blühende Staude wie Sonnenauge, Sonnenbraut oder die vielseitigen Astern, so wie es früher in den Bauerngärten üblich war. Oder Sie versuchen es einmal mit den herrlich duftenden und wundervoll blühenden Heil- und Würzstauden wie Salbei, Lavendel oder dem Echten Eibisch, deren Zierwert oft vernachlässigt wird.

Doch nicht nur das dekorative Aussehen macht Stauden zu so wertvollen Gartenbewohnern: Mit Stauden kann man einen Garten schaffen, der jedes Jahr von neuem blüht und grünt und sich mit den Jahren immer weiter entwickelt. Nach der ersten Investition von Arbeitskraft und Geld entsteht oft ein dynamisches Gleichgewicht im Staudenbeet, das sich mit minimalem Arbeitsaufwand pflegen und erhalten lässt. Sogar einen Garten für Faulpelze und Pflegemuffel kann man mit pflegeleichten, anspruchslosen Stauden wie Schleifenblumen, Fetthennen und Glockenblumen schaffen. Lassen Sie sich von unseren Vorschlägen und der Vielfalt der Stauden inspirieren.

Was sind Stauden?

Stauden bieten in ihrer kaum noch überschaubaren Formen- und Artenvielfalt nahezu unerschöpfliche Gestaltungsmöglichkeiten. Bunte Rabatten und attraktive Solitärstauden sind der Stolz jedes Gärtners. Kenner geraten bei Nennung oder gar Ansicht einer besonders raren Staudensorte ins Schwärmen. Echte Staudenliebhaber nehmen weite Fahrten und hohe Kosten auf sich, um ein besonderes Exemplar zu erwerben. Doch es muss nicht immer das ganz Ausgefallene sein: Anfänger und Laien, aber auch noch erfahrene Gärtner erfreuen sich genauso an schlichteren, anspruchsloseren Beetstauden, Bodendeckern und Zwiebelblühern.

Aber was sind eigentlich Stauden? Nun, Stauden sind in jedem Fall ausdauernde, mehrjährige Pflanzen, deren Stiele und Stängel jedoch nicht verholzen, so wie das bei den Sträuchern und Bäumen der Fall ist. Sie werden mindestens zwei Jahre alt, manche können aber auch 60 Jahre und älter werden, ohne ihre Vitalität und Blühfreudigkeit einzubüßen.

Solche Methusalem-Pflanzen sind beispielsweise die Pfingstrosen (*Paeonia*) und die Taglilien-Arten (*Hemerocallis*), die sich auch nach dem Verpflanzen oft einige Jahre Zeit lassen, bis sie wieder zu blühen beginnen, dann aber ein Menschenalter überdauern können. Die meisten Gartenstauden erreichen unter guten Bedingungen ein Alter von acht bis 20 Jahren. Durch rechtzeitiges Teilen und Verpflanzen kann man die meisten Stauden verjüngen und so ihre Lebenszeit um ein Vielfaches verlängern. Stauden erreichen meistens innerhalb von nur zwei Jahren ihren ausgewachsenen Zustand, entwickeln sich dann nur noch in die Breite und blühen jährlich. Die krautigen, oberirdischen Teile der Stauden vertrocknen im Winter, die Pflanze zieht sich unter die Erdoberfläche zurück. Die meisten Stauden besitzen gut entwickelte unterirdische Speicherorgane, die normalerweise auch frostige Winter überstehen. Im Frühjahr treiben die Stauden dann, sofern ihnen weder arktische Temperaturen noch Schädlinge zugesetzt haben, wieder neu aus. Die Knospen für diesen Austrieb liegen an der Pflanzenbasis entweder im oder nahe am Erdboden. Zu den Stauden zählen ganz verschiedene Pflanzen, von denen viele winterhart, d.h. frostunempfindlich und manche Wärme liebend oder sogar frostgefährdet sind. Üblicherweise pflanzt man Stauden direkt in die Beete, doch kann man sie auch in Kübeln und Töpfen kultivieren. Da es unzählige Stauden gibt, hat man sie in verschiedene Hauptgruppen eingeteilt und damit gleichzeitig auf ihre Verwendung im Beet hingewiesen:

Die klassischen Staudengewächse sind die Beetstauden. Die meisten Vertreter dieser Gruppe sind Allerweltsstauden, die keine besonderen Ansprüche stellen, auf fast allen Böden gut wachsen und üppig blühen sowie auch für Anfänger bestens geeignet sind. Zu den Beetstauden zählen so populäre Arten wie Astern (*Aster*), Sonnenhut (*Rudbeckia*), Schafgarbe (*Achillea*) und Trollblume (*Trollius*). Die Prachtstauden sind eine Untergruppe der Beetstauden und zeichnen sich durch besonders große und attraktive Blütenstände aus. Durch Zucht wurden zahlreiche Sorten herausgebildet, die auch höhere Ansprüche zufrieden stellen sollen. Typische Prachtstauden sind beispielsweise Rittersporn (*Delphinium-Elatum-* und *Belladonna*-Hybriden), Fackellilien (*Kniphofia*-Hybriden) und Schwertlilien (*Iris barbata*-Hybriden).

Wintergrüne Stauden, beispielsweise die Elfenblumen (*Epimedium*), Moosphlox-Sorten (*Phlox subulata*) und Nieswurz (*Helleborus*), ziehen ihr Laub im Herbst nicht ein, sondern behalten es den ganzen Winter über. Im Gegensatz zu den immergrünen Stauden (siehe Seite 12) stirbt bei den Wintergrünen das Laub erst zum Frühjahrsbeginn ab, um wenig später, noch im gleichen Frühjahr, wieder neu auszutreiben.

Immergrüne Stauden wie Schleifenblume (*Iberis sempervirens*), Wollziest (*Stachys byzantina*) und das Immergrün (*Vinca*) scheinen das ganze Jahr über ihre Blätter zu behalten. Tatsächlich erneuern sie jedoch ihre Blätter unabhängig von den Jahreszeiten kontinuierlich, aber nie alle auf einmal. Durch verschiedene biologische Strategien widerstehen ihre Blätter dann auch strengen Frösten.

Eine Sonderstellung nehmen die Halbsträucher (*Hemiphanerophyten*) ein, die meistens zu den Stauden gerechnet werden, obwohl ihre Stängel verholzen. Sie werden allerdings in den seltensten Fällen höher als 60 cm und können wie krautige Stauden im Beet eingesetzt werden. Typische Halbsträucher sind beispielsweise Lavendel (*Lavandula*), Salbei (*Salvia*) oder Heiligenkraut (*Santolina chamaecyparissus*). Erfrieren die holzigen Teile bei sehr niedrigen Temperaturen, treibt die Pflanze aus den unterirdischen, nicht aber aus den verholzten Teilen wieder aus.

Zwiebel- und Knollenpflanzen werden von den Botanikern ebenfalls zu den Stauden gerechnet, auch wenn sie in der Praxis oft eine andere Pflege und Behandlung brauchen als die klassischen Stauden. Sie sind, besonders im Frühling, nahezu unentbehrlich für eine attraktive und lebendige Beetgestaltung. Diese Pflanzen haben statt eines Wurzelstocks unterirdisch zwiebelförmige oder fleischige, knollenförmige Speicherorgane, in denen sie in der Vegetationspause die Nährstoffe speichern. Zu den Zwiebel- und Knollenpflanzen zählen u. a. Schneeglöckchen (*Galanthus*), Krokus (*Crocus*), Tulpen (*Tulipa*), Narzissen (*Narcissus*), Lilien (*Lilium*) und Gladiolen (*Gladiolus*), ebenso das Indische Blumenrohr (*Canna indica*), Dahlien (*Dahlia*) und Montbretien (*Crocosmia*).

Die Nieswurz (hier: *Helleborus lividus ssp. corsicus*) gehört zu den wintergrünen Stauden.

Verschiedene Sorten Narzissen und Tulpen in einer lebhaften, fröhlichen Kombination.

Züchtungen, Zuchtziele, Arten- und Sortenbezeichnungen

Unter den Stauden gibt es etliche Wildpflanzen, die aus den verschiedenen Teilen der Welt ihren Weg in die Gärten Europas gefunden haben. Meistens stammen sie aus Ländern, deren Klima dem unsrigen weitgehend entspricht, also gemäßigt und feucht, weder tropisch noch arktisch ist. Die Palette der im Handel verfügbaren Stauden ist im Laufe der Jahre immer größer geworden und erweitert sich ständig. Jeder Züchter verfolgt dabei bestimmte Zuchtziele. Damit eine Sorte als solche in den Handel gelangt, muss sie bestimmte Voraussetzungen erfüllen. Kriterien sind unter anderem die Qualität der Pflanzen und ihre speziellen Eigenschaften, die sie von anderen Sorten der gleichen Staudenart unterscheiden.

Alle Mitglieder einer Staudenart mit den gleichen Eigenschaften etwa in Wuchs, Blütenfarbe und -form, Blütezeit und Duft bilden eine Sorte. Sorten werden auch als Kultivare (Kurzform für »kultivierte Varietät«) bezeichnet und sind künstlich auf dem Weg der Zucht erzeugte oder natürlich durch Zufall entstandene Unterarten, Varietäten, Formen oder Hybriden.

Früher widmeten sich passionierte Gärtner der Zucht. Genannt seien hier unter vielen beispielsweise Karl Foerster und Georg Arends. Heute wird in speziellen Gärtnereien unter kontrollierten Bedingungen gezüchtet. In Deutschland werden diese Gärtnereien als Sichtungsgärtnereien bezeichnet. Adressen solcher Sichtungsgärtnereien finden Sie im Anhang dieses Buches.

Voraussetzungen für erfolgreiches Gärtnern mit Stauden

Das Gestalten mit Stauden, ihren verschiedenen Blütenfarben und -formen, Blattstrukturen und unterschiedlichen Wuchsformen macht sowohl dem Laien als auch dem Fachmann Freude. Obwohl der persönlichen Phantasie eigentlich keine Grenzen gesetzt sind, gibt es doch einige grundsätzliche Regeln, an die man sich halten sollte, denn schließlich sind Pflanzen nicht einfach tote Materie, sondern Lebewesen, die sich im Laufe ihres Pflanzenlebens verändern und Bedürfnisse haben, um wachsen und blühen zu können. Damit alles nach Wunsch klappt, sollte man etwas mehr über die einzelnen Staudensorten wissen. Praxisorientierte Pflanz- und Pflegetipps vom Fachmann helfen, Fehler zu vermeiden und führen Schritt für Schritt zum Erfolg. Über Besonderheiten und Charakter der jeweiligen Sorten informiert der Katalog im Anschluss an die Pflanzbeispiele.

Der Standort: Boden und Klima

Es wäre so schön, wenn alles problemlos überall wachsen würde – die meisten Pflanzen haben jedoch gewisse Ansprüche an ihre natürliche Umgebung, sowohl was das Klima als auch die Bodenbeschaffenheit angeht.

Klimazonen und Winterhärte

In Mitteleuropa gibt es verschiedene klimatische Bereiche, die je nach Region mehr oder weniger warme, feuchte Sommer und kalte bis sehr kalte, regenreiche Winter aufweisen. In den Flusstälern von Rhein, Main, Elbe und Mosel, am Bodensee, besonders aber an den Meeresküsten ist das Klima durch den ausgleichenden Faktor Wasser erfahrungsgemäß immer etwas milder als im Landesinneren. Die westlich der deutschen Mittelgebirge von Basel bis zum Niederrhein gelegenen Gebiete sind ebenfalls mit milderen Temperaturen gesegnet. Östlich der Mittelgebirge sind die Winter kälter, was für manche Stauden nicht mehr annehmbar ist. Auch in den höher gelegenen Gebieten der Voralpenregion ist das Klima oft zu rau, um heikle Staudenarten dort zu kultivieren. Ausnahmen bestätigen jedoch, wie überall, so auch hier die Regel: Vor einer Südwand, in einem sonnigen Winkel oder in einem besonders begünstigten Tal kann durchaus ein so mildes Kleinklima herrschen, dass die Zucht von empfindlicheren Stauden dort möglich ist.

Die meisten in Mitteleuropa verwendeten Gartenstauden sind voll winterhart, was bedeutet, dass sie das ganze Jahr über im Freien in der Erde verbleiben können. Manche Arten sind jedoch nur bedingt winterhart. Sie eignen sich allein für Regionen, die man als Weinbauklima bezeichnet, weil sie trotz einer gewissen Frosttoleranz bei Temperaturen von etwas unter -9° C oder lang anhaltendem Frost geschädigt oder ganz dahingerafft werden. Mit einem Winterschutz aus Reisig, Stroh oder einer Bastmatte versehen überstehen sie normale Winter problemlos. Einige wenige empfindliche Stauden, die sich des ungeachtet großer Beliebtheit erfreuen, vertragen überhaupt keine Minustemperaturen und müssen bei geringster Frostgefahr in helle, frostfreie, aber kühle Innenräume (Dachboden, Treppenhaus, heller Keller oder Garage) in Sicherheit gebracht werden. (Angaben und Tipps zur Überwinterung von Stauden siehe das Kapitel »Pflegetipps für Anfänger und Profis«.)

Ähnlich wie mit den Temperaturen sieht es auch mit dem Lichthunger der verschiedenen Stauden aus: Da gibt es wahre Sonnenanbeter wie die Schafgarben (*Achillea*), die Stockrose (*Alcea rosea*) oder das Mädchenauge (*Coreopsis grandiflora*), die im Schatten vor sich hinkümmern und nicht richtig blühen wollen. Andere wie Funkien (*Hosta*), Immergrün (*Vinca*), Christrose (*Helleborus*) oder Geißbart (*Aruncus dioicus*) brauchen mindestens Halbschatten wenn nicht sogar vollschattige Standorte. Bei einer geschickten Bepflanzung gelingt es, Frühjahrsblüher, z.B. Tränendes Herz (*Dicentra spectabilis*) oder Zwiebelgewächse wie Tulpen (*Tulipa*), Blaustern (*Scilla*) und Narzissen (*Narcissus*) an Stellen im Garten zu setzen, die bis zum späten Frühjahr noch sonnig sind, aber im Frühsommer von Blattstauden oder höher wüchsigen, belaubten Sträuchern verschattet werden. Bei der Anlage eines Staudenbeetes im Schatten von Bäumen oder Strauchgruppen muss nicht nur der Mangel an Licht, sondern auch die Tatsache berücksichtigt werden, dass große Gewächse im Wurzelbereich Nährstoffe und Wasser für sich beanspruchen. Ideal sind hier flach wurzelnde, anspruchslose Bodendecker wie Elfenblume (*Epimedium*), Goldnessel (*Lamiastrum galeobdolon*) oder Ysander (*Pachysandra terminalis*).

Es ist nicht immer ganz leicht, die richtige Kombination bei der Bepflanzung eines Staudenbeetes zu finden. Konkurrenzschwache Pflanzen können sich manchmal nur schwer gegen ihre wüchsigeren Nachbarn verteidigen und verlangen dann die besondere Aufmerksamkeit des Gärtners. Im schlimmsten Fall verabschiedet sich eine an der falschen Stelle gepflanzte Staude nach nur einer Saison auf Nimmerwiedersehen. Schuld kann sowohl der Faktor Licht als auch der Faktor Feuchtigkeit sein. Nur manche Stauden mögen »nasse Füße«. Andere Stauden hingegen sind auf trockene Böden angewiesen, damit sie gedeihen können. Viele silbergraublättrige Arten oder Stauden mit filzig behaarten Blättern wie Wollziest (*Stachys byzantina*), Hornkraut (*Cerastium tomentosum*) oder die Halbsträucher Lavendel (*Lavandula angustifolia*) und Heiligenkraut (*Santolina chamaecyparissus*) weisen mit diesen Merkmalen auf ihre Fähigkeit hin, mit trockenen Standorten gut zurechtzukommen. Die silbergraue Färbung reflektiert einen Teil des Sonnenlichtes und vermindert genauso wie die filzige Blattoberfläche die Wasserverdunstung an heißen, sonnigen Tagen.

Je nach Bodenbeschaffenheit, Lichtverhältnissen und Umgebung können durch die passende Wahl der Stauden entsprechende Beetmotive und Stimmungen im Garten geschaffen werden. Steingärten und Steppenmotive eignen sich naturgemäß für die trockeneren, sonnigen Stellen im Garten, während schattige Stellen, z.B. am Gehölzrand, für eine Waldstimmung sorgen können. An naturfeuchten Standorten lassen sich herrliche Teich- und Ufermotive sowie Sumpfbeete anlegen. Dadurch können sogar problematische Gartensituationen perfekt gemeistert werden.

Für besonders fröhliche, bunte Rabatten kann man Stauden mit Einjährigen wie Sammetblumen (*Tagetes*) und Zweijährigen wie Löwenmäulchen (*Antirrhinum*) kombinieren.

Gesunder Boden – gesunde Stauden

Genauso wie das Klima einen Einfluss auf das Gedeihen der Pflanzen hat, so entscheidet auch die Zusammensetzung des Bodens oft über Gedeih oder Verderb einer Staudc. Es gibt sehr unterschiedliche Böden, was zum einen natürlich abhängig ist von der geographischen Situation, zum anderen von den Veränderungen, die der Mensch auf dem Kulturland in den vergangenen Jahren oder gar Jahrhunderten vorgenommen hat. Ein Ackerboden, auf dem jahrzehntelang Feldfrüchte angebaut wurden, weist selbstverständlich eine ganz andere Zusammensetzung auf als ein eben erst erschlossenes Grundstück. Bei Letzterem ist in der Regel die Humusschicht sehr dünn. Grundsätzlich ist wohl jedem Gartenliebhaber klar, dass Boden mehr als eine Ansammlung von Nähr- und Beschlagstoffen ist. Neben Stickstoff, Phosphor, Kalium und Spurenelementen wie Eisen, Mangan, Kupfer und Bor sind auch die Bio-Faktoren nicht zu vernachlässigen. Im Boden verrichten Algen, Pilze und winzige Lebewesen – vom Bakterium über die Springschwänze bis hin zum Regenwurm – eine unschätzbare Arbeit, indem sie dynamische Prozesse in Gang halten, ohne die jeder Gartenboden bald unfruchtbar würde. Um in einem bestehenden Garten die Bodenfauna und -flora nicht zu schädigen, sollte man deshalb vorsichtig mit Kunstdüngern und Pestiziden sein – am besten meidet man sie ganz und verwendet stattdessen Bio-Präparate. Bodenbewegungen sollte man beispielsweise beim Umpflanzen auf das notwendige Maß beschränken. Anders sieht das natürlich bei Neuanlagen aus.

Die Fingerprobe zeigt, dass dieser Boden lehmig ist, da er sich kneten lässt, aber dennoch eine krümelige Struktur hat.

Wenn Sie schon wissen, wo Sie Rasenflächen und Staudenbeete anlegen möchten, können Sie den Boden entsprechend vorbereiten. Während Rasen eher einen leicht sauren Boden bevorzugt (pH-Wert zwischen 6,0 und 7,0), mögen viele Stauden einen neutralen (pH-Wert 6,5 – 7) Boden, manche sogar einen leicht basischen Boden (pH-Wert etwas über 7). Eine pH-Wert-Messung mit einem handelsüblichen Test-Set gibt Ihnen Klarheit darüber, welchen Säuregehalt Ihr Boden aufweist. Aber nicht nur der Säuregehalt des Bodens, auch die Bodenbeschaffenheit in puncto Durchlässigkeit, Humusgehalt und Wasserspeicherkapazität ist wichtig. Man kann, um Aufschluss über die Bodenqualität zu bekommen, eine Bodenanalyse vornehmen lassen. Dies geschieht entweder durch eine staatliche Untersuchungsanstalt oder durch private Labors. Neu ist eine Art der Bodenanalyse, die nicht nur die Nährstoffe des Bodens, sondern auch die natürliche Leistungsfähigkeit, genannt »Humus-Dynamik« untersucht. Eine Adresse dazu finden Sie im Anhang dieses Buches. Oft ist eine Analyse durch Labors nicht ganz preiswert, deshalb lohnt es sich, auf Angebote von Gartencentern, Gartenfachzeitschriften oder anderen Anbietern zu achten, die immer mal wieder komplette Bodenanalysen zum Sonderpreis anbieten. Wem das zu aufwendig ist, der kann auch ganz einfach selbst die fundamentalen Tests durchführen. Genauso einfach zu handhaben wie der oben erwähnte Calcit-Test zur Feststellung des Säuregehalts sind auch ein Phosphat-Test und ein Nitrat-Test, die ebenfalls preiswert im Handel erhältlich und empfehlenswert sind. Darüber hinaus gibt es zwei altbewährte Methoden, die Fingerprobe und die Schlämmprobe.

Bei der Schlämmprobe wird eine kleine Menge Erde in ein Glas mit Wasser gegeben. Nach dem Umrühren

sinkt der Sand zu Boden; der Lehm löst sich auf und bildet eine trübe Brühe. Feuchter Ton ist schwerer löslich als Lehm. Die faserigen, leichten Humusanteile schwimmen an der Oberfläche. Steht das Glas eine Weile, setzt sich der Lehm oberhalb der Sandschicht als feine Schlammschicht ab. So können Sie leicht die Volumenanteile der jeweiligen Bestandteile in der Bodenprobe bestimmen.
Wenn Sie erkennen, dass Ihr Boden nicht die richtige Beschaffenheit für das geplante Staudenbeet hat, können Sie Ausgleichsmaßnahmen in Angriff nehmen. Dafür ist vor Bepflanzung der Beete der beste Zeitpunkt. Tonhaltigen oder feuchtkalten Lehmboden, bei dem das Wasser schlecht versickert, kann man durch Sandbeimengung durchlässiger machen. Hält der Boden die Feuchtigkeit nicht richtig oder versickert nach einem Regen und nach dem Gießen das Wasser, bevor die Pflanzen es aufnehmen können, dann macht ein Zusatz von Lehm den Boden bindiger. Sollte die Bodenanalyse ein zu saures Bodenmilieu ergeben, können Sie mit Algenkalk oder kohlensaurem Kalk ($CaCO_3$) einen Ausgleich vornehmen.
Ein idealer Dünger und Bodenverbesserer ist natürlich der Kompost. Man nennt ihn nicht ohne Grund das »Gold des Gärtners«. Kompost ist nicht nur preiswert, weil er im eigenen Garten selbst hergestellt werden kann, sondern besitzt in der Regel auch alle Inhaltsstoffe, die Stauden zum Wachsen brauchen. Kompost aktiviert das Bodenleben und sorgt für eine Dauerfruchtbarkeit, was besonders im Staudenbeet wichtig ist, denn dort kann ja, anders als im Gemüsebau, keine Brachzeit eingeschoben werden. Durch die Arbeit von Mikroorganismen werden Pflanzennährstoffe bereitgestellt und die Bodenstruktur verbessert. Ein feinkrümeliger, humoser, lockerer Boden ist die Folge einer konsequenten Bodenpflege mit Kompost. Wichtig dabei ist natürlich die richtige Zubereitung und Anwendung des Komposts. Während durchgereifter, feinkrümeliger ideal als Aussaat- und Pflanzerde verwendet werden kann, sollte der Kompost zur Bodenpflege im halbreifen Zustand ausgebracht werden. Das Stadium erkennt man daran, dass die Strukturen des Ausgangsmaterials noch schwach erkennbar sind. Nachdem grobe Bestandteile (Zweige, Zapfen u. Ä.) herausgelesen wurden, wird der Kompost entweder zum Mulchen benutzt oder in die oberste Bodenschicht eingerecht.
Kritischen Stimmen, die vor den im Kompost enthaltenen Unkrautsamen warnen, ist zu entgegnen, dass ein gut verrotteter Kompost durch die Hitzegare die meis-

Bei dieser Schlämmprobe sieht man, dass der Boden relativ sandig ist.

Praxis

Bei der Fingerprobe können Sie die Bodenart leicht erkennen:

- Stark tonhaltiger Boden lässt sich gut kneten. Ein daraus geformtes Kügelchen wird bei Trocknung hart und kompakt. Solch ein Boden ist nicht gut geeignet, um ein Staudenbeet anzulegen. Ausgleichsmaßnahmen (Sand und Humus) sind notwendig.
- Lehmboden lässt sich ebenfalls kneten, ist aber etwas gröber gekörnt und zerbröselt beim Trocknen schneller. Für Stauden ist Lehm der ideale Gartenboden. Gelegentliche Düngergaben (Kompost und andere organische Dünger) fördern eine positive Entwicklung des Bodens.
- Sandboden lässt sich nicht formen oder kneten, hat eine fühlbare Körnchenstruktur (Quarzkristalle sind deutlich erkennbar) und rieselt leicht durch die Finger. Er trocknet sehr schnell. Manche Stauden kommen gut mit Sandboden zurecht oder brauchen ihn sogar, aber für die meisten muss sandiger Boden durch die Beigabe von ausreichend Lehm und Humus bindiger gemacht werden.
- Humusboden ist nicht mineralischen Ursprungs, sondern wird von verrotteten Pflanzen gebildet. Er ist deshalb faserig und mit organischen Bestandteilen durchsetzt. Er ist reich an Nährstoffen und hält die Feuchtigkeit gut. Sand macht ihn zudem durchlässiger.

Rechts: Dieser zur Reife mit Stroh abgedeckte Komposthaufen wurde mit Kapuzinerkresse bepflanzt – eine hübsche Idee, die das Angenehme mit dem Nützlichen verbindet.

Ganz rechts: Stockrosen zählen zu den kurzlebigen Stauden, versamen aber leicht.

ten Unkrautsamen vernichtet. Was dennoch überlebt, wie z.B. die fleischigen, weißen Wurzeln der Ackerwinden, der Quecken und des Hexenkrauts, kann mit der Hand ausgelesen werden. Auch Schneckengelege und die fetten Larven der Junikäfer oder Dickmaulrüsselkäfer, die man des öfteren im Kompost findet, müssen vor Ausbringen des Komposts herausgepickt werden. Legt man diese auf einen flachen Stein, freut sich bald ein Rotkehlchen oder ein anderer Vogel über diese Delikatesse!

Torf

Torf als Bodenverbesserer – ein leidiges Thema. Wer nicht vorhat, ein Moor- oder Heidebeet anzulegen oder Pflanzen mit besonders sauren Vorlieben zu pflanzen (und selbst für diesen Zweck gibt es Alternativprodukte), der sollte sich den Einsatz von Torf im eigenen Garten gründlich überlegen. Die Zeiten, wo man nach dem Motto: »Viel hilft viel«, ballenweise Torf auf die Beete verteilte, sollten wirklich vorbei sein. Torf ist ein Naturprodukt, das durch Abbau in Hochmooren gewonnen wird. Er führt dem Boden nur sehr geringe Humusmengen zu und entzieht ihm wegen des ungünstigen Kohlenstoff-Stickstoff-Verhältnisses den fürs Pflanzenwachstum wichtigen Stickstoff. Darüber hinaus werden, entgegen aller Beteuerungen der Vermarkter, die letzten Hoch- und Niedermoore durch den Torfabbau nachhaltig geschädigt. Es gibt inzwischen weitaus bessere, umweltverträgliche Bodenverbesserer im Handel. Rindenhumus und Strohhäcksel sind dem Torf nicht nur in der Umweltbilanz überlegen, sondern auch wesentlich wirksamer. Sie fördern eine biologische, chemische und physikalische Bodenverbesserung bei gleichzeitiger Düngewirkung. Unfermentierte Baumrinde wird als Rindenmulch zur Bodenabdeckung (z.B. für Wege) verwendet, sollte aber nicht auf die Beete ausgebracht werden, da die unverrottete Rinde wachstumshemmende Stoffe (Tannine und Harze) enthält und damit negativ auf das Gedeihen der Pflanzen wirkt. Erst die unter Zusatz von Stickstoff und Mineralstoffen fermentierte Rinde, die dann als Rindenhumus bezeichnet wird, kann zur Bodenverbesserung eingesetzt werden.

Farbe und Form – Grundlagen der Beetgestaltung

Ein ganz wesentlicher Faktor für die Wirkung eines Staudenbeetes ist die Anlage und Form der Rabatte. Nicht nur die Auswahl der Pflanzen sollte daher mit viel Bedacht geschehen, sondern auch die Gestalt des Beetes bedarf gründlicher Vorüberlegungen. Denken Sie intensiv darüber nach, bevor Sie zu graben anfangen! So ein Beet wird meistens nicht für eine Saison, sondern für mehrere Jahre angelegt. Nachbesserungen sind zwar möglich, wo aber die Grundplanung missglückt ist, helfen kosmetische Korrekturen kaum, den schlechten Eindruck zu kaschieren. Das oder die Beete sollten nicht nur zum Stil des Hauses passen, sondern sich auch in den Zusammenhang des Gartens integrieren. Obwohl Gegensätze durchaus ihren Reiz haben, sieht ein formales Beet in einem eher verwilderten Garten genauso deplatziert aus wie ein duftiges Rosenbeet in einem ansonsten für den Gemüseanbau genutzten Hausgarten. Die Form und der Verlauf der Rabatten und Staudenbeete sollte sich immer den Verhältnissen anpassen. Dabei sind vorhandene Rasenflächen, Bäume, Hecken und Sträucher genauso zu berücksichtigen wie Treppen, Wege und Terrassenflächen. Achten Sie auch auf die Blickachsen: Wird eine Staudenrabatte geschickt platziert, zieht sie mit ihren Farben und Formen alle Blicke auf sich. Umgekehrt verliert sie an Wirkung und kann sogar ganz untergehen, wenn sie abseitig der Blickachsen in einer fernen Ecke versteckt wird. Bei einer geglückten Planung entsteht in kurzer Zeit, oft bereits innerhalb einer Saison, ein sehr harmonischer Eindruck, ganz so, als wäre die Staudenrabatte schon immer an dieser Stelle gewesen.

Begrenzungen

Um den Übergang vom Rasen, vom Weg oder vom Sitzplatz zur Rabatte deutlich zu machen, um Unkraut oder Gras aus dem Blumenbeet fern zu halten, sind Begrenzungen nötig. Eine Hauswand, die Terrassenkante oder ein gepflasterter Weg können vorgegebene Beetabschlüsse sein. Ein Ausufern oder optisches Zerfließen der Rabatte wird durch solche Begrenzungen vermieden. Mehrjährige Bodendeckstauden, die in Rabatten vorzugsweise am Rand gepflanzt werden, neigen zum »Ausbruch«. Furchen (die mit dem Spaten nachgesto-

Randbegrenzungen – hier ein System aus Kunststeinelementen und Holzbohlen – helfen, Bodendecker im Zaum zu halten oder Rasenflächen vom Beet abzugrenzen.

Schafgarbe (*Achillea*), Feinstrahl (*Erigeron*), Rittersporn (*Delphinium*), Brennende Liebe (*Lychnis chalcedonica*) und Margeriten (*Chrysanthemum*) bestimmen dieses heitere Staudenensemble. Weil die leuchtenden Farben gut miteinander kontrastieren und in großen Gruppen gepflanzt wurden, wirkt das Beet nicht schrill.

Polsterstauden lassen Mauern erblühen.

chen werden) und ebenerdig verlegte Kant- oder Klinkersteine, Natursteineinfassungen oder Kiesstreifen sind übliche Begrenzungen. An Hanglagen erfüllen kleine Mauern, z. B. als Trockenmauer aufgeschichtet und mit Steingarten- und Polsterstauden bepflanzt, die Funktion einer Begrenzung. Auch Bahnschwellen, imprägnierte Holzpalisaden oder Basaltstelen können dazu verwendet werden.

Farbe im Garten: der Farbkreis

Die Farben des Lichtes ergeben in ihrer Summe ein reines Weiß. Durch ein Prisma wird das Licht gebrochen und in die Farben des Regenbogens aufgeteilt. Das Diagramm des Farbkreises dient dazu, Verwandschaften und Kontraste der Farben zu verdeutlichen. Reine Farben finden sich in der Natur nur selten. Ausgehend von den drei Grundfarben Magentarot, Cyanblau und Gelb (in der Skizze verbunden durch das schwarze Dreieck) sind daher auch die Mischfarben auf dem Farbkreis vertreten.

Die so genannten Primärfarben Gelb, Rot und Blau sind besonders »reine« Farben. Erst durch die Mischung dieser Farben entstehen andere, die so genannten Sekundärfarben: aus Rot und Gelb entsteht Orange, aus Blau und Rot Violett und aus Blau und Gelb wird Grün. Wird Weiß oder Schwarz beigemischt, verändert sich die Qualität und Intensität einer Farbe. Durch eine Beimischung von Weiß entstehen Pastelltöne und blassere Farben, Schwarz lässt die Farben intensiver und dunkler wirken. Rein weiße Blüten kommen sowohl als Wildform wie auch in Zuchtsorten im Pflanzenreich vor, wobei die Staubgefäße allerdings meistens gelblich oder grün sind. Ein echtes, reines Schwarz ist jedoch als alleinige Blütenfarbe noch nicht überzeugend gezüchtet worden.

So genannte »Schwarze Rosen« oder »Schwarze Tulpen« sind in Wirklichkeit dunkelviolett bzw. dunkelbraunrot.

Farben werden durch ihre Umgebung in ihrer Wirkung verändert. Sie können sich gegenseitig steigern oder auch dämpfen. Bilden Farben absolut gegensätzliche Kontraste, weil sie sich im Farbkreis gegenüberstehen, bezeichnet man sie als Komplementärfarben. Der bekannteste Komplementärkontrast ist Rot – Grün, was sich die Verkehrsplaner zunutze gemacht haben, als sie die Fußgängerampel erfanden. Andere Komplementärkontraste sind Gelb – Violett und Blau – Orange. Eine geschickte Kombination dieser Farben kann spannende Effekte hervorbringen, aber im Extremfall auch zu echten geschmacklichen Entgleisungen führen, die dann einen unerträglichen Anblick bieten. Generell kann man sagen, dass ein Komplementärkontrast mit abgeschwächten Farben eine gute Wirkung hat. Werden jedoch komplementäre Farben in ihrer intensiven Form verwendet, führt das zu schrillen Effekten, die selten als gelungen gelten können. Eine besondere Harmonie stellt sich bei allen Farben ein, die auf dem Farbkreis dicht nebeneinander liegen und daher miteinander korrespondieren. Solch eine Farbharmonie ergibt sich beispielsweise aus Blau-Violett-Purpur, aber auch aus Gelb-Orange-Rot. Man spricht dann auch von einem Farbverlauf, weil die einander ähnlichen Farben sanfte, fließende Übergänge schaffen. Mit Farbdreiklängen lassen sich herrlich lebhafte, aber dennoch nicht knallbunte Beete gestalten: Drei Farben, die miteinander stark kontrastieren, also auf dem Farbkreis weit auseinander liegen, bilden solche Dreiklänge. Ideal sind solche, die aus Farben gebildet werden, die sich auf dem Farbkreis in Form eines Dreieckes miteinander verbinden lassen, beispielsweise Rot, Blau und Gelb oder Violett, Orangerosa und ein blaues Türkis. Bei der Zusammenstellung sollten Sie darauf achten, dass die miteinander kombinierten Stauden auch zur selben Zeit blühen, damit die Wirkung Ihren Erwartungen entspricht.

Wählen Sie nicht zu viele verschiedene Farben für ein Beet aus. Nur bei wenigen Arrangements wirkt das tatsächlich fröhlich und heiter. Meistens entsteht nur ein kunterbuntes Durcheinander, das eigentlich keine Staude wirklich zur Geltung kommen lässt. Beschränken Sie sich lieber auf einen Farbdreiklang, einen deutlichen Komplementärkontrast oder einen dezenten, harmonisch wirkenden Farbverlauf. Mit etwas Geschick dazwischen platzierte, weiß blühende Stauden können helfen, zu starke Kontraste abzumildern oder Licht in dunkle Arrangements zu bringen. Die legendäre englische Gärtnerin und Malerin Gertrude Jekyll (1843 – 1932) entwarf Beete wie Wandteppiche oder Gemälde, indem sie Farbwirkungen mit weichen Übergängen und einzelnen Höhepunkten schuf, die sowohl aus der Nähe wie aus der Ferne wirkten. Neben Beeten, die Ton in Ton gehalten waren, komponierte sie Farbstimmungen in Gelb, Orange bis Rot oder ganz in blauvioletter Abstufung, die dann in tiefes Karminrot und dunkles Violett übergehen konnten. Wenn Stauden einer Farbe nicht alle auf einem Fleck stehen, sondern in mehreren Tuffs im Beet verteilt werden, entstehen interessante Korrespondenzen, die den Blick zum Schweifen auffordern. Überdies wird das Beet dadurch optisch besser zusammengehalten und zerfällt nicht in einzelne farblich streng voneinander ge-

Ein großzügig mit Fackellilien (Kniphofia) bepflanztes Steppenbeet.

trennte Bereiche. Gertrude Jekyll schwor auf so genannte Driften von Pflanzen, das heißt schmale, lange Gruppen statt rund geballte Anordnungen. Sie wirken malerischer und hinterlassen beim Verblühen keinen unansehnlichen leeren Raum. Die saisonal entstehenden Kahlstellen werden dadurch besser von den Nachbargewächsen kaschiert.

Bei aller Bereicherung, die bunte Farben im Staudenbeet darstellen, darf nicht vergessen werden, dass die häufigste Farbe im Garten in jedem Fall das Grün in vielen Spielarten ist. Wie geschickt hat es da die Natur eingerichtet, dass alle Blütenfarben wunderbar mit Grün harmonieren! Aber nicht alle Grüntöne geben in der Kombination miteinander wirklich befriedigende Bilder. Pflanzen mit graugrünem Laub, z.B. Lavendel, viele Salbeisorten, Nelken u.a. lassen sich nur bedingt mit anderen Grüntönen, beispielsweise saftig grün leuchtenden Blättern von Taglilien, Rittersporn oder Gemswurz kombinieren. Hell panaschierte Blätter, also Blätter mit gelben oder weißen Flecken, können auch dort interessante Effekte zaubern, wo keine Blüten sind. Im Schattengarten sorgen z.B. hell panaschierte Funkien für eine heitere Stimmung. Bronze- oder purpurfarbene Blätter (z.B. Purpurglöckchen oder *Bergenia purpurascens*) bieten wiederum andere herrliche Gestaltungsmöglichkeiten. Denken Sie auch an die oft recht attraktive Herbstfärbung mancher Blattstauden: Das leuchtende Gelb der vergehenden Funkienblätter vergoldet dunkle Ecken im Herbst.

Neben den Farben spielen für die Wirkung des Staudenbeetes auch die Formen und Strukturen der Pflanzen eine Rolle. Nicht nur die Wuchsform der gesamten Staude, sondern auch die Blattform, Oberflächenstruktur, die Stängel und die Frucht- und Samenstände tragen zum

Farbenfroher Kontrast:
Ein Staudenbeet in Blau und Gelb.

optischen Gesamteindruck wesentlich mit bei. Manchmal tut es einem eher flachen Beet gut, wenn eine Pflanze einen deutlichen vertikalen Akzent setzt. Zu strenge Strukturen werden durch duftige, wolkenförmige Stauden abgemildert und manche kompakte Anlage gewinnt durch rispenförmige Blüten an Eleganz. Eine geschickte, spannungsreiche und aussagekräftige Bepflanzung entsteht durch die Kombination verschiedener Pflanzenarten mit unterschiedlichem Habitus und Struktur.

Manche Stauden sind typische Gruppenpflanzen, die einzeln nicht zur Geltung kommen. Großstauden können durchaus auch mal einzeln stehen. Sie sind als so genannte »Leitstauden« dann tonangebend für die Stimmung des Beetes, und an ihnen sollte sich die Farbauswahl und Blütezeit der anderen Pflanzen des Beetes ausrichten. Die »Begleitstauden« sind niedriger und weniger dominant als die Solitäre, denen die Rolle des Stars vorbehalten ist. Kleinblütige Füllstauden, die sowohl zu Leitstauden als auch zu den Begleitern passen, helfen Lücken zu füllen und Übergänge zu harmonisieren. Schaffen Sie farbliche und strukturelle Korrespondenzen im Beet, das lädt den Blick zum Schweifen ein. Eine geschickte Planung lässt die Rabatte von vorne nach hinten ansteigen und schafft ein optisches Gleichgewicht durch eine angemessene Größe der Pflanzengruppen. Vergessen Sie Bodendecker und Blütengehölze nicht und berücksichtigen Sie das »Bleibe-Weiche«-Schema: Einjährige und Mehrjährige, langsam und schnell wachsende Stauden können in einer Rabatte miteinander kombiniert werden, ohne sich gegenseitig die Schau zu stehlen, wenn die Entwicklungs- und Blütezeiten aufeinander abgestimmt werden. Besonders in frisch bepflanzten Staudenbeeten gibt es aufgrund der manchmal recht langen Entwicklungsphase bei mehrjährigen Stauden große Freistellen, die gut mit einjährigen Blütenpflanzen gefüllt werden können.

Nicht zu unterschätzen ist die Bedeutung des Pflanzplans. Am besten eignet sich eine maßstabsgerechte Skizze des Beetes, besser noch des gesamten Gartenteiles mit den Nachbarbeeten und umgebenden Gehölzen, Zäunen, Mauern etc. Pflanzenarten, Sorten, die Stückzahl pro Art, der Standort innerhalb der Rabatte sowie Blütenfarbe und -zeit lassen sich auf diese Weise leichter koordinieren.

Ein echter Knaller: Orangerote Tulpen und blauviolette Hornveilchen in einem Frühlingsbeet.

Zu Beginn der Planungsarbeiten müssen Sie sich über verschiedene Faktoren Klarheit verschaffen: Klima, Sonne und Schatten, die Bodenart und die Wasser- und Nährstoffversorgung der Pflanzen spielen eine wichtige Rolle für die Auswahl dessen, was in Ihrem Staudenbeet wachsen kann und was besser nicht dorthin gepflanzt werden sollte. Auch die Jahreszeiten sind eine Überlegung wert: Wann soll das Beet seinen optischen Höhepunkt erreichen und wie sieht es im Winter aus, wenn nichts mehr blüht?

Wenn Sie ein Beet völlig neu anlegen, haben Sie freie Hand: Nachdem Sie den Umriss des Beetes festgelegt haben, zeichnen Sie zuerst die Leitstauden ein. Ergänzen Sie dann mit Begleit- und Füllstauden. Wählen Sie stets die Aufsicht als Perspektive. Bei der Auswahl und Zusammenstellung der Stauden müssen Sie berücksichtigen, dass die Pflanzen verschiedene Blütezeiten, Wuchshöhen und Strukturen haben. Prüfen Sie jede einzelne Pflanzenart und Sorte, die Sie dem Plan hinzufügen, auf ihre Eignung in Bezug auf Standortansprüche und optische Qualitäten. Eine separate Liste, auf der Sie sich geeignete Pflanzen notieren, ist hierbei hilfreich. Die Stauden sollten so angeordnet werden, dass die vorderen nicht die hinteren verdecken, sondern das Beet sanft von vorn nach hinten ansteigt. Bei inselförmigen Beeten, um die man herumläuft, ist eine pyramidale Höhenstaffelung zur Mitte hin empfehlenswert. Hanglagen dagegen erlauben durch ihre Neigung auch bei gleichhohen Stauden ohne Höhenstaffelung eine gute Aufsicht. Bei der Überlegung, wie viele Pflanzen einer Sorte Sie brauchen, sollten Sie berücksichtigen, dass Stauden wachsen und vielleicht im ersten Jahr noch etwas mickerig aussehen, aber schon im zweiten Jahr ansehnliche Horste bilden können. Pflanzen Sie deshalb nicht zu dicht, sonst bedrängen sich die Stauden schon nach kurzer Zeit. Ergänzen Sie im ersten Jahr lieber mit einjährigen Sommerblumen, um Lücken zu kaschieren. Und noch ein Tipp: Pflanzen Sie immer eine ungerade Anzahl in einer Gruppe zusammen, das sieht natürlicher aus.

Sind schon Pflanzen an der für das Beet vorgesehenen Stelle vorhanden, die auch an Ort und Stelle bleiben sollen (z.B. Blütengehölze oder ein Baum), dann zeichnen Sie diese zuerst ein, markieren auch die Schattenflächen, die durch die vorhandenen Pflanzen entstehen und ergänzen dann den Plan wie oben beschrieben. Eine farbige Gestaltung mit Buntstiften oder Wasserfarben macht die Skizze anschaulicher. Manchmal ist es auch sinnvoll, einen zweiten oder sogar mehrere Pflanzpläne für dasselbe Beet, aber zu unterschiedlichen Jahreszeiten anzufertigen. Dies trifft besonders auf Beete zu, die mit vielen frühlingsblühenden Zwiebelpflanzen bestückt werden sollen.

Blütenpracht vom Frühling bis zum Herbst

Viele gut gemeinte Versuche, Staudenbeete attraktiv zu gestalten, scheitern an den unterschiedlichen Blütezeiten der einzelnen Staudenarten und -sorten. Nicht alle Stauden, die optisch gut miteinander harmonieren, blühen auch zur selben Jahreszeit. Soll ein Beet über die ganze Sommersaison einen blühenden, prächtigen Eindruck machen, ist es wichtig, die Blütezeiten der Stauden geschickt aufeinander abzustimmen. So können saisonal auftretende Lücken vermieden werden. Gerade in kleinen Gärten ist es erfreulich, wenn immer einige Stauden blühen und es etwas zu entdecken gibt, aber besonders hier fällt ein Planungsfehler auch schneller auf als in großen Gärten. Ein kleiner Tipp: Sollte es doch einmal passieren, dass der Eindruck einer Kahlstelle im Staudenbeet entstanden ist – sei es, weil eine Pflanze ausgefallen ist oder man sich schlicht und einfach verplant hat – muss man sich nicht täglich über den Anblick ärgern. Da Stauden ungern im Sommer verpflanzt werden (und oft auch schwer zu bekommen sind), kann die Lücke auf andere Weise geschickt geschlossen werden: Setzen Sie einfach eine eingetopfte Staude, eine blühende Kübelpflanze oder auch ein einjähriges Blütenwunder wie z.B. die in jeder Gärtnerei im Sommer erhältlichen Balkonpflanzen (natürlich keine hängenden Sorten) an die betreffende Stelle. Manchmal tut es auch schon eine farbige Rosenkugel oder ein anderes Zierobjekt, um die Kahlstelle optisch zu überspielen.

Blütezeitkalender

Ein Blütezeitkalender kann bei der Planung von Staudenbeeten und Rabatten sehr hilfreich sein. Da die Blütezeiten der einzelnen Stauden sowohl vom individuellen Standort, von Klima und Witterung als auch von den jeweiligen Sorten abhängig sind, sollte man sich nicht sklavisch darauf berufen, sondern mit wachem Auge Beobachtungen im eigenen Garten mit einbeziehen. Praktisch ist es, wenn man den Kalender um diese Erfahrungen modifiziert und ergänzt. Ein Tipp für gutes Gelingen: Wählen Sie Stauden mit langen Blütezeiten aus, beispielsweise Goldgarbe, Netzblattstern oder – für den Herbst – die hohe Fetthenne. Auch nach dem Zurückschneiden nochmals blühende (»remontierende«) Stauden wie z. B. Lupinen, Feinstrahl oder Rittersporn verlängern die Blütensaison. Sie verlangen aber eine etwas geschicktere Planung. Von manchen Arten gibt es Sorten, die früh, und andere, die später blühen. Typische Beispiele dafür sind Tulpen, Taglilien, Rittersporn und Krokusse. Achten Sie beim Kauf auf die vom Gärtner oder Züchter angegebene Blütezeit und fragen Sie eventuell nach frühen oder späten Sorten.

Januar
Krokus (*Crocus laevigatus*), Christrose (*Helleborus niger*)

Februar
Krokus (*Crocus ancyrensis, C. imperiati, C. laevigatus*), Winterling (*Eranthis hyemalis*), Schneeglöckchen (*Galanthus nivalis*), Christrose (*Helleborus niger*), Zwiebelschwertlilie (*Iris histrioides*)

Je kürzer die Blütezeiten der einzelnen Staudenarten sind, desto schwieriger wird es, interessante Kombinationen zu schaffen. Hier ergänzen sich die Blütenfarben von Pfingstrose *(Paeonia lactiflora)* und Wiesenschwertlilie *(Iris sibirica)* zu einer Sinfonie in Blau und Rosa.

März
Berganemone (*Anemone blanda*), Bergenie (*Bergenia ciliata, B. cordifolia, B.*-Hybriden), Schneestolz (*Chinodoxa sardensis*), Krokus (*Crocus* spec.), Winterling (*Eranthis hyemalis*), Lenzrose (*Helleborus*-Hybriden), Leberblümchen (*Hepatica nobilis, H. transsylvanica*), Hyazinthe (*Hyacinthus orientalis*), Zwiebelschwertlilie (*Iris histrioides*), Märzenbecher (*Leucojum vernum*), Traubenhyazinthe (*Muscari botryoides*), Narzissen (*Narcissus* spec.), Rosenprimel (*Primula rosea*), Wiesen-Schlüsselblume (*Primula veris*), Kissenprimel (*Primula vulgaris*), Lungenkraut (*Pulmonaria saccharata*), Küchenschelle (*Pulsatilla vulgaris*), Blausternchen (*Scilla bifolia*), Tulpen (*Tulipa* spec.)

April
Adonisröschen (*Adonis vernalis*), Berganemone (*Anemone blanda*), Gänsekresse (*Arabis* x *arendsii*), Bergenie (*Bergenia ciliata, B. cordifolia, B.*-Hybriden),

Kaukasus-Vergißmeinnicht (*Brunnera macrophylla*), Schneestolz (*Chinodoxa sardensis*), Tränendes Herz (*Dicentra spectabilis*), Gemswurz (*Doronicum orientale*), Kaiserkrone (*Fritillaria imperialis*), Schachbrettblume (*Fritillaria meleagris*), Hyazinthe (*Hyacinthus orientalis*), Schleifenblume (*Iberis sempervirens*), Traubenhyazinthe (*Muscari armeniacum*), Narzissen (*Narcissus* spec.), Weißes Fingerkraut (*Potentilla alba*), Rosenprimel (*Primula rosea*), Himmelsschlüsselblume (*Primula veris*), Kissenprimel (*Primula vulgaris*), Lungenkraut (*Pulmonaria saccharata*), Küchenschelle (*Pulsatilla vulgaris*), Seifenkraut (*Saponaria ocymoides*), Hasenglöckchen (*Scilla non-scripta*), Tulpen (*Tulipa* spec.)

Mai

Akelei (*Aquilegia vulgaris*), Grasnelke (*Armeria maritima*), Kaukasus-Vergißmeinnicht (*Brunnera macrophylla*), Dalmatische Glockenblume (*Campanula portenschlagiana*), Hornkraut (*Cerastium tomentosum*), Maiglöckchen (*Convallaria majalis*), Pfingstnelke (*Dianthus gratianopolitanus*), Tränendes Herz (*Dicentra spectabilis*), Sonnenröschen (*Helianthemum*-Hybriden), Taglilie (*Hemerocallis middendorffii*), Schleifenblume (*Iberis saxatalis, I. sempervirens*), Schwertlilie (*Iris Barbata-Nana*- und *Media*-Hybriden), Vergißmeinnicht (*Myosotis sylvatica, M. alpestris*), Katzenminze (*Nepeta* x *faassenii*), Edelpfingstrose (*Paeonia lactiflora*-Hybriden), Bauernpfingstrose (*Paeonia officinalis*), Türkischer Mohn (*Papaver orientale*), Polsterphlox (*Phlox subulata*), Hasenglöckchen (*Scilla non-scripta*), Trollblume (*Trollius europaeus*), Tulpen (*Tulipa* spec.), Großer Ehrenpreis (*Veronica austriaca*), Golderdbeere (*Waldsteinia ternata*)

Juni

Frauenmantel (*Alchemilla mollis*), Blumenlauch (*Allium aflatunense*), Dalmatische Glockenblume (*Campanula portenschlagiana*), Spornblume (*Centranthus ruber*), Bunte Margerite (*Chrysanthemum coccineum*), Große Margerite (*Chrysanthemum maximum*), Rittersporn (*Delphinium-Belladonna*-Hybride 'Capri', *D.-Elatum*-Hybride 'Berghimmel' u.a.), Storchschnabel (*Geranium macrorrhizum* u. a.), Gladiole (*Gladiolus*-Hybriden), Sonnenröschen (*Helianthemum*-Hybriden), Taglilie (*Hemerocallis citrina, H. flava, H. middendorffii, H.*-Hybriden), Schwertlilie (*Iris Barbata-Elatior*-Hybriden), Wiesenschwertlilie (*Iris sibirica*), Lavendel (*Lavandula angustifolia*), Feuerlilie (*Lilium bulbiferum*), Madonnenlilie (*Lilium candidum*), Staudenlupine (*Lupinus-Polyphyllus*-Hybriden), Goldfelberich (*Lysimachia punctata*), Edelpfingstrosen (*Paeonia lactiflora*-Hybriden), Bauernpfingstrose (*Paeonia officinalis*), Türkischer Mohn (*Papaver orientale*), Brandkraut (*Phlomis samia*), Wiesenphlox (*Phlox maculata*), Waldsalbei (*Salvia nemorosa*), Großer Ehrenpreis (*Veronica austriaca*)

Juli

Goldgarbe (*Achillea filipendulina*), Schmucklilie (*Agapanthus campanulatus*), Färberkamille (*Anthemis tinctoria*), Waldgeißbart (*Aruncus dioicus*), Polsterglockenblume (*Campanula poscharskyana*), Flockenblume (*Centaurea macrocephala*), Juli-Silberkerze (*Cimicifuga racemosa* var. *racemosa*), Mädchenauge (*Coreopsis grandiflora*), Montbretie (*Crocosmia* x *crocosmiiflora*), Rittersporn (*Delphinium-Belladonna*-Hybride 'Kleine Nachtmusik', *D.-Elatum*-Hybride 'Abgesang' u.a.), Prachtnelke (*Dianthus superbus*), Berufkraut, Feinstrahl (*Erigeron*-Hybriden), Kokardenblume (*Gaillardia* x *grandiflora*), Gladiole (*Gladiolus*-Hybriden), Taglilie (*Hemerocallis citrina, H. dumortieri, H. fulva* u.a., einschließlich *H.*-Hybriden), Fackellilie (*Kniphofia*-Hybriden), Lavendel (*Lavandula angustifolia*), Feuerlilie (*Lilium bulbiferum*), Madonnenlilie (*Lilium candidum*), Staudenlupinen (*Lupinus-Polyphyl-*

lus-Hybriden, *L.-Russel*-Hybriden), Schneefelberich (*Lysimachia clethroides*), Goldfelberich (*Lysimachia punctata*), Stockrose (*Malva alcea*), Staudenphlox (*Phlox paniculata*-Hybriden), Ballonblume (*Platycodon grandiflorum*), Waldsalbei (*Salvia nemorosa*)

August

Goldgarbe (*Achillea filipendulina*), Eisenhut (*Aconitum napellus*), Bergaster (*Aster amellus*), Glattblattaster (*Aster novi-belgii*), Prachtspiere (*Astilbe Arendsii*-Hybriden), Polsterglockenblume (*Campanula poscharskyana*), Lanzensilberkerze (*Cimicifuga cordifolia*), Montbretie (*Crocosmia* x *crocosmiiflora*), Purpur-Sonnenhut (*Echinacea purpurea*), Berufkraut, Feinstrahl (*Erigeron*-Hybriden), Sonnenbraut (*Helenium*-Hybriden), Sonnenauge (*Heliopsis helianthoides*), Fackellilie (*Kniphofia*-Hybriden), Prachtscharte (*Liatris spicata*), Stockrose (*Malva alcea*), Indianernessel (*Monarda*-Hybriden), Staudenphlox (*Phlox paniculata*-Hybriden), Gelenkblume (*Physostegia virginiana*), Sonnenhut (*Rudbeckia fulgida* var. *sullivantii*), Fetthenne (*Sedum spectabile, S. telephium*), Königskerze (*Verbascum bombyciferum*), Palmlilie (*Yucca gloriosa*)

September

Eisenhut (*Aconitum* x *arendsii*), Japananemone (*Anemone hupehensis* var. *japonica*), Rauhblattaster (*Aster novae-angliae*), Glattblattaster *(Aster novi belgii*), Prachtspiere (*Astilbe simplicifolia*-Hybriden), Herbstkrokus (*Crocus banaticus, C. kotschyanus*), Gartenchrysanthemen (*Dendranthema*-Hybriden), Purpur-Sonnenhut (*Echinacea purpurea*), Sonnenbraut (*Helenium*-Hybriden), Fackellilie (*Kniphofia*-Hybriden), Stockrose (*Malva alcea*), Indianernessel (*Monarda*-Hybriden), Katzenminze (*Nepeta* x *faassenii*), Gelenkblume (*Physostegia virginiana*), Sonnenhut (*Rudbeckia fulgida* var. *sullivantii*), Fetthenne (*Sedum spectabile, S. telephium*), Goldrute (*Solidago*-Hybriden), Gewitterblume (*Sternbergia lutea*), Königskerze (*Verbascum*-Hybriden), Palmlilie (*Yucca filamentosa*)

Oktober

Eisenhut (*Aconitum* x *arendsii*), Herbstanemone (*Anemone* x *hybrida*), Rauhblattaster (*Aster novae-angliae*), Herbstkrokus (*Crocus cancellatus, C. nudiflorus, C. sativus*), Alpenveilchen (*Cyclamen hederifolium*), Gartenchrysanthemen (*Dendranthema*-Hybriden), Fackellilie (*Kniphofia*-Hybriden), Sonnenhut (*Rudbeckia fulgida* var. *sullivantii*), Hoher Sonnenhut (*Rudbeckia nitida*), Goldrute (*Solidago*-Hybriden), Gewitterblume (*Sternbergia lutea*)

November

Herbstkrokus (*Crocus cartwightianus, C. pulchellus*), Christrose (*Helleborus niger*)

Dezember

Christrose (*Helleborus niger*)

Damit solch eindrucksvolle Bilder im Staudenbeet entstehen, muss man auf die Blütezeiten der einzelnen Arten achten. Hier bildet Wasserdost *(Eupatorium purpureum)* den Hintergrund für zwei Sorten Sonnenbraut *(Helenium-Hybriden)*.

Pflegetipps für Anfänger und Profis

Wann, wo und wie kaufe ich Stauden?

Der beste Zeitpunkt zum Kauf von Stauden hängt von der Jahreszeit, der Witterung und, natürlich, von der Staudenart ab. Die meisten Stauden werden als Containerware (d.h. jede Pflanze einzeln in einem Töpfchen) angeboten. Sie sind dadurch beim Umpflanzen wenig problematisch und können fast das ganze Jahr über gekauft und gepflanzt werden. Die optimalen Pflanzzeiten für Stauden sind der Herbst und das Frühjahr.

Die beste Adresse für den Erwerb einer gesunden, kräftigen Staude ist nach wie vor die (Stauden-) Gärtnerei. Es gibt eine ganze Reihe hervorragender Gärtnereien, die sich auf Stauden spezialisiert haben. Manche bieten ein breites Spektrum verschiedener Arten und Sorten an. Kleinere Betriebe haben sich oft auf ein bestimmtes Sortiment spezialisiert, was sie aber dann in hervorragender Qualität präsentieren. Oft findet der Kenner und Liebhaber gerade hier das, wonach er lange gesucht hat. Wenn es die Zeit und die Größe des Betriebes zulassen, geben die Staudengärtnereien auch Sortimentskataloge heraus, sodass man zuhause in aller Ruhe studieren und planen kann, bevor man zum Einkauf vor Ort geht. Besonders bei ausgefallenen Arten kann es durchaus einmal vorkommen, dass sie ausverkauft oder nicht vorrätig sind. Wohl dem, der dann die höchste Tugend

Manche Stauden wie Fingerhut lassen sich problemlos selbst aussäen. Andere wie *Lupinus*-Hybriden kauft man besser, sofern sie durch Aussaat nicht sortenecht vermehrbar sind.

der echten Gärtner besitzt, nämlich Geduld. Meistens kann das Gewünschte dann spätestens zur nächsten Saison besorgt werden.
Man erkennt gesunde Stauden daran, dass sie frisches Laub ohne Flecken, Pilzbefall oder Fraßstellen von Schädlingen haben. Aus der Pflanzenbasis sollten zahlreiche gesunde Triebe herausstehen, die erkennen lassen, dass die Staude sich weiter entwickelt. Kümmerlich entwickelte Blätter, geknickte Stängel oder gar braune Stellen an den jungen Trieben weisen auf Krankheiten hin. Lassen Sie solche Pflanzen lieber stehen, denn unter Umständen holen Sie sich Pflanzenkrankheiten in Ihren Garten, die sich dann auch auf andere Gewächse ausbreiten. Bei Containerware kann man den Wurzelballen der Pflanzen bequem prüfen: Ein dichter Ballen, aber dennoch ausreichend viel Erde sind wichtige Kennzeichen für eine gute Aufzucht. Junge Wurzelspitzen sind hell und weich und zeigen dem Kenner, dass die Pflanze gesund ist. Ein verdichteter Ballen, wo nur noch verfilztes Wurzelwerk zu sehen ist, oder wenige, wie abgefault aussehende Wurzeln verweisen auf eine traurige Kinderstube. Solche Pflanzen zu kaufen ist ein großes Risiko: Ihre Regenerationskräfte sind gering und oft überleben sie den nächsten Winter nicht, weil sie im Falle einer Herbstpflanzung keine Wurzeln mehr ausbilden können.
Außer durch den Kauf in einer Staudengärtnerei kann man viele Stauden auch über Kataloge bestellen. Neben dem Vorteil der Bequemlichkeit, von zuhause aus bestellen zu können, hat es den Nachteil, dass man die einzelne Pflanze nicht auf ihre Qualität prüfen kann. Reklamationen bei kümmerlichen oder beschädigten Gewächsen sind mühselig und machen beiden Vertragspartnern wenig Freude. Die meistens auf dem Postweg verschickten Gewächse leiden durch den Transport zusätzlich zum ohnehin für die Pflanze stressigen Umpflanzen. Wer allerdings keine Staudengärtnerei in seiner Nähe hat und keine weiten Wege machen kann oder will, dem bleibt oft nur diese Möglichkeit, an Stauden heranzukommen. Robuste Arten sind den Strapazen des Verschickens eher gewachsen, sie kann man mit geringerem Risiko über den Versandhandel beziehen. Üblich ist es bei den meisten Versandhäusern, die Gewächse nur in milden Wetterperioden und zur richtigen Pflanzzeit zu versenden. Wenn das Pflanzenpaket bei Ihnen eintrifft, sollten Sie die Ware zunächst genau auf Qualität und Frische prüfen und baldmöglichst einpflanzen.
Am preiswertesten ist es natürlich, wenn man einen lieben Gartennachbarn hat, mit dem man die eine oder andere Staude tauschen kann. Besonders die horstbildenden Stauden lassen sich, wenn sie eine gewisse Größe erreicht haben, einfach teilen und treiben dann sogar mit neuer Kraft wieder aus. Das verjüngt manche Stauden und verlängert ihre Lebensdauer. Neben dem Vorteil der Kostenersparnis hat man dabei auch die Gewissheit, dass die Pflanze an Boden und Klima schon gewöhnt ist und ohne Verzögerung wieder in die Erde kommt. Schon so mancher Garten wurde auf diese Weise kostengünstig in ein Blütenparadies verwandelt und half darüber hinaus, eine nachbarliche Freundschaft zu begründen.
Stauden, die wegen ihrer besseren Wirkung in großer Stückzahl gebraucht werden, zum Beispiel Lupinen (*Lupinus Polyphyllus*-Hybriden) oder Mädchenauge (*Coreopsis grandiflora*), können auch ausgesät werden. Bei der Suche nach ausgefallenen Sorten und größeren Mengen Saatgutes lohnt sich auch der Blick in den Katalog großer Gartenartikel- und Samenversandhäuser, die oft hervorragende Qualitätssämereien zu einem fairen Preis anbieten.
Gebräuchliche Sorten der meisten Zwiebel- und Knollenblüher bietet der Gartenfachhandel jeweils zur passenden Jahreszeit an. Für Anfänger genügt dieses Sortiment und selbst der Kenner findet oft im reichhaltigen Angebot die eine oder andere Kostbarkeit. Wer Spezielles sucht, beispielsweise eine besonders ausgefallene Liliensorte, der kann auch bei Staudengärtnereien oder solchen, die sich auf Zwiebelgewächse spezialisiert haben (Adressen über BdS, siehe Anhang) sowie über private Tauschbörsen und Inserate Pflanzen bekommen. Besonders in Gartencentern, aber auch beim Super-

Pflanztiefen für Blumenzwiebeln

1 Blumenlauch *Allium*
2 Berganemone *Anemone blanda*
3 Schneestolz *Chinodoxa forbesii, C. luciliae*
4 Frühlingslichtblume *Bulbocodium vernum*
5 Montbretien *Crocosmia*
6 Krokusse *Crocus*
7 Alpenveilchen *Cyclamen hederifolium*
8 Winterling *Eranthis hyemalis*
9 Steppenkerze *Eremurus*
10 Hundszahn *Erythronium*
11 Kaiserkrone *Fritillaria imperialis*
12 Schachbrettblume *Fritillaria meleagris*
13 Schneeglöckchen *Galanthus nivalis*
14 Gladiolen *Gladiolus*
15 Hyazinthen *Hyacinthus*
16 Zwiebeliris *Iris reticulata, I. danfordiae*
17 Märzenbecher *Leucojum vernum, L. aestivum*
18 Lilien *Lilium*
19 Traubenhyazinthe *Muscari armeniacum*
20 Narzissen *Narcissus*
21 Milchstern *Ornithogalum umbellatum*
22 Puschkinie *Puschkinia scilloides*
23 Blausternchen *Scilla bifolia, S. sibirica*
24 Gewitterblume *Sternbergia*
25 Dreiblatt *Trillium grandiflorum*
26 Tulpen *Tulipa*

markt an der Ecke gibt es oft preiswerte Angebote gängiger Arten und Sorten, die nicht unbedingt schlecht sein müssen. Achten Sie beim Kauf aber stets auf die Qualität der angebotenen Ware: Die Zwiebeln und Knollen sollten eine kompakte Konsistenz haben und nicht weich oder gar matschig sein. Ein im Verhältnis zur Größe adäquates Gewicht garantiert die Frische der Ware. Verschiedene Größensortierungen gibt es zu unterschiedlichen Preisen. Die größten Sortierungen bringen naturgemäß auch die üppigsten Blüten hervor. Mittelgroße Zwiebeln sind aber oft gesünder und robuster als die übergroßen Exemplare, die manchmal nur mit viel Wasser und Nährstoffen aufgeschwemmt sind. Die Zwiebeln und Knollen dürfen keine äußerlichen Verletzungen aufweisen. Verdächtig sind weiche, dunkle, vor allem aber feuchte oder schmierige Stellen sowie jeder noch so leichte Schimmelbefall. Manche Zwiebeln, die keine feste Außenhaut haben, z. B. Lilien und Fritillaria-Arten, müssen bei Lagerung und Transport besonders gut vor Verletzungen und Austrocknung geschützt werden. Sägespäne, Torfmull und ein perforiertes Plastiksäckchen leisten hier gute Dienste. Frische Ware erkennt man an den noch straffen und weißen Wurzeln am Zwiebelboden. Angetrocknete oder sogar schon schlaffe Zwiebeln lassen Sie besser liegen. Aus ihnen wird ganz sicher keine schöne, gesunde Pflanze werden. Deshalb sind sie selbst das wenige Geld, das sie kosten, nicht wert.

Pflanzzeiten und -tiefen für Blumenzwiebeln

Die typischen Frühjahrsblüher unter den Zwiebelgewächsen wie Märzenbecher (*Leucojum vernum*), Tulpen (*Tulipa*), Narzissen (*Narcissus*), Schneeglöckchen (*Galanthus nivalis*) u. a. werden im Herbst ab September/Oktober im Boden vergraben. Sie können die feuchteren Herbstwochen schon fürs erste Wachstum nutzen und bereits Wurzeln und Triebspitzen entwickeln. Die Kaiserkrone (*Fritillaria imperialis*) und die Madonnenlilie (*Lilium candidum*) müssen allerdings schon im Sommer in die Erde, weil sie eine längere Entwicklungsphase haben. Auch Herbstkrokusse und die Gewitterblume (*Sternbergia*) müssen im Sommer (Juli) gepflanzt werden, damit sie im Herbst blühen. Frostempfindliche Zwiebeln und Knollen wie die der Dahlien (*Dahlia*-Hybriden), der Gladiolen (*Gladiolus*), der Riesenhyazinthe (*Galtonia candicans*) und die Knollenbegonien (*Begonia* x *tuberhybrida*) hingegen dürfen erst dann, wenn kein Bodenfrost mehr droht, in die Erde gebracht werden. Das ist in unseren Breiten etwa ab Mitte Mai. Für andere ausdauernde und winterharte Sommer- und Herbstblüher wie z. B. Montbretien (*Crocosmia*), Steppenkerzen (*Eremurus*) und Dreiblatt (*Trillium*) ist ebenso das Frühjahr die beste Pflanzzeit. Einige Zwiebel- und Knollengewächse wie z. B. die Prachtscharte (*Liatris spicata*) oder das Wild-Alpenveilchen (*Cyclamen*) können sowohl im Herbst als auch im Frühjahr eingegraben werden. Wird ein früher Pflanztermin im Herbst verpasst, ist es besser, im Frühjahr zu pflanzen, denn ein später Herbstpflanztermin würde den Pflanzen bis zur Winterpause keine Zeit mehr zum Bewurzeln lassen. Die Rhizome der großen Schwertlilienarten (*Iris barbata*) werden spät im Herbst gesetzt, um ein Austreiben an warmen Herbsttagen noch vor der Winterpause zu vermeiden.

Je dicker die unterirdischen Speicherorgane sind, desto tiefer müssen sie in der Erde vergraben werden (Ausnahme: die Rhizome der großen Iris-Arten). Eine einfache Regel besagt, dass die Pflanztiefe zwei- bis dreimal so tief sein sollte, wie die Zwiebel dick ist. Der Abstand der Zwiebeln untereinander sollte zwei bis drei Zwiebelbreiten betragen. Dabei ist darauf zu achten, dass kleine Zwiebeln wie die von Krokus und Blaustern nicht über großen eingegraben werden und sie sich gegenseitig Konkurrenz machen.

Tipp: Gegen Wühlmausfraß hilft es, wenn man die Zwiebeln und Knollen beim Auspflanzen nicht direkt in die Erde, sondern in ein ausreichend großes, engmaschiges Drahkörbchen setzt. Das beugt der Zuwanderung der Fraßschädlinge von unten vor.

Das Pflanzen von Stauden

Bevor Sie mit dem Pflanzen beginnen, sollten Sie sich Gedanken über Anzahl und Verteilung der Einzelpflanzen im Beet gemacht haben. Hilfreich ist die Erstellung eines Pflanzplans. In den folgenden Kapiteln werden verschiedene Pflanzpläne vorgeschlagen, die man verwirklichen kann, die aber auch Anregung zu eigenen Gestaltungen bieten können.

Oft brauchen hochwüchsige Prachtstauden wie z. B. Rittersporn eine Stütze.

Pflanzen Sie möglichst an trüben, feuchten Tagen, damit die Pflanzen sich langsam an die neue Umgebung gewöhnen können. Meistens werden beim Pflanzen Wurzeln verletzt und die Pflanzen büßen einen Teil ihrer Widerstandskraft ein.

Als Vorbereitung für die Pflanzung muss der Boden des Beetes gut durchgearbeitet und Unkrautwurzeln entfernt werden. Sie können einen organischen oder mineralischen Volldünger in die Erde einarbeiten. Wässern Sie die zu setzenden Pflanzen vor dem Beginn der Pflanzaktion ein bis zwei Stunden gründlich in einer Wanne. Verteilen Sie dann die Pflanzen gemäß des Pflanzplanes auf dem Beet, ohne sie einzugraben. So können Sie noch Korrekturen vornehmen, wenn Ihnen Abstände zu gering vorkommen oder Sie doch lieber eine andere Anordnung wünschen.

Wenn Sie mit der Verteilung zufrieden sind, graben Sie für jede Staude einzeln ein Loch. Die Pflanze soll wieder genauso tief in die Erde gesetzt werden, wie sie auch vorher im Topf war. Breiten Sie die Wurzeln locker im Pflanzloch aus und füllen Sie es dann vorsichtig mit Erde auf. Bei großen Stauden zwischendurch die Erde immer wieder andrücken, damit keine Hohlräume entstehen. Bei normal großen Gewächsen reicht es, wenn Sie nach dem Auffüllen rund um den Wurzelballen die Erde vorsichtig andrücken. Die Pflanze sollte dabei weder angehäufelt noch in einen Trichter gesetzt werden. Nachdem alle Pflanzen gesetzt sind, wird das gesamte Beet vorsichtig, aber gründlich gewässert. Achten Sie auch in den folgenden Tagen besonders gut auf ausreichende Feuchtigkeit.

Eine reine Staudenrabatte können Sie in einem Arbeitsgang pflanzen. Gemischte Rabatten mit einjährigen Sommerblühern und Gehölzen im Hintergrund werden in Etappen gepflanzt: Zuerst die Gehölze, später die Stauden und schließlich die Einjährigen. Wollen Sie Zwiebel- und Knollengewächse integrieren, werden diese zuletzt beziehungsweise im folgenden Herbst gesetzt, damit sie an die richtige Stelle zwischen die anderen Gewächse kommen und nicht bei deren Pflanzung verletzt werden.

Richtig düngen

In der freien Natur gibt es einen Kreislauf, bei dem Werden und Vergehen miteinander im Gleichgewicht stehen. Im Garten möchten wir jedoch möglichst viele schöne, reich blühende und langlebige Stauden und außerdem noch andere dekorative und nützliche Pflanzen haben. Der natürliche Kreislauf wird dadurch unterbrochen, weil wir Blumen für die Vase schneiden, im Herbst Blätter vom Rasen rechen, Obst ernten, Hecken und Sträucher zurückschneiden und den Rasen mähen. So fehlt es dem Boden ohne Düngung an Nährstoffen. Die dem Kreislauf entzogenen Substanzen müssen ersetzt werden. Stickstoff (chemisches Zeichen: N) ist besonders wichtig für alle Blattpflanzen, denn er begünstigt das Wachstum von Blättern, Trieben, aber auch Wurzeln. Fehlt Phosphor (P) im Boden, lässt die Blühfreude auch bei gesunden Pflanzen deutlich nach. Für ein festes Gewebe sorgt Kalium (K). Es erhöht damit die Widerstandskraft der Pflanzen gegen Schädlinge und Krankheiten und ist besonders im Herbst wichtig, damit die Triebe der Pflanzen vor der Winterruhe noch gut aushärten und damit dem Frost besser standhalten können. Universaldünger enthalten meistens eine Mischung aus Stickstoff, Phosphor und Kalium, ergänzt durch Mineralien und Spurenelemente. Da aber jede Pflanzenart andere Ansprüche an ihre Versorgung stellt, kommt es auf die richtige Wahl beim Dünger an. Moorbeetpflanzen beispielsweise sind auf ein saures Bodenmilieu angewiesen, das durch einen falschen Dünger ungünstig in den basischen Bereich verschoben werden könnte. Umgekehrt sorgen viele mineralische Dünger für eine Versäuerung des Bodens, was Kalk liebende Stauden wie Salbei (*Salvia*) oder die verschiedenen Helleborus-Arten nicht mögen.

Mineralischer und organischer Dünger?

Diese Frage stellt sich so mancher Hobbygärtner nicht nur am Beginn seiner Laufbahn. Auch später gibt es immer wieder Momente, wo selbst erfahrene Gartenenthusiasten unsicher werden, ob die einmal eingeschlagene Richtung konsequent durchgehalten werden sollte. Organische Dünger gelten als sanfter für die Pflanzen und verträglicher für die Umwelt, sowohl was die Produktion als auch die Wirkung und den Abbau im Boden angeht. Doch manchmal enthalten sie eben leider auch nicht alles, was eine anspruchsvolle Staude an Nährstoffen und Spurenelementen braucht. Treten trotz wohlmeinender organischer Düngung plötzlich gelbliche Verfärbungen der Blätter auf, ist die Staude blühfaul oder kümmert sie elend vor sich hin, kann ein schnell wirkender Flüssigdünger oder ein mineralischer Volldünger vielleicht Abhilfe schaffen. Um die richtige Wahl zu treffen, ist es wichtig, die verschiedenen Düngerformen und ihre Wirkung zu kennen.

Organische Dünger

Die natürlich hergestellten organischen Dünger setzen sich aus verarbeiteten pflanzlichen oder tierischen Bestandteilen zusammen. Sie düngen nicht nur die Pflanzen, sondern sorgen auch für eine generelle Bodenverbesserung und begünstigen die Entwicklung einer gesunden Bodenfauna, was schließlich zu einer Dauerfruchtbarkeit des Bodens führt. Der bekannteste, in jedem Garten vorhandene und damit billigste organische Dünger ist der Kompost. Andere organische Dünger sind Knochenmehl, Hornspäne und Holzasche. Darüber hinaus gibt es auch noch organische Dünger aus aufbereiteten Algen, Pilzsubstrat, Vogelkot (»Guano«) und Mischungen der verschiedenen Produkte. Der gute, alte Stallmist ist in frischem Zustand zu scharf und muss vor der Verwendung als Dünger erstmal gründlich verrotten, damit er den Pflanzen nicht schadet. Der früher gern verwendete Klärschlamm enthält zu viel Salze und vor allem oft Schwermetalle in zum Teil beachtlicher Konzentration. Er ist nicht empfehlenswert für den Garten. Alle organischen Dünger, aber besonders Knochenmehl und Hornspäne gelten als ausgesprochene Langzeitdünger, da sie im Boden nur langsam aufgeschlossen werden und somit den Pflanzen über einen langen Zeitraum Stickstoff und andere Nährstoffe zur Verfügung stellen. Die meisten organischen Dünger enthalten viele Spurenelemente, sind aber leider arm an Kalium. Rindenkompost aus dem Gartenfachhandel hilft, diesen Mangel auszugleichen.

Mineralische Dünger und Kalk

Anders als die organischen Dünger, die den Pflanzen die Nährstoffe nach und nach zur Verfügung stellen, setzen die meisten mineralischen Dünger ihre Wirkstoffe sofort frei. Es gibt Volldünger, die gleichmäßig viel Stickstoff, Phosphat und Kalium enthalten und um entsprechende Spurenelemente ergänzt wurden. Spezialdünger haben eine variierende Zusammensetzung, die auf die Bedürfnisse einer bestimmten Pflanzenart zugeschnitten ist. Alle mineralischen Dünger wirken physiologisch sauer, d. h. dass es über kurz oder lang zu Kalkverlusten im Boden kommt. Dies lässt sich durch gezielte Gaben von kohlensaurem Kalk oder Algenkalk beheben. Je niedriger der Humusgehalt der Erde ist, desto mehr Kalk muss eingesetzt werden. Eine Überkalkung führt bei manchen

Eine ausgewogene, regelmäßige Düngung sorgt für reichen Blütenflor.

Gewächsen allerdings zu Eisenmangel, was man dann an Blattflecken (Chlorosen) erkennt. Mineralische Dünger lösen direkt nach der Düngergabe einen Wachstumsstoß aus und lassen dann die Wachstumskurve schnell abfallen. Deshalb müssen sie im Laufe einer Saison mehrfach angewendet werden.

Unter den mineralischen Düngern gibt es seit einiger Zeit auch die so genannten Depot- oder Vorratsdünger. Sie setzen ihre Nährstoffe nur nach und nach frei, ähnlich wie die organischen Dünger. Beim Kauf sind sie in der Regel teurer als konventionelle Mineraldünger, aber die Investition macht sich bezahlt, da sie zum Teil monatelang wirken und ein Nachdüngen somit überflüssig machen. Wildstauden und einfache Beetstauden sind bereits mit geringen Düngergaben zufrieden. Hier genügt ein guter Gartenkompost, ausgebracht im Frühjahr. Hat man nicht genügend Kompost zur Verfügung, hat sich eine Mischung aus 50 g Hornspänen, 40 g Knochenmehl und 1 l Holzasche auf 1 qm Boden bewährt. Während Kompost nicht untergearbeitet wird, harkt man die anderen organischen Dünger vorsichtig in die oberste Bodenschicht ein.

Prachtstauden brauchen für einen üppigen Flor einen kräftigeren Schluck aus der Düngerpulle. Denken Sie aber immer daran, dass weitaus mehr gesunde Pflanzen an Überdüngung als an Nährstoffmangel zugrunde gehen! Die Regel »Viel hilft viel« gilt hier nicht, denn was die Pflanze nicht leisten kann, wird ihr auch kein Spitzendünger entlocken. Manchmal ist Geduld und Liebe auch bei Pflanzen das beste Lebenselixier.

Wann soll man düngen?

Organische Dünger, die langsamer wirken als die mineralischen, bringt man nicht vor März auf die Beete. Der Regen würde die Nährstoffe sonst auswaschen, bevor die Vegetationsperiode der Stauden beginnt. Erst wenn die Stauden stärker zu wachsen beginnen, sollte der mineralische Dünger ausgebracht werden. Der Bedarf an Stickstoff ist in der Wachstumsphase, also im Frühjahr, am größten. Kommt es zur Blütenbildung, braucht die Pflanze vermehrt Phosphate und Kalium. Die organischen Dünger bieten alles zur rechten Zeit an, aber vor allem die Hornpräparate halten reichlich Stickstoff bereit. Wünscht man stärkeren Blütenansatz, empfiehlt sich hier die Verwendung des phosphathaltigen Knochenmehls. Die mineralischen Dünger muss man den Bedürfnissen der Pflanzen entsprechend verabreichen. Also düngt man im Frühjahr mit stickstoffreichen, im Sommer mit stickstoffarmen mineralischen Düngern. Im Spätsommer sollte die Düngung rechtzeitig auf kaliumhaltige Dünger umgestellt werden, um ein Aushärten der Triebe zu gewährleisten. Rechtzeitig vor Beginn der Winterruhe, am besten schon im September, sollte die Düngung dann eingestellt werden. Andernfalls treiben die Stauden nochmals kräftig durch und sind dann extrem frostgefährdet.

Wenn Stauden lange Zeit am selben Ort stehen, beginnen sie, ihre Wurzelstöcke an die Oberfläche zu schieben und manchmal auch zu verkahlen. Eine gute Methode, Stauden kräftig und gesund zu halten, ist das Mulchen im Spätwinter: Eine Abdeckung der Beete mit Komposterde im März oder April versorgt die Stauden mit hochwertigem Dünger und schützt die jungen Austriebe gleichzeitig vor Spätfrösten. Für das Mulchen genügt der halbreife Kompost vom Vorjahr, der noch grobe Faserteile enthält. Sie verbessern die Bodenstruktur und verrotten im Laufe des Jahres.

Schneiden und Verjüngen von Stauden

Schneiden

Um die Stauden zur weiteren Blütenbildung anzuregen und gleichzeitig ein Verausgaben durch Samenproduktion zu verhindern, ist es ratsam, die welken Blüten stets auszuschneiden. Erst im Herbst kann man den letzten Flor stehenlassen, denn viele Arten bilden recht attraktive Samenstände, die dann verholzen und noch einige Zeit das Beet schmücken. Im Frühjahr sieht man meist,

bis wohin der Frost die Stauden verdorren ließ. Man schneidet dann bis kurz über dem Boden alle oberirdischen Teile zurück, um einen kräftigen Austrieb zu fördern. Frühjahrsblüher kann man gleich nach der Blüte zurückschneiden. Dabei dürfen blattreiche Stängel nicht bodeneben zurückgeschnitten werden. Drei bis vier Blatt unter der Blüte gelten als Richtwert. Blattlose Stängel vertrocknen nach der Blüte und können dicht über dem Boden abgeschnitten werden. Die im Frühjahr reich blühenden Polsterstauden werden schlaksig und blühfaul, wenn man sie nicht nach der Blüte um etwa die Halfte einkürzt. Das hält sie schön buschig und gewährt im nächsten Frühjahr eine üppige Blüte. Die meisten Sommerblüher entwickeln an den Seitentrieben schon neue Blütenknospen, wenn die Hauptblüte am Welken ist. Schneiden Sie dann gezielt nur die eine Hauptblüte aus, um den Nachflor zu genießen.
Etwas besonderes sind die so genannten remontierenden Stauden: Sie sind praktisch die Stehaufmännchen unter den Stauden. Nach der Frühsommerblüte werden die Blütenstiele oder Horste dicht über dem Boden abgeschnitten. Gut gewässert und mit dem richtigen Dünger versehen entwickeln sie dann bis zum Spätsommer nochmals einen reichen zweiten Blütenflor.

Verjüngen

Die meisten Stauden haben eine Lebensdauer von etwa acht Jahren (siehe Seite 10). Wenn ein Staudenbeet älter wird, kann man bei einigen Pflanzen typische Merkmale wahrnehmen: Die Blühfreudigkeit lässt nach, große Horste verkahlen von innen und sind mit Unkraut durchsetzt, ältere Pflanzen fallen auseinander und die Stängel liegen mehr als sie stehen. Bei vielen Stauden kann man durch Teilung (siehe unten) eine Verjüngung vornehmen. Bei besonders langlebigen Stauden dauert es dann allerdings auch zwei bis drei Jahre, bis sie sich richtig dankbar zeigen. Unter Umständen verweigern sie in den ersten Jahren sogar die Blütenbildung. Haben Sie einfach Geduld, lassen Sie sie in Zukunft länger an ihrem Standort unbehelligt und verjüngen Sie sie nicht öfter als etwa alle zehn Jahre, wenn es denn überhaupt nötig ist.
Eine andere Möglichkeit, Staudenbeete zu verjüngen, ist das Auslichten dichter Bestände. Die immer größer werdenden Stauden machen sich gegenseitig Konkurrenz, schwächer wüchsige Arten blühen entweder nur noch schwach oder werden ganz verdrängt oder sie leiden unter Krankheiten (Grauschimmel, Falscher Mehltau usw.). Manchmal reicht es, wenn man aus einem zu dichten Horst einfach während des Sommers einzelne Triebe herausnimmt, damit die anderen wieder Luft und Licht bekommen. Baldmöglichst (Herbst oder Frühjahr) sollten Sie dann die betreffende Staude ausgraben und teilen. Ist das Staudenbeet insgesamt zu dicht bewachsen, können Sie die einzelnen Stauden jeweils teilen und ein Teilstück wieder an den alten Ort setzen. Das erhält die Artenvielfalt und die Komposition Ihres Staudenbeetes. Eine andere Möglichkeit besteht darin, die Gesamtkonzeption zu ändern und größere Gruppen einer Art zuzulassen, dafür aber andere Arten ganz aus dem Staudenbeet herauszunehmen. Ein gut eingewachsenes Staudenbeet sollte zwar so dicht bewachsen sein, dass man möglichst wenig Erde sieht, aber andererseits dürfen die Stauden sich nicht gegenseitig durchdringen und Nährstoffe, Licht, Luft und Wasser streitig machen.

Vermehrung durch Teilen, Stecklinge und Aussaat

Die bekannteste Art der Pflanzenvermehrung ist zweifellos die Aussaat. Doch gibt es darüber hinaus auch andere, ungeschlechtliche Vermehrungsmethoden (»Vegetative Vermehrung«), für die nur eine einzige Mutterpflanze nötig ist. Die vegetative Vermehrung ist durch Teilen, Ausläufer, Wurzelschnittlinge sowie Frühjahrs- und Winterstecklinge möglich. Bei manchen Stauden ist diese Art der Vermehrung vorteilhafter als die Aussaat, weil die so erzeugten »Nachkommen« sortenecht sind und genauso ausfallen wie die Mutterpflanze. Auch selten erreichbares oder schwer keimendes Saatgut sowie die Sterilität oder Zweihäusigkeit der Mutterpflanze machen eine vegetative Vermehrung manchmal sinnvoll.

Teilen

Für die Teilung von Stauden eignen sich besonders gut die breit gewordenen Horste älterer Pflanzen, die dann blühfaul werden. Im Frühjahr oder Herbst wird dazu die Staude vorsichtig ausgegraben und der Horst mit einem scharfen Messer in mehrere Teile zerschnitten. Robuste Horste können auch mit dem Spaten zerteilt werden. Als Richtmaß gilt etwa Faustgröße und mindestens drei Triebe pro Wurzelballen für die einzelnen Teilstücke. Die wüchsigsten Teile befinden sich am äußeren Rand des Horstes. Besonders Rauh- und Glattblattastern (*Aster novae-angliae* und *A. novi-belgii*) beginnen im Alter von der Mitte des Horstes her zu verkahlen. Entflechten Sie die Wurzeln vorsichtig. Die einzelnen Teilstücke werden dann an die vorgesehenen Stellen im Staudenbeet gepflanzt. Sie entwickeln sich in zwei bis drei Jahren selbst wieder zu kräftigen Stauden.

Stauden, die schon nach dem zweiten bis vierten Jahr geteilt werden können: Perlpfötchen, Alpenaster, Bergaster, Kissenaster, Bergenie, Sumpfdotterblume, Spornblume, Mädchenauge, Netzblattstern, Schwertlilien, Taubnessel, Margerite, Goldfelberich, Katzenminze, Lampionpflanze, Knöterich, Fetthenne.

Stauden, die frühestens nach dem fünften Jahr geteilt werden können: Goldgarbe, Eisenhut, Waldgeißbart, Rauhblattaster, Glattblattaster, Prachtspiere, Rittersporn,

In einem gut eingewachsenen Staudenbeet können die Pflanzen, die dichte Horste gebildet haben, im Herbst oder Frühjahr durch Teilung verjüngt werden.

Gemswurz, Steppenkerze, Feinstrahl (Berufkraut), Goldwolfsmilch, Sonnenbraut, Staudensonnenblume, Christrose, Funkien, Fackellilie, Prachtscharte, Sommerphlox, Sonnenhut, Purpur-Sonnenhut, Goldrute, Trollblume.

Stauden, die möglichst nicht geteilt werden sollten: Adonisröschen, Akelei, Tränendes Herz, Diptam, Schleierkraut, Taglilien, Lupinen, Blutweiderich, Malven, Missouri-Nachtkerze, Pfingstrosen, Türkischer Mohn, Küchenschelle.

Ausläufer

Die einfachste Methode, manche Stauden zu vermehren, sind Ausläufer. Besonders Gruppen bildende, wüchsige Stauden mit dem Drang, sich wuchernd auszubreiten, lassen sich gut durch Ausläufer vermehren. Schneiden Sie einen bereits bewurzelten Ausläufer von der Mutterpflanze ab und pflanzen Sie ihn einfach ohne weitere Vorkultur an die vorgesehene Stelle im Staudenbeet.

Stauden, die sich leicht durch Ausläufer vermehren lassen: Perlpfötchen, Mannsschild, Mandelblättrige Wolfsmilch, Habichtskraut, Goldfelberich, Lampionblume, Sonnenhut, Hauswurz-Arten, Immergrün, Golderdbeere.

Wurzelschnittlinge

Manche Stauden lassen sich besonders gut durch Wurzelschnittlinge vermehren. Die beste Zeit dafür ist der Spätherbst. Man gräbt die Mutterpflanze vorsichtig aus und nimmt etwa stricknadel- bis bleistiftdicke, fünf bis sieben Zentimeter lange Wurzelstücke, die man mit einem sauberen Messer glatt abtrennt. Pflanzen Sie die Mutterpflanze nach Entnahme der Schnittlinge gleich wieder ein. Legen Sie die Wurzelstückchen krautiger Pflanzen flach in lockeres, sandreiches Vermehrungssubstrat und bedecken Sie sie mit etwas Erde. Die anderer Stauden stecken Sie senkrecht in mit Substrat gefüllte Kistchen. Dabei soll das von der Mutterpflanze am weitesten entfernte Ende den neuen Trieb hervorbringen, also nach oben zeigen und mit der Substratoberfläche abschließen. Dunkel, aber frostfrei und mäßig feucht gehalten treiben die Wurzelschnittlinge durch. Zeigen sich die ersten Triebe, holt man die Kistchen ans Licht. Man muss die Triebe vorsichtig an Sonne gewöhnen und topft sie zur Weiterkultivierung erst ein, wenn sich kleine Pflänzchen gebildet haben.

Stauden, die durch Wurzelschnittlinge vermehrt werden können: Akanthus, Ochsenzunge, Herbstanemone, Flockenblume, Purpur-Sonnenhut, Edeldistel, Kokardenblume, Storchschnabel, Schleierkraut, Türkischer Mohn, Flammenblume, Kugelprimel, Küchenschelle, Trollblume, Königskerze.

Frühjahrsstecklinge

Für Frühjahrsstecklinge werden weiche, möglichst bodennahe Triebe verwendet. Haben sich bei manchen Stauden schon hohle Stängel gebildet (z. B. bei Rittersporn, Lupinen oder Tränendem Herz), muss der Trieb einen Ansatz vom alten, verholzten Stängel oder sogar ein Stück Wurzelansatz haben (»Kopfsteckling mit Ansatz«). Man schneidet etwa fünf bis sieben Zentimeter lange Spitzen junger Triebe, so genannte »Kopftriebe«, die noch keinen Blütenansatz zeigen und entblättert sie im unteren Drittel. Verwenden Sie ein scharfes, sauberes Messer, denn faserige Schnittstellen faulen schnell. Um ein besseres Anwachsen zu erreichen, kann man die Schnittstellen in ein flüssiges oder puderförmiges Bewurzelungshormon tauchen (im Handel z. B. unter dem Namen »Wurzelfix« erhältlich), bevor man die Stecklinge in feuchtes, lockeres Substrat (zwei Teile Erde und ein Teil Sand) steckt. Bewährt hat sich die Methode, in jeweils ein einzelnes Töpfchen drei bis fünf Kopftriebe nebeneinander zu stecken. Haben sich die Stecklinge bewurzelt, bilden sie gleich einen kleinen Horst. Eine durchsichtige Folie oder eine Plexiglashaube über den Töpfchen sowie etwas verschattetes Licht verhindert ein Austrocknen oder Welken der Kopfstecklinge.

Winterstecklinge

Durch Winterstecklinge vermehrt man hauptsächlich wintergrüne Stauden wie z. B. Steinbrechgewächse (*Sa-*

xifraga spec.), Steinkraut (*Alyssum*), Grasnelken (*Armeria*) oder Moosphlox (*Phlox subulata*). Im Herbst (September/Oktober) nimmt man maximal fünf Zentimeter lange Triebe und verfährt mit ihnen wie bei den Frühjahrsstecklingen. Bei rosettenförmigen Pflanzenarten wie z. B. vielen Steinbrechgewächsen oder Hauswurzarten nimmt man eine Rosette, die durch Ausbrechen oder Ausreißen von der Mutterpflanze getrennt wurde und setzt sie fest auf das Vermehrungssubstrat auf. Die Töpfchen mit den Stecklingen stellt man dann, ebenfalls durch Folien oder Hauben vor dem Austrocknen geschützt, in ein Kalthaus, den unbeheizten Wintergarten oder an ein helles Fenster im Treppenhaus oder Keller. Die Temperatur sollte zwischen 6 und 12° C betragen, möglichst nicht wärmer, da sich sonst Fäulnis und Schimmel breit machen.

Aussaat

Für die Aussaat eignen sich nur sortenechte Stauden, was bei züchterisch bearbeiteten Arten nicht immer gewährleistet ist. Solche Stauden sind durch Teilen oder Stecklinge zu vermehren. Im Handel erhältlicher Samen ist sortenecht. Es werden auch F1-Hybridsamen angeboten, die sich durch bestimmte Eigenschaften auszeichnen, aber nicht weiter als in der ersten Generation sortenecht ausfallen. Das bedeutet, dass ein Nachbau von F1-Hybriden nicht möglich ist. Sammeln Sie also keinen Samen der daraus gezogenen Stauden, außer wenn Sie experimentierfreudig sind, denn in der zweiten Generation kann es zu mehr oder weniger gelungenen Überraschungen kommen. Von sortenecht ausfallenden Stauden können Sie den Samen nach dem Ausreifen selbst sammeln. Werden normalerweise verwelkte Blüten sofort ausgeschnitten, müssen für die Samengewinnung die Fruchtstände an der Pflanze voll ausreifen. Beginnt der Samen auszufallen, ist die richtige Zeit der Ernte. Sammeln Sie jede Sorte getrennt und trocknen Sie den Samen locker in Pappkartons liegend. Fruchthülsen, Blattreste und andere Fremdkörper müssen vorsichtig abgesiebt oder ausgelesen werden. In Schach-

Von oben nach unten:
Die Aussaat erfolgt am besten in kleine Saatkistchen oder flache Schalen.

Es ist sinnvoll, auf einem Schildchen die ausgesäte Sorte und das Aussaatdatum zu vermerken, da viele Keimlinge sich sehr ähnlich sehen.

Sämlinge müssen rechtzeitig vereinzelt werden, damit sich die Jungpflanzen nicht gegenseitig Konkurrenz machen.

teln, Tütchen, Gläsern oder Dosen verpackt ruht der Samen dann an einem dunklen, trockenen Ort bis zum Gebrauch. Ein Schildchen mit der Art- und Sortenbezeichnung sowie dem Erntedatum hilft im nächsten Frühjahr der Erinnerung auf die Sprünge.
Die meisten Stauden sät man im Frühjahr ab März/April als Vorkultur an der Fensterbank oder im Frühbeet in Schalen oder Kistchen aus und verpflanzt sie später, wenn kein Frost mehr droht, ins Freiland. Um bakterielle Infektionen (»Fußkrankheit«) zu vermeiden, wäscht man die Aussaatgefäße vor der Wiederverwendung gründlich aus und verwendet sterilisierte Aussaaterde mit einem hohen Sandanteil. Bewährt hat sich eine Mischung aus je einem Drittel durchgesiebter Komposterde, gutem Lehmboden und Quarzsand, die dann im heißen Backofen eine halbe Stunde lang bei mindestens 50 °C sterilisiert wird. Aussaaterde darf nicht so viele Nährstoffe enthalten wie die normale Pflanzerde. Der hohe Sandanteil macht die Aussaaterde durchlässiger und sorgt für eine feinere Struktur. Zum Keimen brauchen die Samen einen guten Kontakt mit dem Kultursubstrat und ausreichend, vor allem gleich bleibende Feuchtigkeit. Säen Sie gleichmäßig und beschriften Sie die Aussaatgefäße mit Art, Sorte und Datum. Einmal ausgesäter Samen darf nicht mehr trocken werden. Zum Gießen eignet sich eine Sprühflasche. Vermeiden Sie volle Sonne für die zarten Keimlinge. Zeigen sich die ersten »echten« Blättchen außer den Keimblättern, wird es Zeit zum Vereinzeln (»Pikieren«). Unterlässt man dies, kommt es zu Konkurrenz, die Stängel werden ungesund lang und instabil und Pilzkrankheiten breiten sich aus. Nehmen Sie die Keimlinge vorsichtig auf, um möglichst keine Wurzeln zu verletzen. Jedes Pflänzchen bekommt nun sein eigenes Töpfchen oder einen Platz auf einer Pflanzpalette in nährstoffreicherem, aber dennoch durchlässigem Kultursubstrat. Vergessen Sie das vorsichtige Gießen gleich nach dem Pikieren nicht! Bis zum Auspflanzen müssen die Sämlinge gleichmäßig feucht gehalten und vor zu viel Sonne geschützt werden.

Viele Stauden kann man später im Jahr auch direkt am Standort aussäen. Für die Aussaat im Freiland ist es wichtig, dass der Boden schon die richtige Temperatur hat. Ist der Boden zwar frostfrei, aber noch zu kalt, fault der Samen, ohne zu keimen. Späte Nachtfröste können den Tod für die zarten Keimlinge bedeuten. Ein Vlies oder Folientunnel kann frostige Nächte überbrücken helfen. Später kann man die Pflänzchen entweder vereinzeln oder an andere Stellen pflanzen.

Mobile Pracht: Stauden in Kübeln und Töpfen

Stauden machen nicht nur im Beet eine gute Figur. Auch in Kübeln und Töpfen wirken viele mehrjährige Gartenpflanzen attraktiv. Es ist noch nicht lange her, dass man Gartenpflanzen allein im Beet kultivierte, Kübel und Töpfe aber den empfindlichen Gewächsen aus exotischen Ländern vorbehielt. Erst seit einigen Jahren ist es Mode, Stauden auch in Kübeln und Töpfen zu ziehen. Dabei ist die Idee gar nicht so neu, wie man vielleicht glauben könnte. Schon im alten Ägypten setzte man Pflanzen in Tonschalen oder Holzkübel und im antiken Rom zierten getopfte Pflanzen die Atrien der Villen. Voraussetzung für eine erfolgreiche Topfkultur bei Stauden ist natürlich, dass die Ansprüche der jeweiligen Art an das richtige Substrat erfüllt werden können und die Pflanzen die entsprechende Pflege, vor allem regelmäßige Wassergaben, erhalten. Nur, wenn eine Staude sich im Kübel wohl fühlt, wächst sie zu einem attraktiven Schmuckstück heran. Dann aber eröffnen Stauden, die man in hübsche Pflanzgefäße gesetzt hat, unzählige neue Aspekte und Möglichkeiten für den Hobbygärtner.

Topfstauden helfen, Probleme zu lösen

Unwirtliche Fleckchen im Garten, an denen wegen schlechter Bodenverhältnisse oder anderen Widrigkeiten fast nichts wachsen will, können mit Pflanzkübeln voller Stauden ungeachtet der schlechten Ausgangsbedingungen zu grünen Oasen werden.

Machen Schnecken Ihren bevorzugten Lieblingsstauden wie Rittersporn *(Delphinium)*, Funkien *(Hosta)* und Lupinen *(Lupinus)* immer sofort den Garaus, dann pflanzen Sie die bedrohten Gewächse einfach in große Kübel. Diese kleine Barriere genügt oft schon, um den schleimigen Plagegeistern den Weg zu ihrem Nachtmahl zu erschweren. Ähnlich ergeht es den Wühlmäusen, die sich bekanntlich unterirdisch den Objekten ihrer Begierde nähern. Besonders Stauden mit rhizomartig verdickten Wurzeln und Zwiebelstauden werden leider oft Opfer der nimmersatten Nager. Da Wühlmäuse sich selten überirdisch zeigen, wird ihnen der Weg zu ihrem Mahl abgeschnitten, wenn man die gefährdeten Stauden in Kübel pflanzt.

Stauden mit besonderen Bodenansprüchen wird man durch spezielle Substratmischungen gerecht. Auf diese

Zwergwüchsige und alpine Stauden kommen in Kübeln und Pflanzschalen besonders schön zur Geltung.

Weise lassen sich auch solche Gewächse, die ganz unterschiedliche Bodenvorlieben haben, auf engstem Raum nebeneinander ziehen. So kann zum Beispiel eine Kalk liebende Christrose (*Helleborus*), wenn man sie in einen Topf mit entsprechend vorbereitetem Substrat pflanzt, problemlos zwischen Stauden gedeihen, die in saurem Boden wurzeln. Umgekehrt belohnen es eher sauren Boden liebende Farne mit saftig grünen Wedeln, wenn man sie statt in kalkhaltigen Boden in Töpfe mit leicht saurem Substrat setzt.

Lücken mit Topfstauden kaschieren

Gibt es zum Beispiel durch das Eingehen einer Pflanze oder Schädlingsfraß Ausfälle in der Rabatte, können diese Lücken mit getopften Stauden kaschiert werden. Will man Blühpausen überbrücken, lohnt sich die separate Anzucht von blühwilligen Stauden wie Salbei (*Salvia*), Rittersporn (*Delphinium*), Astern (*Aster*) oder Flammenblumen (*Phlox*) im Topf. Man kann sie dann, wenn im Staudenbeet nach einem Blütenrausch »Katerstimmung« herrscht, einfach zwischen die Beetstauden stellen und so im Handumdrehen wieder Farbe in die Rabatte bringen. Sehr gut eignen sich dafür alle mittelhoch bis hoch wachsenden Sorten von reich und lange blühenden Arten. Für separate Pflanzgefäße, die nicht unbedingt in die Rabatte integriert werden sollen, eigenen sich alle Stauden, die neben interessanten Blüten auch hübsches Blattwerk besitzen, nicht zu tief wurzeln und keinen allzu hohen Wasserbedarf haben.

Schöne Topfstauden sind beispielsweise Frauenmantel (*Alchemilla mollis*), kleine und mittelhohe Astern (*Aster* spec.), Astilben (*Astilbe*), Bergenien (*Bergenia*-Hybriden), Polsterglockenblumen (*Campanula poscharskyana*), Rittersporn (*Delphinium*), Wolfsmilcharten (*Euphorbia* spec.), Scharlachfuchsie (*Fuchsia magellanica*), Storchschnabel-Arten (*Geranium* spec.), Kriechendes Schleierkraut (*Gypsophila repens*), Christ- bzw. Lenzrose (*Helleborus* spec.), Purpurglöckchen (*Heuchera*-Arten und Hybriden), Funkien (*Hosta*), Schleifenblume (*Iberis*), Lavendel (*Lavandula*), Katzenminze (*Nepeta*), Ysander (*Pachysandra terminalis*), Islandmohn (*Papaver nudicaule*), Salbei (*Salvia*), Heiligenkraut (*Santolina*), Blumen-Fetthenne (*Sedum spectabile, S. telephium*), Mauerpfeffer und andere niedrige Fetthennen-Arten (*Sedum acre, S. spurium, S. rupestre* u. a.), Hauswurz (*Sempervivum*), Dreimasterblume (*Tradescantia*) sowie mehrjährige Ziergräser und Farne.

Tipps für den Topfgarten

Wenn Sie Stauden in Töpfen ziehen wollen, dann achten Sie auf frostfeste Pflanzgefäße mit einem Abzugsloch für überschüssiges Gießwasser am Boden. Wird etwas Langzeitdünger unter das Substrat gemischt oder dem Gießwasser regelmäßig Flüssigdünger zugesetzt, müssen die Stauden nicht »hungern«. Alle ein bis zwei Jahre können die Stauden in frische Erde umgetopft und, wenn nötig, dabei geteilt werden. Wählen Sie nur solche Stauden für die Topfkultur aus, die keine tiefen Wurzeln entwickeln. Regelmäßige Wassergaben danken die Topfstauden mit gesundem Wachstum. Kaum eine Pflanze mag jedoch »nasse Füße«, deshalb stellt man die Töpfe nicht auf Untersetzer oder man leert diese nach einem Regenguss aus. Empfindliche Stauden oder besonders kleine Töpfe versenkt man im Herbst bodeneben in die Gartenerde. Dort kann der Frost ihnen nichts anhaben.

Werden nicht ganz frostfeste Stauden wie dieser Sauerklee (*Oxalis tetraphylla)* in Töpfe gepflanzt, kann man sie im Winter problemlos einräumen.

Topfstauden auf Balkon und Terrasse

Nicht nur im Garten sind getopfte Stauden inzwischen unentbehrlich. Einfach und preiswert lassen sich mit ihnen auch triste Terrassen und Balkone aufwerten. Besonders geeignet sind dabei solche Stauden, die interessantes Laub haben und nicht nur für eine kurze Blütezeit prächtig aussehen. Die großen, auffällig gefärbten Blätter von Purpurglöckchen (*Heuchera*), Funkien (*Hosta*) und Frauenmantel (*Alchemilla*), aber auch fein gefiedertes Blattwerk, Gräser und die aparten Wedel der Farne können zu interessanten Kompositionen inspirieren. Kombiniert man sie mit frostharten, immergrünen Zwerggehölzen im Kübel, etwa Buchsbaum (*Buxus*), Skimmien (*Skimmia*), Zwergkoniferen (*Juniperus, Thuja, Chamaecyparis* etc.) oder frostharten Bambusarten, hat man einen reizvollen Vierjahreszeiten-Balkon, den man im Sommer nach Lust und Laune durch eine Auswahl bunter Sommerblumen ergänzen kann. Im Gegensatz zu den Kübelpflanzen aus südlichen Gefilden und einjährigen Balkonpflanzen sind Stauden in Töpfen und Kübeln in der Regel winterhart. Diesen unschätzbaren Vorteil wissen vor allem jene Balkonbesitzer zu schätzen, denen der Platz zum frostfreien Überwintern von mediterranen Kübelpflanzen fehlt. Viele immergrüne Stauden wie Ysander (*Pachysandra*), Bergenien (*Bergenia*-Hybriden), Kleines Immergrün (*Vinca minor*), Wollziest (*Stachys byzantina*) und Schleifenblume (*Iberis sempervirens*) wie auch die Alpenpflanzen Dachwurz (*Sempervivum*), Steinbrech (*Saxifraga*) und Mauerpfeffer (*Sedum*) sind in der Regel frosthart. In sehr kalten Wintern und in exponierten Lagen (wenn der frostige Wind zum Beispiel auf dem Balkon eine freie Angriffsfläche hat) kann man die getopften Stauden durch Isoliermaterial vor Frostschäden schützen. Immergrüne Stauden wie Purpurglöckchen, Lavendel (*Lavandula*), Heiligenkraut (*Santolina*) und manche Gräser schützt man bei Frost und gleichzeitigem Sonnenschein vor dem Austrocknen, indem man sie schattiert. In besonders kalten Frostnächten hilft ein um die Pflanzen gewickeltes Vlies oder Sackleinen, das Schlimmste zu verhindern. Kleinere Kübel und Töpfe frieren bei längeren Frostperioden schneller durch als große. Ein gefrorener Wurzelballen bedeutet für die meisten Stauden jedoch das Aus. Wickelt man die Töpfe rechtzeitig in Stroh oder Zeitungspapier ein und versenkt sie zusätzlich in niedrige Kisten, Kartons oder Körbe, verhindert diese Isolierung, dass sich der Topfinhalt in einen Eisblock verwandelt. Plastikfolie ist als Isoliermaterial weniger gut geeignet. Sie atmet nicht und fördert dadurch Schimmel und Fäulnis. Man sollte sie, wenn überhaupt, nur kurzfristig verwenden. Für natürliche Isoliermaterialien wie Jute und Stroh spricht übrigens auch die Optik. Im Winter in strohgefüllte Körbe gesetzte Kübel und Töpfe können richtig dekorativ aussehen, besonders wenn man sie zusätzlich mit etwas grünem Tannenreisig, ein paar Strohsternen und Weihnachtskugeln schmückt.

Jedes Behältnis, auch wenn es noch so ungewöhnlich erscheint, kann als Pflanzgefäß dienen.

Krankheiten und Schädlinge

Es gibt eine Unzahl von Pflanzenkrankheiten und Schädlingen, die das Blühen und Gedeihen der Stauden beeinträchtigen oder ihrem Leben gar ein vorzeitiges Ende bereiten können. In der Praxis ist es aber halb so schlimm, denn die meisten Pflanzen haben eigene Abwehrmechanismen entwickelt, um mit den Schädlingen und Krankheiten fertig zu werden. Sollten die Wurzeln einer Staude dennoch einmal von Wühlmäusen aufgefressen worden sein oder ließen Blattläuse eine schwache Schönheit welken, wissen wir, dass wir die anderen Stauden in Zukunft entsprechend schützen müssen. Verwendet man Pflanzen aus Staudengärtnereien oder – bei Selbstaussaat – zertifiziertes Saatgut, erhält man meistens geprüfte Qualitätssorten, die wenig anfällig für Krankheiten sind.

Häufig auftretende Schädlinge sind Blattläuse, Blattwanzen, Thripse, Milben, Schaumzikaden und Schnecken. Bodenschädlinge, die sich von unten an die Pflanzen heranmachen und leider oft zu spät bemerkt werden, sind Wühlmäuse, Maulwurfsgrillen (Werren), Älchen und die Larven des Dickmaulrüsselkäfers.

Mit so einer Gartenspritze bringt man nicht nur gefährliche Giftpräparate, sondern auch sanfte Pflanzenschutzmittel wie Kräuterbrühen aus.

Unter den Krankheiten werden vor allem Pilzkrankheiten wie Grauschimmel, Echter und Falscher Mehltau sowie Rostpilze den Stauden gefährlich. Aber auch krankheitsbedingte Blattflecken sowie zahlreiche durch Viren und Bakterien verursachte Schäden können auftreten. Als Therapie kann die sanfte Methode der Spritzung mit Kräuterbrühen oder biologisch verträglichen Präparaten aus dem Fachhandel empfohlen werden. Setzen Sie nicht gleich die »chemische Keule« ein, sondern forschen Sie erst nach den Ursachen der Erkrankung. Oft ist der falsche Standort oder eine schlechte Nährstoffversorgung die Ursache für Schädlingsbefall.

Die häufigsten Krankheiten und ihre Behandlung

Grauschimmel (***Botrytis cinerea*** etc.)

■ Häufig betroffene Arten: Astern, Chrysanthemen, Pfingstrosen, Alpenveilchen, Lilien, Gladiolen, Tulpen

■ Schadbild: Weiche Triebe, Blüten und Früchte welken, faulen und sind mit einer gleichmäßigen grauen Schimmelpilzschicht überzogen. Auf den Blättern sind rotbraune Flecken zu sehen.

■ Ursache: Feuchtwarme Witterung; als »Schwächeparasiten« greifen die Pilze von abgestorbenen Pflanzenteilen auf geschwächte gesunde Triebe über. Starke Stickstoffdüngung begünstigt Grauschimmel, ebenso das Herumliegen abgestorbener Pflanzenteile.

■ Behandlung: Regelmäßiges Ausschneiden verwelkter Blüten und abgestorbener Pflanzenteile. Vorbeugend: Alle 14 Tage Spritzen mit Ackerschachtelhalmbrühe (Rezept siehe Anhang). Betroffene Pflanzenteile vernichten.

Echter Mehltau (***Podosphaera*** spec., ***Sphaerotheca*** spec. etc.)

■ Häufig betroffene Arten: Astern, Chrysanthemen, Eisenhut, Margeriten, Phlox, Rittersporn, Feinstrahl, Sonnenbraut, Sonnenhut

■ Schadbild: Mehlig-weißer Belag, zuerst in Punktform, später an Ober- und Unterseite der Blätter. Befallene Pflanzenteile vertrocknen. Tritt meist erst gegen Ende der Vegetationsperiode auf.
■ Ursache: Warme Witterung begünstigt den Befall. Die Pilzsporen werden durch Wind angetrieben. Für diverse Pflanzen kommen spezifische Mehltaupilze als Erreger infrage. Die Pilze überwintern in kugelförmigen Sporengehäusen an den Pflanzen.
■ Behandlung: Als Vorbeugung Pflanzen nicht zu dicht setzen, damit sie gut belüftet werden. Stickstoffbetonte Düngung vermeiden und alle zwei bis drei Wochen mit Schachtelhalmbrühe spritzen. Beim ersten Anzeichen von Befall mit Netzschwefel spritzen. Stark befallene Pflanzenteile vernichten.

Echter Mehltau – hier an Phlox – sieht nicht nur unschön aus, er schwächt die Pflanzen auch und kann zum völligen Ausfall führen.

Falscher Mehltau (***Peronospora*** spec., ***Plasmospora*** spec. etc.)
■ Häufig betroffene Arten: universell, besonders gefährlich für Zwiebelgewächse
■ Schadbild: Weißgelbe Flecken auf den Blattoberseiten, an den Blattunterseiten weißer bis grauvioletter Pilzbelag. Die Blattspitzen sterben ab.
■ Ursache: Stehende Luft, feuchtwarme Witterung. Die Erstinfektion erfolgt im Frühjahr über den Boden. Später dringen die Pilzsporen durch die Spaltöffnungen in die Blätter der Pflanzen ein.
■ Behandlung: Vorbeugend den Boden locker halten, die Pflanzen auslichten und alle 14 Tage mit Schachtelhalmbrühe spritzen. Bei starkem Befall ein Kupferpräparat verwenden. Kranke Pflanzenteile vernichten.

Rostpilze (***Uredinales***)
■ Häufig betroffene Arten: Malven, Chrysanthemen, Nelken und Pfingstrosen
■ Schadbild: Braunrote bis orangerote Pusteln auf der Blattunterseite, die auf der Blattoberseite gelbe Flecken verursachen. Später fallen die Blätter ab.
■ Ursache: Feuchtkalte Witterung nach langen Regenperioden; allgemeiner Nährstoffmangel (Kalium) wirkt begünstigend. Eventuell ist auch ein falscher Standort Ursache der Erkrankung.
■ Behandlung: Vorbeugend mit Holzasche düngen und die Pflanzen auslichten. Befallene Blätter sofort entfernen (auch die schon herabgefallenen!) und nicht nur die Pflanzen, sondern das gesamte umgebende Erdreich mit Wurmfarnbrühe (Rezept siehe Anhang) oder einem Schwefelpräparat spritzen. Nach einem Befall den Boden im Herbst nicht bearbeiten, um die Pilzsporen nicht zu vergraben und damit zu überwintern, denn die auf Blättern sichtbaren Pusteln sind nur die Sommersporenlager, die Pilze überwintern am Boden.

Viruskrankheiten
■ Häufig befallene Arten: universell
■ Schadbild: Sehr unterschiedlich, beispielsweise Verformungen wie Zwergwuchs, Mosaikverfärbungen der Blätter (»Mosaikvirus«) oder verkrüppelte Früchte und Samenstände.
■ Ursache: Viren haben sich im Nährstoffstrom der Pflanzen eingenistet. Sie werden durch den Kontakt der Pflanzen untereinander, aber auch durch beißende und saugende Insekten (Blattläuse) sowie durch Nematoden verbreitet.

■ Behandlung: Vorbeugend beim Einkauf nach virusfreien Pflanzen fragen; Werkzeuge, die zum Schneiden benutzt wurden, immer gründlich reinigen; Überträger (Blattläuse) bekämpfen. Bei Befall alle betroffenen Pflanzen sofort vernichten.

Bakterienkrankheiten
■ Häufig befallene Arten: besonders Sämlinge und Jungpflanzen sowie verletzte Altpflanzen
■ Schadbild: Die Stängelbasis beginnt sich zu verfärben und später zu faulen (»Fußkrankheit«).
■ Ursache: Bakterien dringen in das Pflanzengewebe ein und zersetzen es.
■ Behandlung: Keine. Erde nicht weiterverwenden, Saatschalen und Töpfe gründlich reinigen.

Blattflecken
Sie können verschiedene Ursachen haben: Pilz- oder Virenbefall können Verfärbungen auf den Blättern auslösen. Oft sind auch Mangelerscheinungen die Ursache. Überprüfen Sie den Standort und die Nährstoffversorgung (Bodenanalyse), wenn Sie einen Pilz-, Virus- und Parasitenbefall ausschließen können.

Die häufigsten tierischen Schädlinge

Blattläuse (*Aphidina*)
■ Häufig befallene Arten: universell; weiche, saftreiche Pflanzenteile werden bevorzugt
■ Schadbild: Grünliche, gelbliche oder schwärzliche kleine Insekten, die sich in Kolonien bevorzugt an weichen Stängeln, Blüten und Blättern von Pflanzen ansiedeln. Blätter kräuseln sich, Triebe verkümmern und ein klebriger, oft schwärzlicher Belag (»Rußtau«) bedeckt die Kolonie und die umgebenden Pflanzenteile. Häufig laufen Ameisen zwischen der Kolonie herum, um die Ausscheidungen der Blattläuse zu naschen. Blattläuse können Pflanzenviruskrankheiten übertragen.

Blattläuse (hier an Eisenhut) können meist mechanisch entfernt werden.

■ Ursache: Trockenheit zur Zeit des Pflanzenaustriebs sowie zu reichliche Stickstoffdüngung.
■ Bekämpfung: Vorbeugend wirkt ausgewogene Ernährung der Pflanzen und gute Bodenpflege. Einzelne Blattläuse werden von den natürlichen Feinden (Florfliegen- und Marienkäferlarven, Schlupfwespen und Raubwanzen) vertilgt. Bei stärkerem Befall: Mechanisches Abstreifen der Läuse mit einem Papiertaschentuch, Einstäuben mit Algenkalk, Holzasche oder Gesteinsmehl, mit Spritzdüse und Wasser kräftig abduschen oder spritzen mit Kräuterbrühen (Zwiebelschalenbrühe, Knoblauchauszug und Brennnesseljauche; Rezepte siehe Anhang).

Thripse, Blasenfüße (*Thrips* spec.)
■ Häufig befallene Arten: Gladiolen u. a.
■ Schadbild: Winzige, gelb-bräunliche oder schwarze, 1 bis 2 mm lange Insekten auf den Blattunterseiten. Kleine silberweiße Flecken auf den Blättern breiten sich immer weiter aus, die Blattunterseite wird schmierig.
■ Ursache: Die Stauden stehen zu warm und zu trocken.
■ Bekämpfung: Vorbeugend wirkt ausreichendes Wässern. Bei Befall die Blattunterseite mit kaltem Wasser kräftig abspritzen, stark befallene Triebe wegschneiden.

Milben (***Rhizoglyphus*** spec. etc.)

■ Häufig befallene Arten: Lilien, Dahlien, Begonien, Narzissen, Hyazinthen (Wurzelmilben)

■ Schadbild: Von der Wurzelmilbe befallene Knollen- und Zwiebelpflanzen zeigen kleine Fraßgänge, die mit braunem Mehl gefüllt sind. Die Pflanzen sterben ab. Spinnmilben überziehen die Blätter von Dahlien und Begonien mit hauchdünnen Geweben. Sie saugen an der Blattunterseite, was die Entwicklung der Knospen und Triebe behindert. Bei starkem Befall verliert die Pflanze ihre Blätter.

■ Ursache: Trockenheit, Überdüngung und Humusmangel; bei Winterlagerung von Zwiebel- und Knollenblühern fördert hohe Luftfeuchtigkeit einen Befall.

■ Bekämpfung: Vorbeugend wirkt die Düngung mit gehaltreichem Kompost und zurückhaltende Stickstoffdüngung bei guter Bewässerung und Bodenabdeckung (Mulch). Therapie: Schwach befallene Pflanzenteile von Knollen und Zwiebeln 10 bis 30 Minuten in Schmierseifenlauge oder Rainfarntee baden. Stark befallene Exemplare vernichten. Triebe und Knospen sowie Blattunterseiten von Stauden kräftig mit kaltem Wasser abspritzen. Spritzungen mit schwefelhaltigen Präparaten.

Blattwanzen (***Heteroptera***)

■ Häufig befallene Arten: Astern, Chrysanthemen, Dahlien, Goldgarben, Margeriten, Staudensonnenblumen, Mädchenauge

■ Schadbild: Kleine gelbliche Saugstellen auf den Blättern. Das Gewebe verfärbt sich und stirbt ab. Verkrüppelte oder missgebildete Blüten und Triebspitzen bei starkem Befall.

■ Ursache: Larven und ausgewachsene Insekten stechen das Gewebe an und saugen, wobei giftiger Speichel in die Pflanzenader dringt. Die ausgewachsenen Insekten sind gelblichgrün, hellbraun oder gelborange, platt und haben ein dreieckiges Rückenschild. Sie lassen sich bei Gefahr schnell fallen.

■ Bekämpfung: Dahlien mit dunklem Laub werden seltener befallen, ebenfalls Pflanzen, denen ausreichend Feuchtigkeit zur Verfügung steht. Die Blattwanzen sind besonders an sonnigen Tagen aktiv. Bei Befall kann man die Tiere am frühen Morgen, wenn sie noch wenig aktiv sind, mechanisch absammeln. Anmerkung: Die schwarz-roten Feuerwanzen sind übrigens Nützlinge und sollten verschont werden.

Nacktschnecken wie die Genetzte Ackerschnecke können praktisch über Nacht großen Schaden im Beet anrichten.

Schaumzikaden (***Philaenus spumarius***)

■ Häufig befallene Arten: Dahlien, Margeriten, Rauh- und Glattblattastern

■ Schadbild: An den Pflanzenstängeln klebt ab April bis zum Hochsommer ein Klümpchen schaumige Flüssigkeit (»Kuckucksspeichel«), in der eine kleine, gelblich-grüne Larve sitzt. Die betroffenen Pflanzen zeigen missgebildete Blätter und Triebe, die bei starkem Befall außerdem von kleinen gelben Pünktchen übersät sind. Später sterben die Blätter ab.

■ Ursache: Die Larven der Zikaden stechen die Blätter und Triebspitzen an, um den Pflanzensaft zu saugen. Sie bevorzugen trockenes Wetter für ihre Entwicklung.

■ Bekämpfung: Selten nötig, da der Schaden meistens gering ist. Mechanisches Entfernen der Larven (mit einem Papiertaschentuch) oder spritzen mit stark verdünnter Brennnesseljauche.

Schnecken (Nacktschnecken; ***Arionidae*** und ***Limacidae***)

■ Häufig befallene Arten: Nahezu alle Stauden mit weichen, wasserreichen Pflanzenteilen (vor allem Jungpflanzen und Triebspitzen), ganz besonders Rittersporn, Sommerphlox, Astern, Sonnenbraut und Funkien.

■ Schadbild: Fraßspuren an allen Pflanzenteilen, Schab-, Loch- und Totalfraß. In der Umgebung der Fraßstelle deutliche Schleimspuren, oft auch Kotreste an den betroffenen Pflanzen.

■ Ursache: Die sehr vermehrungsfreudigen Tiere sind Allesfresser und verzehren, besonders bei feuchter Witterung und in der Nacht, alles, besonders aber weiche, welke oder verfaulende Pflanzenteile. Durch einen Mangel an natürlichen Feinden, milde Winter und lang andauernde Regenperioden kann es zu Massenvermehrungen kommen.

■ Bekämpfung: Manuelles Absammeln, besonders in den Abendstunden; Köderfallen (Bier); geschlossene Ringe aus Sägespänen, Gesteinsmehl oder Nadelstreu um die gefährdeten Pflanzen ausstreuen; die Tiere nachts unter Brettern und Rhabarberblättern Zuflucht suchen lassen und am nächsten Tag absammeln; ein Schneckenzaun (im Handel erhältlich) um das gesamte Staudenbeet ziehen; Schneckenkorn verwenden, wobei Sie jedoch unbedingt auf ein Produkt achten sollten, das weder Igel noch Haustiere schädigt.

Nematoden, Fadenwürmer (***Ditylenchus*** spec., ***Pratylenchus*** spec., ***Aphelenchoides*** spec.)

■ Schadbild: Gewebeveränderungen, z. B. Riesenzellen, Gallen oder Zysten sowie Wucherungen im Wurzelbereich (»Wurzelbärte«). Schließlich verwelken und sterben die Pflanzen.

■ Ursache: Winzige, durchsichtige Fadenwürmer stechen das Pflanzengewebe an und saugen den Saft. Giftiger Speichel führt zu Gewebeveränderungen. Nematoden lieben feuchte, nährstoffreiche Böden. Sie werden durch Wasser, Gartengeräte, Pflanzgefäße und durch anhaftende Erde bei gekauften Pflanzen eingeschleppt.

■ Bekämpfung: Gute Bodenpflege, keine übermäßige Stickstoffdüngung. Bei Befall hilft die Anpflanzung der Studentenblume *Tagetes patula nana*. In schweren Fällen muss die gesamte obere Bodenschicht ausgetauscht und alle befallenen Pflanzen vernichtet werden.

Wühlmäuse (***Microtidae***)

■ Schadbild: Triebe und Blätter welken plötzlich ohne erkennbaren Grund. Fraßspuren an den Wurzeln.

■ Ursache: Schermäuse (*Arvicola terrestris*) und Feldmäuse (*Microtus arvalis*).

■ Bekämpfung: Vorbeugend bedrohte Stauden in engmaschige Drahtkörbchen (maximale Lochgröße 13 mm) pflanzen. Abwehrpflanzen (Knoblauch, Narzissen, Kaiserkrone) setzen. Direkte Bekämpfung mit speziellen Fallen. Anmerkung: Aufgeworfene Erdhaufen hinterlässt auch der Maulwurf, der keine Fraßschäden an den Pflanzen verursacht, da er nur tierische Nahrung zu sich nimmt. Er steht unter Schutz und darf nicht getötet werden.

Dickmaulrüsselkäfer

■ Häufig befallene Pflanzen: Knollenbegonien, Alpenveilchen, Stauden mit verdickten unterirdischen Speicherorganen (z. B. Bergenien), Moorbeetpflanzen

■ Schadbild: Halbrunde Kerben in den Blättern vor allem immergrüner und dickblättriger Pflanzen. Plötzlich auftretende Welke und Fraßspuren am Wurzelhals. Im fortgeschrittenen Stadium stirbt die Pflanze.

■ Ursache: Dickmaulrüsselkäfer und ihre Larven. Die Fraßspuren an den Blättern stammen von den nachtaktiven, flugunfähigen ausgewachsenen Käfern. Die wie kleine Engerlinge aussehenden Larven fressen an den unterirdischen Speicherorganen der Pflanzen.

■ Bekämpfung: Vorbeugende Kontrolle gekaufter Pflanzen auf Larven. Nächtliches Absammeln der etwa 1 cm langen dunklen Käfer. Bei auffälliger Welke der Blätter die Erde auf Larven untersuchen. Auch Topf- und Kübelpflanzen mit kontrollieren – über sie werden die Larven oft eingeschleppt. Biologische Bekämpfung mit Raub-Nematoden (über Nützlingsversand bestellbar).

Winterschutz für Stauden

In der kalten Jahreszeit herrscht für die meisten Stauden Winterruhe. Ausnahmen sind die immergrünen und die wintergrünen Stauden. Für Freilandstauden, die aus milderen Klimazonen stammen, bedeutet der erste Frost den Erfrierungstod, wenn wir nicht vorher die notwendigen Maßnahmen treffen. Bei ganz empfindlichen Gewächsen heißt das, sie rechtzeitig in ein Winterquartier umzusiedeln. Über die Winterhärte von Stauden entscheidet nicht nur die Art und die Sorte, sondern auch das Mikroklima. Generell kann man sagen, dass im Zweifelsfall ein Winterschutz für eine kostbare Staude besser ist, als ihren Verlust zu riskieren.

Für alle winterharten Stauden sind nasse und schneefreie Winter, strenger Kahlfrost, viel Wintersonne und kalte, austrocknende Winde gefährlich. Ein frostfreier, nasser Winter begünstigt die Fäulnis der unterirdischen Speicherorgane, Kahlfröste und Wintersonne greifen die überirdischen Pflanzenteile (immergrüne Blätter oder Stängelbasis sowie schon im Herbst angelegte Blattknospen) an. Voll frostharte, robuste und ausgewachsene Stauden sind in der Regel widerstandsfähig und überstehen auch strenge Winter. Im schlimmsten Fall büßen sie einen Teil der jungen Triebe ein und regenerieren sich im Laufe der Vegetationsperiode wieder. Anders sieht das bei Jungpflanzen und empfindlichen Gewächsen aus: Wenn im Winter keine mindestens zehn Zentimeter hohe Schneedecke die Pflanzen schützt, muss der Gärtner hier helfend eingreifen. Neben einer guten Dränage, die in regenreichen Perioden Staunässe und damit Fäulnis vermeiden hilft, ist eine Laub- oder Reisigabdeckung hilfreich. Reisig schützt auch vor starken Winden, die manche Staudenstängel knicken und verwüsten.

Viele immergrüne und wintergrüne Stauden überleben den Winter nicht, weil sie vertrocknen. Das mag paradox klingen, ist aber eine traurige Tatsache: Bei anhaltenden Frösten, besonders bei Kahl- oder Barfrösten, werden die oberirdischen Pflanzenteile einer Verdunstung von

Nicht alle Stauden trotzen dem Frost so standhaft wie die Hohe Fetthenne *(Sedum telephium)* und sehen dabei auch noch so attraktiv aus.

Als Winterschutz genügen oft schon einige Nadelreiser oder, wie hier, abgeschnittene Farnwedel, um Kahlfrostschäden zu vermeiden.

Feuchtigkeit ausgesetzt, die nicht von den im gefrorenen Boden ruhenden Wurzeln ausgeglichen werden kann. Gießen bringt in diesem Fall nichts, da das Gießwasser sofort friert und von der Pflanze nicht aufgenommen wird. Die Folge sind Trockenschäden an Blättern und verdorrte Triebspitzen und Stängel. Ausreichendes Wässern im Herbst und eine Abdeckung mit luftdurchlässigem Vlies oder Reisig beugt solchen Schäden vor. Bei wintergrünen Gräsern und rosettenförmigen Stauden muss vor dem Abdecken der Blattschopf (bei trockener Witterung) oben zusammengebunden werden, damit keine Feuchtigkeit ins Herz der Pflanze eindringt und Fäulnis verursacht.

Brauchen nur einzelne, besonders empfindliche Stauden einen Schutz, kann man sie auch mit einer Haube, einem umgestülpten Blumentopf oder Eimer, sogar mit einem stabilen Pappkarton, die man unter Umständen noch mit trockenem Herbstlaub auspolstert, über die schlimmsten Frosttage hinüberretten. Scheint beim Abnehmen des Winterschutzes schon die Sonne recht munter, muss die Staude schattiert werden, damit die jungen Triebspitzen, die sich unter der schützenden Haube gebildet haben, nicht gleich vertrocknen.

Manche Polsterstauden vertragen keine Winterabdeckung. Dazu gehören Blaukissen (*Aubrieta*), Gänsekresse (*Arabis*), Hauswurzarten (*Sempervivum*), Mauerpfeffer (*Sedum*) und viele Steinbrecharten (*Saxifraga*). Sie würden sich unter einer Laub- oder Reisigschicht über Winter einfach verabschieden und im Frühjahr verrottet sein. Ist man im Zweifel, kann man für besonders kalte Perioden eine dünne Reisigschicht auflegen, die man dann aber wieder entfernt, sobald die Temperaturen über den Gefrierpunkt ansteigen.

Eine etwa fünf Zentimeter dicke Schicht aus Mulch oder halbreifem Kompost um die Stängelbasis herum (bis zum Wurzelhals sollte die Staude mit Mulch angehäufelt werden) schützt besonders den Wurzelbereich von Solitärstauden, schadet aber auch anderen Stauden nicht. Strenger Frost kann dadurch nicht so tief in die Erde eindringen. Die Düngewirkung des Komposts oder Mulches ist im Winter gering, da die Bodenorganismen, die den organischen Dünger aufschließen, kaum aktiv sind. Deshalb muss auch, sobald sich das Frühjahr mit milden Temperaturen ankündigt, die Mulchschicht entfernt werden, damit keine Fäulnis- oder Schimmelbildung erfolgt. Später im Frühjahr, wenn die Stauden zu wachsen beginnen, kann dann eine düngende Kompostgabe erfolgen. Ein weiterer Grund, die Mulchschicht rechtzeitig zu entfernen ist, dass sich Schnecken darin ansiedeln, sobald es wärmer wird. Reisig- und Laubabdeckungen nimmt man ebenfalls mit den ersten warmen Märztagen ab. Kontrollieren Sie die Stauden auf eventuellen Schädlingsfraß, denn das warme Laubbett wird manchmal von Mäusen, Asseln und anderem Getier als Unterschlupf gewählt. Lassen Sie das Reisig in greifbarer Nähe liegen, falls frostiges Wetter nochmals einen kurzen Schutz nötig machen.

Überwintern von Zwiebel- und Knollengewächsen

Die meisten Zwiebel- und Knollengewächse können unbesorgt an ihrem Standort im Garten überwintern. Etwas empfindliche Exemplare deckt man vor starken Frösten mit einer mehrere Zentimeter starken Mulchschicht aus halbreifem Kompost ab, um Schäden zu vermeiden. Einige Knollen- und Zwiebelpflanzen müssen vor dem ersten Frost ausgegraben und in Kistchen im Keller oder einer frostfreien Garage kühl und trocken gelagert werden. Dazu gehören vor allem Dahlien (*Dahlia*-Hybriden) und das Indische Blumenrohr (*Canna indica*-Hybriden). Der richtige Zeitpunkt zum Aufnehmen der Zwiebeln und Knollen ist, wenn sie abgeblüht sind und ihre Blätter einziehen. Bei Dahlien kann es auch der erste leichte Nachtfrost sein, der die Blätter glasig braun und matschig werden lies. Man gräbt die Zwiebeln und Knollen vorsichtig aus, ohne sie zu verletzen. Grobe Erdreste werden beseitigt. Dabei prüft man gleich, ob ein Schädlingsbefall oder Fäulnis vorliegt, um keine Krankheiten

oder Ungeziefer mit ins Winterquartier zu schleppen, die dann auch andere Pflanzen infizieren könnten. Bei verschiedenfarbigen Sorten ist es zweckmäßig, die einzelnen Knollen oder Zwiebeln entweder mit einem Bändchen in der entsprechenden Farbe zu kennzeichnen oder die Farbe auf ein Schildchen zu schreiben und an der betreffenden Knolle bzw. Zwiebel zu befestigen. An den ausgegrabenen Speicherorganen kann man nämlich die Farbe der Blüten nicht mehr bestimmen und eine Kennzeichnung erleichtert im nächsten Frühjahr die Zuordnung zu einer Farbgruppe im Beet.
Nach dem Aufnehmen der Zwiebeln und Knollen müssen sie locker ausgebreitet an einem warmen, luftigen Ort trocknen. Bevor man sie zum Einlagern in Holz- oder Pappkistchen legt, werden die letzten trockenen Blätter, die Zwiebelbärte (Wurzeln) und tote Zwiebelhüllen vorsichtig entfernt. Das Winterquartier hat idealerweise Temperaturen von etwa 10 °C, für Dahlien sogar noch kälter (bis zu 5 °C). Vergessen Sie nicht, während des Winters immer einmal zu kontrollieren, ob sich weder Fäulnis noch Schädlinge ausbreiten.
Ab Ende März kann man die meisten Knollenpflanzen (Blumenrohr und Dahlien) schon in Töpfen oder Kistchen mit Erde vortreiben. Sie entwickeln sich dann schneller und kommen eher zur Blüte. Wenn kein Frost mehr droht (ab Mitte Mai) können auch die empfindlichsten Exemplare wieder nach draußen gebracht werden.

Schöne Staudenbeete

Manche Gärtner meinen, dass nur gut geschnittene, große Gärten mit gutem, humosem Lehmboden, die reichlich Sonnenlicht bekommen, für schöne Staudenbeete geeignet sind. Aber diese Idealgärten sind selten. Wesentlich öfter trifft man auf Hanglagen, verdichtete Böden, durch hohe, alte Bäume oder städtische Bebauung verschattete oder anders problematische Grundstücke. Gerade die besonderen Situationen sollten von jedem Gärtner als Herausforderung verstanden werden, um mit etwas Geschick und Phantasie ausgefallene Gartenkreationen zu schaffen.

Staudenbeete für heikle Standorte

Ideen für extrem trockene Gärten

Die gelb blühende Teppichfetthenne *Sedum floriferum* 'Weihenstephaner Gold' kriecht über Felsen und Steinstufen.

Dem einen mag es ein Bedürfnis sein, pflegeleichte Staudenbeete anzulegen, die kaum gewässert werden müssen und aufgrund der Trockenheit auch nur wenigen Unkräutern eine Chance geben. Dem anderen bleibt vielleicht nichts weiter übrig, denn sein Garten bietet aufgrund der Bodenverhältnisse und der geographischen Lage kaum eine bessere Möglichkeit, als einen Steppengarten anzulegen. Wieder andere schwärmen einfach für graulaubige, trockenheitsresistente Stauden und duftende, mediterrane Kräuter, weil es sie an den Urlaub im Süden erinnert. Was immer auch den Ausschlag geben mag, ein Beet, das sozusagen knochentrocken ist, bietet eine ungewöhnliche Ausgangssituation für besondere Gestaltungen. Bei der Planung sollte man berücksichtigen, dass so ein Beet in unserer Klimazone nördlich der Alpen meistens nicht das ganze Jahr über trocken ist, sondern im Winter allein durch die häufigeren Niederschläge und die geringere Verdunstung deutlich mehr Feuchtigkeit bekommt. Nutzt man diese Tatsache geschickt, kann man mit Zwiebelblühern und besonders früh erblühenden Stauden eine bunte, fast schon üppige Gestaltung wagen, während das Beet zum Sommer hin zunehmend trockener wird. Wenn die Sommersonne dann unentwegt auf das Beet scheint und es geradezu ausdörrt, schlummern die Zwiebeln in der Erde, ohne Schaden zu nehmen.

Genügsame Kräuter und Hungerkünstler sorgen dafür, dass das Beet dennoch einen gewissen, vielleicht etwas spröden Charme ausstrahlt. Bepflanzt man das Beet dauerhaft und konsequent mit Sonnenanbetern wie Euphorbien, Mauerpfeffer oder den niedrigen Johanniskrautarten (z. B. *Hypericum cerastoides*), kann man sogar in der heiklen Zeit des Hochsommers einige Wochen in Urlaub fahren, ohne dass man bei der Rückkehr vom Gesamteindruck des Beetes enttäuscht sein wird. Wer einen trockenen Hanggarten oder ein leicht geneigtes, gut dräniertes Gelände gestalten oder Trockenmauern anlegen möchte, findet Tipps weiter hinten in diesem Buch.

Sonnenanbeter und Hungerkünstler

Art	Standort	Höhe (cm)	Blütenfarbe	Blütezeit (Monat)	sonstiges
Goldgarbe *Achillea filipendulina*	vollsonnig, durchlässige bis trockene Böden	80 – 120	goldgelb	VII – IX	verblühte Dolden ausschneiden
Affodill *Asphodelus albus*	vollsonnig; bevorzugt lehmige, durchlässige Böden	90	weiß	V – VI	Gruppen bildende Rhizomstaude
Goldaster, Goldhaar *Aster linosyris*	vollsonnig; lehmige bis sandige Böden	40 – 70	goldgelb	VIII – IX	mag sommertrockene Beete
Kornblume *Centaurea cyanus*	vollsonnig	20 – 80	blau, rosa, weiß	VI – VIII	verträgt auch Trockenperioden
Mittagsblume *Delosperma cooperi*	vollsonnig	10	karminrot	VII – VIII	verträgt keine nassen Böden
Goldwolfsmilch *Euphorbia polychroma*	sonnig	30 – 50	gelbgrün	V – VI	kompakte, Gruppen bildende Staude
Sonnenröschen *Helianthemum*-Hybriden	vollsonnig	bis 30	rot, rosa, gelb oder weiß	VI – VII	anspruchsloser Halbstrauch
Habichtskraut *Hieracium* x *rubrum*	vollsonnig	20	orangerot	VII – VIII	steriler Bastard; für magere Böden
Bartiris *Iris barbata*-Hybriden	vollsonnig bis sonnig	20 – über 70, je nach Sorte	alle Violett-, Blau- und Gelbtöne, weiß, braun, rötlich	VI – VII	Rhizom bildende Stauden für durchlässige Böden
Lavendel *Lavandula angustifolia*	sonnig	30 – 40	blauviolett, weiß, rosa	VI – VII	stark duftender Halbstrauch; nach der Blüte zurückschneiden
Hornklee *Lotus corniculatus*	vollsonnig	bis 40	gelb	V – IX	Wildstaude für sommertrockene Beete
Brandkraut *Phlomis samia*	sonnig	bis 120	gelb, rosa überhaucht	VI – VII	für trockene Standorte
Heiligenkraut *Santolina chamaecyparissus*	vollsonnig bis sonnig	20 – 50	gelb	VII – VIII	Halbstrauch; in rauen Lagen Winterschutz nötig
Helmkraut *Scutellaria orientalis*	sonnig	bis 30	gelb	VII – IX	liebt kalkhaltige Böden
Fetthenne *Sedum floriferum*	sonnig	5 – 10	goldgelb ('Weihenstephaner Gold')	VI	robuste Steingarten-staude
Tripmadam *Sedum reflexum*	sonnig	5 – 15	gelb	VII – VIII	Bodendeckstaude
Fetthenne *Sedum telephium*	sonnig bis halbschattig	50 – 60	rostrot	VIII – IX	Laub abwerfende, robuste Staude
Goldrute *Solidago*-Hybriden	sonnig	70 – 180 (je nach Sorte)	gelb	VII – X	weniger aggressive Ausbreitung als bei den Wildarten
Königskerze *Verbascum bombyciferum*	vollsonnig bis sonnig	bis 180	gelb	VII – VIII	weißwollige Blätter
Palmlilie *Yucca filamentosa*	vollsonnig	bis 200	weiß	VII – IX	vor Staunässe schützen; leichter Winterschutz nötig

Gestaltung eines Steppenbeetes

Zierlauch *(Allium aflatunense)* bringt früh im Jahr Farbe und eine vertikale Struktur ins Staudenbeet. Die Blätter sterben meist schon vor der Blüte ab. Hier die Sorte 'Purple Sensation'.

Voraussetzung für die Gestaltung eines Steppenbeetes ist eine vollsonnige Lage und gut dränierter, sandhaltiger Lehmboden, damit es keine Verdichtungen gibt und Regenwasser auch im Winter gut abgeleitet wird. Wo die Verhältnisse zu wünschen übrig lassen, kann durch die Untermischung von Quartzsand und Beschlagstoffen (Schotter, feiner Kies und einige größere Steinbrocken) eine bessere Bodenstruktur geschaffen werden. Für die Gestaltung sind nicht nur die richtigen Pflanzen wichtig, sondern auch die optische Stimmigkeit. Ein Steppenbeet passt nicht überall hin und sollte daher nur dort angelegt werden, wo es entsprechend zur Geltung kommt. Umgebende Gehölze müssen niedrig gehalten werden, damit sie nicht schon in wenigen Jahren Schatten auf das Beet werfen und alle Gestaltungsbemühungen zunichte machen. Mit größeren Steinbrocken, einem modellierten Gelände und geschickt platzierten Kübelpflanzen in attraktiven Terrakotta- oder Keramikbehältern kommt Abwechslung in das Steppenbeet.

Die immergrünen Wolfsmilchgewächse (z.B. *Euphorbia myrsinites* und *E. rigida*), die ebenfalls immergrüne Tripmadam (*Sedum reflexum*) und die Halbsträucher Lavendel, Heiligenkraut sowie die Blätter der Palmlilie sorgen auch im Winterhalbjahr dafür, dass das Beet nicht kahl wirkt. In unserem Beispiel haben wir das Steppenbeet um einen runden Sitzplatz herum angelegt. Es kann aber genauso an einer Hauswand oder wegbegleitend arrangiert werden. Achten Sie bei der Veränderung aber darauf, dass eine Höhenstaffelung von vorn nach hinten

Mit ihren fleischigen Blättern kann die Mittagsblume *(Delosperma cooperi)* selbst extrem heiße, sonnige Standorte meistern.

Pflanzschlüssel für das Steppenbeet

1 Goldgarbe *Achillea filipendulina* 'Parker's Variety'
2 Zierlauch *Allium aflatunense* 'Purple Sensation'
3 Bartgras *Andropogon scoparius*
4 Affodill *Asphodelus albus*
5 Goldhaaraster *Aster linosyrus*
6 Mittagsblume *Delosperma cooperi*
7 Walzenwolfsmilch *Euphorbia myrsinites*
8 Zweidrüsige Wolfsmilch *Euphorbia rigida*
9 Blauschwingel *Festuca glauca*
10 Polsterschleierkraut *Gypsophila repens*
11 Rotoranges Sonnenröschen *Helianthemum*-Hybride 'Fire Dragon'
12 Rosa Sonnenröschen *Helianthemum*-Hybride 'Rhodanthe Carneum'
13 Habichtskraut *Hieracium* x *rubrum*
14 Johanniskraut *Hypericum calycinum*
15 Schwertlilie *Iris* Barbata-Media-Hybride (z. B. 'Morgendämmerung', hellblau)
16 Lavendel *Lavandula angustifolia*
17 Strandflieder *Limonium latifolium*
18 Hornklee *Lotus corniculatus* 'Pleniflorus'
19 Küchenschelle *Pulsatilla vulgaris*
20 Waldsalbei *Salvia nemorosa* 'Ostfriesland'
21 Heiligenkraut *Santolina chamaecyparissus*
22 Teppichfetthenne *Sedum floriferum* 'Weihenstephaner Gold'
23 Tripmadam *Sedum reflexum*
24 Reiherfedergras *Stipa barbata*
25 Riesenfedergras *Stipa gigantea*
26 Große Königskerze *Verbascum bombyciferum*
27 Österreichische Königskerze *Verbascum chaixii* 'Album'
28 Palmlilie *Yucca filamentosa*

vorliegt. Seinen Höhepunkt hat es mit der Blüte der mittelhohen Schwertlilien im Juni. Längerblühende Stauden wie Salbei, Schafgarbe, Habichts- und Heiligenkraut sowie die Herbstblüher Goldaster, Hornklee und die schmückenden Ähren der Gräser sorgen für einen langen Flor. Auf die sehr dekorativen Steppenkerzen (*Eremurus*) wurde bei der Planung verzichtet, da sie erst im Alter von etwa sechs Jahren zu blühen beginnen. Stattdessen wurden die graufilzig belaubten Königskerzen *Verbascum bombyciferum* und *V. chaixii* gewählt. Sie sind meist zweijährig und versamen sich nach der Blüte häufig selbst. Wer Geduld hat, kann stattdessen auch die Steppenkerzen an derselben Stelle pflanzen. Gut eignet sich die Sorte *Eremurus stenophyllus* ssp. *stenophyllus*, die etwa 150 cm hoch wird und gelbe Blütenkerzen hat.

Ein »graues« Beet

Viele trockenheitsresistente und sonnenhungrige Stauden erkennt man an ihren grauen, zum Teil auch behaarten oder fiedrigen Blättern. Dies ist ihre Strategie, der Sonne zu trotzen und die Verdunstung möglichst gering zu halten. Sehen diese Pflanzen auch auf den ersten Blick unscheinbar aus, so haben sie es doch oft in sich: Ätherische Öle verleihen mancher graublättrigen Staude einen aromatischen Duft – Beifuß, Lavendel und Salbei werden deshalb auch zu Heilzwecken verwendet – und viele bringen in der Blütezeit erstaunlich intensiv farbige und attraktive Blüten hervor. Einige dieser »Grauen Eminenzen« haben noch einen weiteren Vorteil: Sie behalten auch im Winter ihre Blätter und schmücken dann das sonst kahle Beet. Dazu gehören vor allem die Halbsträucher Heiligenkraut, Lavendel und Sonnenröschen, aber auch echte Stauden wie der Wollziest und manche Wolfsmilcharten. Ein »graues« Beet ist also nicht nur im Sommer schön, sondern hat auch im Winter einen gewissen Reiz. Werden im Herbst rechtzeitig einige Zwiebelblüher gesteckt, ergänzen sie im Frühling die grauen Stauden aufs Dekorativste.

Links oben: Erstaunlich wuchsfreudig selbst auf mageren, trockenen Böden: Das mit der Taubnessel verwandte Brandkraut *(Phlomis samia).*

Mitte: Die weißbunt gezeichneten Blätter der Salbeisorte *Salvia officinalis* 'Tricolor' sind im Jungstadium rötlich überlaufen.

Unten: Als »immergrauer« Bodendecker ist der Wollziest *(Stachys byzantina)* zuverlässig auch an trockenen Standorten sowie im Steingarten. Die Sorte 'Silver Carpet' blüht kaum.

Pflanzschlüssel für das »graue« Beet

1 Schafgarbe *Achillea filipendulina* 'Altgold' (kupfer)
2 Goldgarbe *Achillea filipendulina* 'Parker's Variety' (gelb)
3 Perlpfötchen *Anaphalis margaritacea*
4 Beifuß *Artemisia ludoviciana*
5 Affodill *Asphodelus albus*
6 Pfingstnelke *Dianthus gratianopolitanus*
7 Kugeldistel *Echinops banaticus*
8 Goldwolfsmilch *Euphorbia polychroma*
9 Schleierkraut *Gypsophila paniculata*
10 Sonnenröschen *Helianthemum*-Hybride 'Cerise Queen' (rosa)
11 Sonnenröschen *Helianthemum*-Hybride 'Gelbe Perle' (gelb)
12 Lavendel *Lavandula angustifolia*
13 Katzenminze *Nepeta* x *faassenii*
14 Brandkraut *Phlomis samia*
15 Salbei *Salvia officinalis* 'Tricolor'
16 Heiligenkraut *Santolina chamaecyparissus*
17 Wollziest *Stachys byzantina*

Das Heiligenkraut *(Santolina chamaecyparissus)* braucht einen leichten Winterschutz. Meistens genügen einige zeltförmig darübergestellte Nadelreiser, um die Gefahr von Kahlfrösten zu bannen.

Wo fast nichts mehr wächst: staunasse Böden

Staunasse Böden erkennt man daran, dass sich während eines Regens Pfützen bilden und das Wasser nur schlecht vom Boden aufgenommen wird bzw. nicht in tiefere Bodenschichten abfließt. Verantwortlich ist dafür oft eine sehr tonhaltige Erde, eine Tonschicht oder eine tiefer liegende Schicht aus undurchlässigem Gestein. Auch durch Feststampfen nasser Erde, z.B. während eines Neubaues, kann der Boden so verdichtet werden, dass Staunässe auftritt. Mit Kompost, Sand und humoser Erde kann man versuchen, die Durchlässigkeit des Bodens zu verbessern. Manchmal lohnt sich auch das Legen einer Dränage. Es gibt allerdings auch Gartensituationen, wo weder das eine noch das andere möglich ist oder zum Erfolg führt. Zu solchen Problemstandorten gehört beispielsweise der Uferbereich von Teichen (siehe dazu die Pflanzvorschläge auf Seite 82ff.). Aber auch absonnig gelegene Niederungen und untere Partien von Hanggrundstücken neigen zur Staunässe. Für solche Standorte muss man sich überlegen, wie man den Garten dennoch attraktiv gestalten kann. In Frage kommen vor allem Blattschmuckstauden und Farne, denn attraktive Blütenpflanzen vertragen in den seltensten Fällen staunasse Böden.

Efeu ist unglaublich anpassungsfähig und kann als Bodendecker eingesetzt werden, wo nicht sumpfige Böden eine Pflanzung von amphibischen Stauden angebracht erscheinen lassen. Nutzen Sie besonders beim Efeu die Sortenvielfalt, die es möglich macht, aparte Effekte in Kombination mit Blattschmuckstauden zu erzielen: Hell panaschierte und dunkellaubige Sorten sowie die unterschiedlichen Blattformen machen es möglich, selbst dem schattigsten und feuchtesten Eckchen im Garten noch einen besonderen Reiz zu geben. In der Kombination mit Felsen und Kies lassen sich wunderschöne Ensembles gestalten, die durch einzelne, geschickt platzierte Blütenpflanzen akzentuiert werden können. Je nachdem, ob der Standort sonnig oder schattig ist, muss die Pflanzenauswahl besonders sorgfältig erfolgen.

Ganz besonders anspruchslos und anpassungsfähig ist die Hirschzunge *(Phyllitis scolopendrium, syn. Scolopendrium vulgare)*. Dieser Farn wächst sogar im Inneren von Brunnenschächten und in Felsschluchten, solange es nur feucht genug ist.

Nasse, schwere Böden sind für den Goldfelberich *(Lysimachia punctata)* kein Problem. Er ist so wüchsig, dass er die schwierigsten Standorte erobert und gelegentlich in seine Grenzen verwiesen werden muss.

Gestaltung eines staunassen, halbschattigen Bereiches im Garten

Staunasse, vielleicht auch noch verschattete Stellen im Garten haben nicht nur den Nachteil, dass dort kaum bunte Blumen wachsen, auch Rasen wird sich schwer dort halten. Moos und Flechten triumphieren nach kurzer Zeit über die Gräser. Eine sinnvolle Nutzung staunasser Gartenteile wird durch eine wohl überlegte Gestaltung dennoch möglich. In unserem Beispiel wurde das Gelände mit einigen großen Findlingen akzentuiert. Ein niedriger Wall aus etwa 25 bis 30 cm hohen Holzpalisaden wurde dazu genutzt, das Gelände zu modellie-

Vor Gehölzen im lichten Schatten hat sich die Lanzensilberkerze *(Cimicifuga racemosa var. cordifolia)* als Blickfang bewährt. Sie blüht früher als die etwas niedrigere Oktobersilberkerze (Cimicifuga simplex) und verträgt auch sonnigere Standorte.

Durch mit Stauden bepflanzte Kübel kann die heikle Bodensituation zusätzlich kaschiert werden. In diesem Fall ist darauf zu achten, dass die Kübel über eine ausreichende Dränage verfügen. Eine Schicht Blähton und genügend große Öffnungen am Boden können dies gewährleisten.

Der bei uns heimische Waldgeißbart *(Aruncus dioicus)* fühlt sich an schattigen und dauerfeuchten Standorten wohl.

ren. Das dahinter aufgeschüttete Erdreich hat zugleich den Vorteil, den allzu verdichteten Boden für die Bepflanzung geeignet zu machen. Die tiefer wurzelnden Pflanzen haben dadurch zwar immer noch »nasse Füße«, werden aber nicht erstickt. Der Platz vor den Palisaden kann mit Kies bestreut werden. Hier ist eine mindestens 5 cm, besser noch 10 cm dicke Schicht nötig, damit man trockenen Fußes zur Sitzbank gelangen kann. Legt man unter die Kiesschicht eine perforierte Kunststofffolie, so kann kein Unkraut von unten durchwachsen, Regenwasser jedoch kann versickern. Die Zusammenstellung der Beetstauden berücksichtigt neben schattenverträglichen Blattschmuckstauden vor allem Arten und Sorten, die im Hochsommer bis Frühherbst blühen, da der Aufenthalt an diesem Ort an heißen Tagen am angenehmsten ist. Ein Pflanzkübel mit Bergenien, einer Funkie und einem Schmuckgras sowie der lange und üppig blühenden, blauen Storchschnabel-Hybride *Geranium* x *magnificum* macht den vorher so unattraktiven Gartenteil zu einem an heißen Sommertagen besonders geschätzten Fleckchen.

Die von allen Kreuzkrautarten elegantesten Blätter hat das Mongolische Kreuzkraut *(Ligularia przewalskii)*. Im Hochsommer erscheinen gelbe Blütenkerzen, aber die Pflanze ist auch als Blattschmuckstaude recht attraktiv.

Pflanzschlüssel für das Beet für staunasse Böden im Halbschatten

1 Kriechender Günsel *Ajuga reptans* 'Atropurpurea'

2 Waldgeißbart *Aruncus dioicus*

3 Prachtspiere *Astilbe-Arendsii-*Hybride 'Amethyst' (violettrosa)

4 Prachtspiere *Astilbe-Arendsii-*Hybride 'Brautschleier'

5 Prachtspiere *Astilbe-Arendsii-*Hybride 'Weiße Gloria'

6 Kaukasus-Vergißmeinnicht *Brunnera macrophylla*

7 Lanzensilberkerze *Cimicifuga racemosa* var. *cordifolia*

8 Oktober-Silberkerze *Cimicifuga simplex*

9 Schildblatt *Darmera peltata*

10 Wurmfarn *Dryopteris filix-mas*

11 Riesenschwingel *Festuca gigantea*

12 Waldmeister *Galium odoratum*

13 Kreuzkraut *Ligularia przewalskii*

14 Goldfelberich *Lysimachia punctata*

15 Asiatische Trollblume *Trollius chinensis*

Für den Kübel:

16 Bergenie *Bergenia*-Hybride 'Silberlicht' (rosaweiß)

17 Rasenschmiele *Deschampsia cespitosa*

18 Storchschnabel *Geranium* x *magnificum* (blauviolett)

19 Schneefederfunkie *Hosta undulata* 'Univittata' (hellgrünes Blatt mit weißen Mittelstreifen)

Schattenplätze schön gestalten

Fast jeder Garten hat das eine oder andere Schattenplätzchen. Manchmal liegt sogar ein großer Teil des Grundstücks den ganzen Tag im Schatten. Aus leidvoller Erfahrung weiß man vielleicht, dass sich besonders im tiefen Schatten nur wenige Pflanzen wirklich wohl fühlen. Schatten hat nicht nur im Garten oft ein schlechtes Image. Besonders in unseren nördlichen Breiten, wo man froh um jeden warmen Sonnenstrahl ist, bedeutet das Leben auf der Schattenseite geradezu sprichwörtlich so viel wie eine eindeutige und fortwährende Benachteiligung. Anders als im Süden, wo dem Schatten im Garten durchaus positive Aspekte abgewonnen werden, stellt er bei uns oft eine Herausforderung für den Gärtner dar. Neben dem Schatten unter Gehölzen, am Waldrand oder am Haus gibt es auch künstlich geschaffenen Schatten. Mit Kletterpflanzen überrankte Pergolen und romantische Lauben bringen zusätzlichen Schatten in den Garten. Wer da das Falsche pflanzt, muss sich schon bald über den Misserfolg ärgern. Die richtige Auswahl erspart Enttäuschungen und lässt auch schattige Zonen im Garten zum Erlebnis werden.

Doch Schatten ist nicht gleich Schatten: Man unterscheidet zwischen verschiedenen Schattenzonen, die abgestuft von lichtem Schatten bis hin zu vollem Schatten reichen. Lichter Schatten, wie er beispielsweise unter Birken herrscht, beeinflusst die Pflanzenentwicklung auch bei sonnenhungrigeren Gewächsen wenig, solange sie genug Nährstoffe und Feuchtigkeit bekommen. Halbschatten wird dadurch erzeugt, dass größere Blätter einen Teil des Sonnenlichts vom Erdboden abhalten und nur noch gedämpftes grünes Licht herrscht. Auch Gartenteile, die für einige Stunden am Tag ganz beschattet werden oder einen Teil Streulicht statt direkter Sonneneinstrahlung abbekommen, bezeichnet man als halbschattig. Wandernde Schatten haben manchmal

Selbst schattige Standorte unter alten Bäumen lassen sich mit den richtigen Stauden (hier: Rodgersia podophylla) dekorativ gestalten.

Funkien, von denen es zahlreiche attraktive Zuchtsorten gibt, sind besonders dankbare Schattenstauden. Hier: *Hosta elata* kurz nach einem Regenschauer.

mehr Einfluss auf die Entwicklung der Pflanzen, als man annehmen möchte. Besonders im Winter, wenn die Sonne tiefer steht, erreichen die Sonnenstrahlen dann nur selten jeden Teil des Gartens und die Schattenzonen sind ausgeprägter.

Ganz dunkel ist es im vollem Schatten, der zum Beispiel an der Nordseite von Gebäuden herrscht. Da hier nur noch das indirekte blau wirkende Streulicht Zugang findet, spricht man auch vom blauen Schatten. Verdoppelt wird dieser Effekt dadurch, dass Gehölze den Einfall von Streulicht verhindern. Diese Situation hat man häufig in Innenhöfen von Altbausiedlungen, wo zusätzlich zu den dunklen Höfen noch ein alter Baumbestand für Schatten sorgt. Eine üppige Blütenfülle ist da ebenso wenig zu erwarten wie eine abwechslungsreiche Bepflanzung mit attraktiven Stauden.

Dennoch ist nicht Hopfen und Malz verloren, wenn ein Garten viele Schattenzonen aufweist, denn es gibt, was leider viel zu wenig bekannt ist, eine Vielzahl von interessanten Blattschmuckstauden, die sich gerade im Schatten wohl fühlen und ein dunkles Eckchen im Garten zu einem wahren Raritätenkabinett werden lassen. Blattformen und -strukturen, die verschiedenen Schattierungen von Grün und der unterschiedliche Wuchshabitus der Schattenstauden lässt das Auge beim Betrachten Zusammenspiel und Gegensätze erforschen, verborgene Qualitäten entdecken und den Reiz des Wechsels von Licht und Schatten genießen. Auf farbige Blüten muss nicht ganz verzichtet werden, auch wenn sie nicht so überschwänglich wie an sonnigen Stellen blühen. Tatsächlich können manche sonnenliebende Pflanzen auch in halbschattige Bereiche vordringen, solange der Boden durchlässig und trocken ist. Genauso wachsen manche Schattenstauden auch in sonniger Lage, wenn sie genügend Bodenfeuchtigkeit haben. Schattenzonen im Garten haben auch ihre vorteilhaften Seiten: Der Boden bleibt länger feucht, Lehmboden wird nicht so schnell hart und rissig und die Humusbildung wird gefördert. Droht der Boden durch zu wenig Licht und zu viele Blätter bzw. Nadeln zu versäuern, kann Kalk Abhilfe schaffen. Er fördert den Zersetzungsprozess, vorausgesetzt, es ist ausreichend Feuchtigkeit vorhanden. In der Regel sind beschattete Bereiche auch mehr vor Wind geschützt als freie Lagen in der Sonne. Allerdings hält sich Frost länger am Boden, Schnee und Reif tauen langsamer im Schatten.

Wer die Herausforderung Schatten richtig zu nutzen weiß, kann Erstaunliches aus seinem Garten machen: Helle Farben kommen im Schatten sehr gut zur Geltung, weiße Blüten leuchten geradezu aus dem dunklen Hintergrund heraus. Dunkle Pflanzenfarben verstärken den Schatten und geben dem Ganzen eine geheimnisvolle Tiefe, ohne die ein Garten vordergründig und flach wirkt. Die nachfolgenden Beispiele für verschiedene Situationen zeigen Ihnen, wie Sie mehr aus Ihrem Schattengarten machen können.

Grün in Grün: Blattschmuckstauden

Warum immer mit bunter Blütenpracht protzen? Manche Ecke im Garten muss gar nicht so spektakulär in den Vordergrund gerückt werden, sondern bildet eine ideale Hintergrundsituation für den Auftritt anderer Gewächse. Besonders im Halbschatten oder unter Bäumen und Sträuchern sind Blütenstauden oft fehl am Platz, da sie mit den Gehölzen ohnehin kaum konkurrieren können. Im Reich der Stauden gibt es eine Vielzahl von interessanten Gewächsen, die hauptsächlich wegen ihrer besonders schönen Blätter und ihrer aparten Wuchsform gepflanzt werden. Vor allem die Funkien, manchmal auch als Herzlilien bezeichnet, die meistens recht unspektakulär blühen, sind für solche Gestaltungen unentbehrlich. Es gibt zahllose Züchtungen, darunter viele Hybridformen, die oft auch zweifarbige (panaschierte) Blätter haben. Leider ist die Namensgebung sehr uneinheitlich, aber ein Besuch bei Ihrem Staudengärtner wird Ihnen eine große Auswahl offenbaren. Großartige Blattschmuckstauden sind auch die Schaublätter (*Rodgersia*), die sehr viel Platz brauchen. Entweder setzt man sie als Solitärstauden unter Gehölzgruppen oder nutzt sie dazu, einen attraktiven Hintergrund für andere, kleinwüchsigere Blattschmuckstauden zu formen. Unter den einheimischen Gewächsen gibt es ebenfalls reichlich Auswahl – das nickende Salomonssiegel, der Hohle Lerchensporn, der robuste Waldgeißbart oder Zuchtvarianten wie der zweifarbige Aronstab *Arum italicum* 'Pictum' machen sich in einem Beet besonders gut. Wer trockenere Böden hat, kann mit der Japansegge (*Carex morrowii* 'Variegata') oder mit dem bodendeckenden Zwergbambus (*Pleioblastus fortunei*) versuchen, grüne Strukturen in den Schatten zu bringen.

Die Formen und Farben der Blätter von Tafelblatt und einer weiß gerandeten Funkie (*Hosta*-Hybride) bringen auch ohne Blütenfarben eine Struktur in Staudenbeete.

Oben: Ein schattiger Gartenteil kann mit Blattschmuckstauden attraktiv gestaltet werden. Hier sind Tafelblatt, Elfenblume und zwei Kreuzkraut-Arten *(Ligularia przewalskii und L. tangutica)* miteinander kombiniert.

Schöne Blattschmuckstauden

Art	Standort	Höhe (cm)	Blütenfarbe	Blütezeit (Monat)	sonstiges
Aronstab *Arum italicum*	halbschattig; für feuchte Böden	40	unscheinbar braun	V – VI	hell gefleckte Blätter und dekorative, rote Früchte (giftig!)
Tafelblatt *Astilboides tabularis*	halbschattig bis schattig	100 – 150	weiß	VI – VII	große, runde, gestielte und dekorativ gezähnte Blätter
Bergenie *Bergenia cordifolia*	halbschattig	bis 40	rosa	III – IV	schnell starke Horste bildend; reich blühend
Weißbunte Japansegge *Carex morrowii* 'Variegata'	halbschattig	bis 30		III – V	weiß gestreifte Blätter; immergrün
Rasenschmiele *Deschampsia cespitosa*	halbschattig; für feuchte, saure und schwere Böden	bis 150		VI – VII	die im Herbst strohgelben Blütenrispen halten bis zum Winter
Elfenblume *Epimedium pinnatum*	halbschattig	15 – 30	gelb	IV – V	wintergrüne Bodendeckstaude
Riesenweißrandfunkie *Hosta crispula*	halbschattig bis schattig; feuchte Böden	60	lila	VII	große, weiß gerandete Blätter
Lanzenfunkie *Hosta lancifolia*	halbschattig bis schattig; für feuchte Böden	45	violettblau	VIII – IX	schmale, dunkelgrüne Blätter
Blaublattfunkie *Hosta sieboldiana*	halbschattig bis schattig; für feuchte Böden	100	weiß bis fliederfarben	VI – VII	große, blaue, bereifte Blätter
Goldnessel *Lamiastrum galeobdolon*	halbschattig bis schattig	20	gelb	V – VI	Bodendecker; kann sich aggressiv ausbreiten
Federmohn *Macleaya cordata*	halbschattig, nicht zu dunkel; für feuchte, aber durchlässige Böden	bis 250	weiß	VII – VIII	starkwüchsige, Rhizom bildende Staude, die lange ungestört stehen will
Straußfarn *Matteucia struthopteris*	halbschattig bis schattig; für feuchte, leicht saure Böden	80 – 100	–	–	verträgt keine Staunässe
Hirschzunge *Phyllitis scolopendrium*	halbschattig bis voll, schattig; für feuchte, frische, auch leicht alkalische Böden	bis 40	–	–	wintergrüne Farnart; Sorten mit gekräuselten Blättern ('Crispum'); wächst auch an feuchten Mauern und Felsen
Pestwurz *Petasites japonicus*	halbschattig bis schattig	bis 110	gelblich weiß	III – IV	aggressiv wuchernde, Rhizom bildende Staude
Schaublatt *Rodgersia aesculifolia*	halbschattig; für feuchte, humose Böden	bis 200	gelblich weiß	VII	Rhizomstaude mit runzeligen Blättern und behaarten, rotbraunen Stielen; Gruppen bildend
Schaublatt *Rodgersia podophylla*	halbschattig; für feuchte, humose Böden	100 – 150	gelblich weiß	VI – VII	Rhizomstaude mit anfangs runzeligen, später glatten, glänzenden Blättern; Gruppen bildend
Zwergbambus *Pleioblastus fortunei*, syn. *Arundinaria fortunei*	halbschattig	bis 40	grün	selten	starke Ausläufer bildender Bambus mit weiß gestreiftem Laub; winterhart bis – 20 °C

Ein schattiges Beet mit Blattschmuckstauden

Für unser Beispiel haben wir die Situation unter einem Laubbaum in einer Grundstücksecke gewählt. Voraussetzung für diese Gestaltung ist ein humoser, im Sommer nicht zu trockener Boden, da die meisten Blattschmuckstauden reichlich Feuchtigkeit brauchen. Da es in der Hauptsache um eine attraktive Struktur des Beetes und weniger um üppige, bunte Blütenpracht geht (siehe dazu das Beispiel auf Seite 68), wurden die Stauden vor allem nach ihrer Blattqualität ausgewählt. Immergrüne Bodendecker wie Goldnessel, Ysander und die Elfenblume *Epimedium pinnatum* (andere Arten der Elfenblumen sind nicht unbedingt wintergrün) sorgen auch im Winter für eine ansprechende Optik. Wer Angst hat, dass die Goldnessel mit ihrem Ausbreitungsdrang den Garten überwuchern könnte, wählt statt der Sorte 'Florentinum' die Sorte *L. galeobdolon* ssp. *flavidum*, die keine Ausläufer treibt. Die erst spät im Frühjahr austreibenden Funkien wurden mit dem Hohlen Lerchensporn vergesellschaftet. Man kann auch kleine Zwiebelblüher wie Blausternchen oder Puschkinien an die Stelle setzen, wo später die Funkien erscheinen. Im Herbst färben sich viele der Blattschmuckstauden in allen Braun- und Goldtönen. Die Funkien erstrahlen kurz vor ihrem Absterben noch einmal in herrlichem Goldgelb und der Aronstab überrascht mit leuchtendroten Beeren, die man jedoch besser nicht berührt, da sie giftig sind.

Die Große Blaublattfunkie *(Hosta sieboldiana 'Elegans')* ist unter den vielen Funkienarten eine der reizvollsten. Sie blüht im Frühsommer in einem zartlila überhauchten Weiß.

Eine eindrucksvolle Blattschmuckstaude, die Raum bildend wirkt: das Schaublatt *Rodgersia podophylla*.

Rechts: Die schmalblättrige Lanzenfunkie *(Hosta lancifolia)* pflanzt man am besten in Gruppen, damit sie gut zur Geltung kommt.

Pflanzschlüssel für das schattige Beet mit Blattschmuckstauden

1 Aronstab *Arum italicum* 'Pictum'

2 Waldgeißbart *Aruncus dioicus*

3 Prachtspiere *Astilbe-Arendsii*-Hybride 'Brautschleier'

4 Prachtspiere *Astilbe-Arendsii*-Hybride 'Hyazinth'

5 Hohler Lerchensporn *Corydalis cava*

6 Wurmfarn *Dryopteris filix-mas*

7 Elfenblume *Epimedium pinnatum* 'Elegans'

8 Purpurglöckchen *Heuchera sanguinea* 'Leuchtkäfer'

9 Lanzenfunkie *Hosta lancifolia*

10 Große Blaublattfunkie *Hosta sieboldiana* 'Elegans'

11 Schneefederfunkie *Hosta undulata* 'Univittata'

12 Goldnessel *Lamiastrum galeobdolon* 'Florentinum'

13 Ysander *Pachysandra terminalis*

14 Salomonssiegel *Polygonatum latifolium*

15 Schaublatt *Rodgersia henrici*

16 Schaublatt *Rodgersia podophylla* 'Rotlaub'

17 Schaumblüte *Tiarella cordifolia* 'Moorhexe'

Leitstauden für den Schatten

Art	Standort	Höhe (cm)	Blütenfarbe	Blütezeit (Monat)	sonstiges
Eisenhut *Aconitum* x *arendsii*	halbschattig	80 – 120	dunkelblau	IX – X	alle Pflanzenteile sind giftig
Japananemone *Anemone hupehensis* var. *japonica*	schattig	60 – 100	cremerosa	IX – X	verschiedene Sorten im Handel, kann aggressiv wuchern
Herbstanemone *Anemone* x *hybrida*	schattig	bis 120	weiß	IX – X	verschiedene Sorten im Handel, kann aggressiv wuchern
Waldgeißbart *Aruncus dioicus*	halbschattig bis vollschattig	100 – 200	cremeweiß	VI – VII	dekorativ gefiederte Blätter; für feuchte, humose Böden
Prachtspiere *Astilbe Arendsii*-Hybriden	sonnig bis halbschattig	50 – 100 (je nach Sorte)	rosa, scharlachrot, rot, weiß (je nach Sorte)	VII – IX (je nach Sorte)	närstoffreiche, frische, feuchte Böden
Lanzensilberkerze *Cimicifuga cordifolia*	halbschattig zwischen Gehölzen	bis 150	weiß	VIII – IX	blüht erst einige Jahre nach dem Setzen; Blüten brauchen Stütze
Juli-Silberkerze *Cimicifuga racemosa* var. *racemosa*	halbschattig zwischen Gehölzen	bis 150	weiß	VI – VIII	halbschattig bis schattig
Roter Fingerhut *Digitalis purpurea*	halbschattig	100 – 200	purpur, rosa oder weiß	VI – VII	alle Pflanzenteile sind giftig
Himalaja-Wolfsmilch *Euphorbia griffithii*	halbschattig	40 – 60	orangerot	V – VI	für feuchte Böden
Christrose *Helleborus niger*	halbschattig bis schattig	40 – 60	weiß	IX – IV	wintergrüne, Kalk liebende Staude
Türkenbundlilie *Lilium martagon*	halbschattig	bis 150	rosapurpur	VI	heimische Lilienart
Schattenblume *Smilacina racemosa*	halbschattig bis schattig	bis 100	weiß	V – VI	für kalkfreie, feuchte Böden

Farbe im Schatten

In fast jedem Garten gibt es Schattenzonen, die dem Gelände eine natürliche Tiefenwirkung geben. Besonders in kleinen Gärten ist aber oft der Platz beschränkt und der Wunsch nach farbiger Blütenpracht nur allzu verständlich. Deshalb können auch schattigere Gartenbereiche mit den entsprechenden Stauden aufgewertet werden.

Viele Waldstauden und schattenverträgliche Arten haben helle oder sogar weiße Blüten. Durch die geschickte Verwendung dieser Stauden kann man Licht an Stellen suggerieren, wo die Sonne sonst nicht hingelangt. Bodendeckstauden mit hell panaschierten Blättern simulieren ebenfalls Lichteffekte. In Gruppen gepflanzte Leitstauden wie Eisenhut, Japananemonen oder der Blaue Scheinmohn (*Meconopsis betonicifolia*) ziehen den Blick auf sich.

Ganz oben: Der Blaue Scheinmohn zieht mit seinen großen, auffällig blau gefärbten Blüten die Blicke auf sich.

Oben: Unter den normalerweise Sonnen liebenden Wolfsmilchgewächsen nimmt die hohe Himalaja-Wolfsmilch eine Sonderstellung ein – sie gedeiht an halbschattigen Standorten.

Blütenpracht im Schatten

Die Situation könnte verzweifeln lassen: Mal angenommen, ein großer Laubbaum auf dem Nachbargrundstück und eine hohe, dunkle Eibenhecke verschatten das zur Bepflanzung vorgesehene Stückchen Garten. Nichts scheint hier wachsen zu wollen, geschweige denn zu blühen. Dennoch ist nicht aller Tage Abend. Mit etwas Überlegung lässt sich auch aus dieser scheinbar ausweglosen Situation ein bunt blühendes Staudenbeet machen. Für das Frühjahr, wo die Blätter des beschattenden Baumes noch nicht entwickelt sind, können allerlei bunte Zwiebelstauden gesteckt werden, die sich ab April/Mai bis zum nächsten Jahr zurückziehen. Immergrüne Bodendecker wie Goldnessel und Golderdbeere (*Waldsteinia ternata*) bilden das Polster, aus dem im späten Frühjahr und im Frühsommer so herrliche Stauden wie etwa Lenzrosen, Gemswurz, Fingerhut und Blauer Himalaja-Scheinmohn herauswachsen. Im Hoch- und Spätsommer blühen die Silberkerzen, die hohen Anemonen und der Eisenhut. Im Vordergrund bilden Storchschnabel-Arten duftige Blütenwolken. Die immergrünen Polsterglockenblumen sind bis in den Herbst hinein unermüdliche Blüher und korrespondieren mit der hohen Glockenblume *Campanula latifolia*, die im Hintergrund einen Blickfang bildet.

Oben: Als immergrüner Bodendecker für schattige Bereiche eignet sich die Goldnessel hervorragend. Mit ihren hell panaschierten Blättern sorgt sie für Lichteffekte.

Unten: Dankbare Blüher auch an schattigen Standorten sind die Herbst- oder Japananemonen.

Pflanzschlüssel für das Beet »Blütenpracht im Schatten«

1 Eisenhut *Aconitum* x *arendsii*
2 Japananemone Anemone *hupehensis* var. *japonica* (rosa)
3 Herbstanemone *Anemone* x *hybrida* (weiß)
4 Prachtspiere *Astilbe-Thunbergii-*Hybride 'Straußenfeder' (korallenrot)
5 Kaukasus-Vergißmeinnicht *Brunnera macrophylla*
6 Karpatenglockenblume *Campanula carpatica* 'Karpatenkrone' (blau)
7 Breitblättrige Glockenblume *Campanula latifolia* var. *macrantha* (tiefviolett)
8 Polsterglockenblume *Campanula poscharskyana* 'Blauranke' (violett)
9 Polsterglockenblume *Campanula poscharskyana* 'E. H. Frost' (weiß)
10 Lanzensilberkerze *Cimicifuga racemosa* var. *cordifolia*
11 Julisilberkerze *Cimicifuga racemosa* var. *racemosa*
12 Roter Fingerhut *Digitalis purpurea*
13 Gemswurz *Doronicum orientale*
14 Storchschnabel *Geranium macrorrhizum* 'White Ness'
15 Storchschnabel *Geranium phaeum* 'Samobor'
16 Storchschnabel *Geranium* x *magnificum*
17 Lenzrose *Helleborus orientalis-*Hybride (dunkelviolett)
18 Goldnessel *Lamiastrum galeobdolon*
19 Blauer Scheinmohn *Meconopsis betonicifolia*
20 Lungenkraut *Pulmonaria saccharata*, syn. *P. picta*
21 Kleines Immergrün *Vinca minor*
22 Golderdbeere *Waldsteinia ternata*

Trotz ihres starken Ausbreitungsdranges ist die Japananemone eine wertvolle Blütenstaude für die Schattenbereiche.

Frühlingszauber im Schatten

Ein Frühlingsbeet mit frischen Farben und leuchtenden Blüten – auch im Schatten ist dies möglich. Unter Laubbäumen scheint vor dem Blattaustrieb im April noch genug Sonne, um auch die etwas lichthungrigeren Zwiebelblüher wie Tulpen und Krokusse zum Blühen anzuregen. Für absonnige Standorte, beispielsweise im Schatten von immergrünen Nadelbäumen oder Gebäuden eignen sich andere Frühjahrsblüher. Ganz früh im Jahr stecken die Schneeglöckchen und der Winterling die Köpfchen aus der Erde. Christ- oder Lenzrosen behalten ihr Laub den ganzen Winter über und blühen ebenfalls schon im Februar. Werden die Tage im März dann etwas länger, wagen sich auch Berganemonen, Schneestolz und Lerchensporn ans Licht. Im April folgen Hyazinthen, Tränendes Herz, Gemswurz und natürlich die verschiedenen Primelarten. Wenn im Mai mit den Hasenglöckchen und der Waldanemone das bunte Schauspiel dem Ende zugeht, können schattenverträgliche, einjährige Sommerblumen auf die frei gewordenen Flächen gepflanzt werden. Die Zwiebelblüher ziehen sich rechtzeitig unter die Erdoberfläche zurück und warten darauf, im nächsten Frühjahr wieder zum Einsatz zu kommen. Verletzen Sie daher beim Graben und Hacken möglichst keine der Zwiebeln.

Rechts oben: Das niedrige Gedenkemein *(Omphalodes verna)* breitet sich Boden deckend aus und erobert mit der Zeit sogar dunkle Stellen unter Gehölzen.

Mitte: Manche Zwiebelblüher wie Bärlauch, Hasenglöckchen und Blausternchen brauchen keine Sonne, um üppig zu blühen.

Die leuchtend gelb blühende Gemswurz *(Doronicum orientale)* wird nur ungern verpflanzt und sollte lange Zeit am selben Ort stehen.

Pflanzschlüssel für das Staudenbeet »Frühlingszauber im Schatten«

1 Berganemone *Anemone blanda*
2 Waldanemone *Anemone sylvestris*
3 Kaukasus-Vergißmeinnicht *Brunnera macrophylla*
4 Schneestolz *Chinodoxa sardensis*
5 Hohler Lerchensporn *Corydalis cava*
6 Tränendes Herz *Dicentra spectabilis*
7 Gemswurz *Doronicum orientale*
8 Winterling *Eranthis hyemalis*
9 Schneeglöckchen *Galanthus nivalis*
10 Schaftdolde *Hacquetia epipactis*
11 Lenzrose *Helleborus orientalis*-Hybride
12 Hyazinthe *Hyacinthus orientalis* 'Carnegie' (weiß)
13 Gedenkemein *Omphalodes verna*
14 Terrakottaprimel *Primula bullesiana*
15 Kugelprimel *Primula denticulata*
16 Wiesenschlüsselblume *Primula veris*
17 Lungenkraut *Pulmonaria saccharata*, syn. *P. picta*
18 Hasenglöckchen *Scilla non-scripta*, syn. *Hyacinthoides non-scripta*

Unter den Lenzrosen-Hybriden *(Helleborus orientalis-Hybriden)* gibt es grün-weiße und violette Sorten. Sie haben eine lange Blütezeit, die von Februar bis zum Mai dauern kann.

Die Berganemone *(Anemone blanda)* wagt sich bereits im März ans Licht.

Kleine Gärten und Vorgärten

Ein sonniges Staudenbeet vor der Hauswand

Gestalten Sie den Bereich vor dem Haus statt mit einem langweiligen Rasenstück oder den üblichen Gehölzgruppen aus Feuerdorn, Rhododendron oder Forsythie doch einmal völlig anders – eine dauerhafte Bepflanzung mit Stauden macht nur einmal wirklich Arbeit und hat selbst bei einem schmalen, rechteckigen Reihenhausgärtchen eine unglaubliche Wirkung. Die Stauden nehmen nicht viel Platz in Anspruch, machen aber durch ihre Vielfalt und Blütenpracht einen herrlichen Eindruck. Damit gewinnt der ganze Vorgartenbereich an Ausdruck und Charme.

Wichtig ist vor allem, dass für den Betrachter die Möglichkeit besteht, etwas Abstand zum Beet zu haben, damit er es auch aus der Distanz auf sich wirken lassen kann. Da die Hauswand einen Hintergrund bildet, richtet sich der Blick von vorn und von schräg seitlich auf das Beet. Die Höhenstaffelung der Stauden von vorn nach hinten bietet die Möglichkeit, auch hohe Leitstauden wie Rittersporn, Sonnenbraut und die hohen Herbstastern voll zur Geltung zu bringen.

Befindet sich die Eingangstür in der Mitte der Hauswand, ist es auch denkbar, ein zweigeteiltes Beet anzulegen, durch das ein leicht geschwungener Pfad zur Haustür hinführt. Die Bepflanzung links und rechts des Weges sollte sich dann auf jeden Fall ähneln, ohne allerdings identisch zu sein. Kleine Variationen und farbliche Korrespondenzen schärfen den Blick und machen die Gestaltung interessanter. In unserem Beispiel wurden die leuchtenden Gelbtöne von Taglilien, Goldgarbe und Sonnenbraut als Kontrast zu den Blau- und Violetttönen von Rittersporn, Waldsalbei und Katzenminze gewählt. Die gleichzeitig mit der Pfingstrose blühende Präriekerze gewinnt durch den zarten Kontrast von hellen Rosa- und Blautönen an Ausdruckskraft. Wird die Katzenminze nach der ersten Blüte kräftig zurückgeschnitten, wird sie im frühen Herbst mit einer zweiten Blüte belohnen. Ihre üppigen, blauen Blütenkissen runden die Komposition hervorragend ab.

Vor einer Hauswand ist die Höhenstaffelung eines Staudenbeetes besonders wichtig.

Pflanzschlüssel für das sonnige Staudenbeet vor der Hauswand

1 Goldgarbe *Achillea filipendulina* 'Parker's Variety'
2 Bergaster *Aster amellus* 'Sternkugel' (hellviolett)
3 Rauhblattaster *Aster novae-angliae* 'Barr's Blue' (blauviolett)
4 Glattblattaster *Aster novi-belgii* 'Bonningdale White' (weiß)
5 Präriekerze *Camassia cusickii*
6 Rittersporn *Delphinium*-Hybride 'Polarnacht' (enzianblau)
7 Purpur-Sonnenhut *Echinacea purpurea* 'The King'
8 Storchschnabel *Geranium cinereum* 'Lawrence Flatman' (lilarosa)
9 Sonnenbraut *Helenium*-Hybride 'Waltraut' (goldbraun)
10 Sonnenauge *Heliopsis helianthoides* 'Goldgefieder'
11 Taglilie *Hemerocallis aurantiaca*
12 Katzenminze *Nepeta* x *faassenii*
13 Pfingstrose *Paeonia* 'Sarah Bernhardt'
14 Sonnenhut *Rudbeckia fulgida* var. *sullivantii* 'Goldsturm'
15 Steppensalbei *Salvia nemorosa* 'Ostfriesland'
16 Wollziest *Stachys byzantina*
17 Immergrüne Schleifenblume *Iberis sempervirens*

Werden die verblühten Köpfchen des Purpursonnenhutes *(Echinacea purpurea)* ausgeschnitten, fördert dies die Bildung neuer Knospen.

Die Präriekerze *(Camassia cusickii)* wird auch als Oregon-Lilie bezeichnet. Die frostharte Zwiebelstaude muss im Winter durch eine Mulchdecke geschützt werden.

Rechts: Am schönsten sieht der Sonnenhut *(Rudbeckia fulgida)* aus, wenn man ihn in großen Gruppen pflanzt.

Terrassenbegleitendes Staudenbeet

Die Situation am Rand einer Terrasse beschert die Möglichkeit, eine Harmonie in Duft und Farben zu schaffen. Von den Polsterstauden am Rand, die den harten Übergang zwischen befestigter Sitzfläche und Staudenbeet weicher gestalten, werden prächtige Solitärstauden und bunte Gruppen attraktiver Begleitstauden eingefasst. Meistens besteht von der Terrasse zum Garten hin eine leichte Neigung. Ist eine echte Hanglage gegeben, sollte man aufgrund der möglichen Erosion besser eine dafür vorgesehene Gestaltung wählen (mehr dazu auf Seite 91 ff.).

Die in großen Gruppen gepflanzten Stauden wie Margeriten, Sonnenhut und Feinstrahl lassen den Blick schweifen. Leitstauden wie Fackellilie, Türkenmohn und Pfingstrose, aber auch der kräftig rot leuchtende Flecken Indianernessel setzen Akzente im Blütenmeer. Zum angrenzenden Rasenstück schließt ein niedriges Mäuerchen, das wiederum mit Polsterstauden bepflanzt wurde, die Rabatte ab. Im Herbst können die im folgenden Frühjahr blühenden Zwiebelgewächse wie Krokus, Tulpen und Narzissen zwischen die Stauden gesteckt werden. Das bringt auch früh im Jahr die nötige Farbe ins Beet. Damit auch die Terrasse selbst bunt und lebendig aussieht, werden Kübelpflanzen und mit Einjährigen bepflanzte Schalen entsprechend platziert. Auch eine eventuell vorhandene Treppe kann mit bepflanzten Töpfen zum harmonischen Gesamteindruck beitragen.

Treten saisonal einmal Lücken im Staudenbeet auf (so etwa, wenn der Mohn sich nach der Blüte für einige Monate zurückzieht, bis seine Überwinterungsrosette erscheint), dann hilft eine bunt schillernde Rosenkugel vielleicht, die Leerstelle geschickt zu überspielen.

Die mittelspät blühende Pfingstrose 'Noemi Demay' hat zartrosa Blüten. Sie bekommt einen Platz am Rande des Beetes, damit man sich an ihrem Duft erfreuen kann.

Pflanzschlüssel für das terrassenbegleitende Staudenbeet

1 Steinkraut *Alyssum saxatile*

2 Bergaster *Aster amellus* 'Kobold' (violettblau)

3 Blaukissen *Aubrieta*-Hybride 'Neuling' (lavendelblau)

4 Bergenie *Bergenia*-Hybride 'Rietheim' (lilarosa)

5 Berg-Flockenblume *Centaurea montana* 'Grandiflora' (blau)

6 Hornkraut *Cerastium tomentosum*

7 Netzblattstern *Coreopsis verticillata*

8 Feinstrahl *Erigeron*-Hybride 'Dunkelste Aller'

9 Storchschnabel *Geranium macrorrhizum* 'Ingwersen'

10 Immergrüne Schleifenblume *Iberis sempervirens*

11 Fackellilie *Kniphofia*-Hybride 'Royal Standard' (unten gelb, oben feuerrot)

12 Margerite *Leucanthemum* x *superbum*, syn. *Chrysanthemum maximum*

13 Indianernessel *Monarda*-Hybride 'Präriebrand' (rot)

14 Katzenminze *Nepeta* x *faassenii*

15 Pfingstrose *Paeonia* 'Noemi Demay' (zartrosa)

16 Türkischer Mohn *Papaver orientale* 'Türkenlouis' (leuchtend rot)

17 Staudenphlox *Phlox paniculata* 'Landhochzeit' (rosa mit rotem Auge)

18 Teppichphlox *Phlox subulata*

19 Sonnenhut *Rudbeckia fulgida* var. *deamii*

20 Sonnenhut *Rudbeckia fulgida* var. *sullivantii* 'Goldsturm'

21 Steppensalbei *Salvia nemorosa* 'Ostfriesland'

22 Teppichfetthenne *Sedum floriferum* 'Weihenstephaner Gold'

23 Fetthenne *Sedum telephium* 'Herbstfreude'

Oben: Die hohe Iris Barbata-Elatior-Hybride 'Lavent Sparkle' wurde 1965 gezüchtet und besticht durch den aparten Hell-Dunkel-Kontrast ihrer Blüten.

Blühendes Inselbeet im Vorgarten

Ein Inselbeet in der Rasenfläche des Vorgartens ist wie eine Visitenkarte für das gesamte Anwesen. Es sollte nicht zu dicht bestückt werden, um nicht protzig zu wirken. Edle, aber nicht aufdringliche Solitärstauden mit Begleitstauden sind hier angebracht. Nacheinander blühende Schwertliliensorten – die Nana-Iris beginnen als erste, gefolgt von den Media-Iris und abschließend den hohen Elatior-Sorten – gehen hier mit Hornkraut, Bartgras und Storchschnabelarten eine ideale Verbindung ein. Sind die Schwertlilien dann im Juni endgültig verblüht, übernehmen die Taglilien die tragende Rolle im Beet. Die gelbe Sorte 'Corky' zeichnet sich durch eine besonders lange Blütezeit aus. Prachtscharte und Steppensalbei bringen mit purpur-blauvioletten Tönen einen schönen, tiefen Kontrast, bis die Taglilien verblüht sind. Später können Einjährige nach Geschmack zwischen die abgeblühten Stauden gesetzt und im Herbst durch eingetopfte Chrysanthemen ergänzt werden. Es ist schwierig, eine Sortenempfehlung bei den Schwertlilien zu geben, da die Staudengärtner meistens jeweils nur wenige Sorten aus einer Gesamtzahl von vielen tausend bereithalten. Wer sich genauer informieren möchte oder sich schon eine bestimmte Sorte ausgeguckt hat, kann sich an spezialisierte Iris-Züchter wenden (siehe Anhang). Oft werden Sortimentskataloge gegen eine Schutzgebühr zugesandt.

Oben: Die große hellblau-violette Schwertlilie *(Iris germanica)* ist eine der Stammformen, aus denen die Barbata-Hybriden entstanden. Man findet diese robuste, einfarbige Art noch häufig in alten Gärten.

Links: Eine alte Iris Barbata-Elatior-Hybride, die nichts von ihrem kühlen Charme verloren hat, ist die hellviolett überhauchte Sorte 'Princess Osra' aus dem Jahr 1921.

Stauden für den Wassergarten

Für den Wassergarten kommen nicht alle Stauden infrage. Bevorzugt werden Pflanzen, die feuchte bis nasse Böden mit leicht saurem pH-Wert vertragen oder sogar für ein üppiges Wachstum benötigen. Echte Wasserstauden wie die Seerosen (*Nymphaea*) und Lotosblumen (*Nelumbo*) oder Schwimmblattpflanzen werden in diesem Buch nicht berücksichtigt, da es hier vornehmlich um die Beetgestaltung am Gewässerrand geht. Typische Randzonenpflanzen wie Rohrkolben (*Typha*), Sumpfschwertlilie (*Iris pseudacorus*) und Sumpfdotterblume (*Caltha palustrius*) gestalten die Ufer eines Teiches. Amphibische Pflanzen wie z. B. Wiesenschwertlilie (*Iris sibirica*), Tannenwedel (*Hippuris vulgaris*) und Blutweiderich (*Lythrum salicaria*), die im Wasser und in normalen, aber feuchten Böden gedeihen, machen interessante, grenzüberschreitende Arrangements möglich.

Links: Die binsenartige Doldige Schwanenblume hat duftende, rosafarbige Blüten.

Unten: Außer den echten Wasserpflanzen wie Seerosen sind als Randbepflanzung vor allem Gräser wie Schilf-, Rohrkolben- und Bambusarten von entscheidender Bedeutung für die Wirkung eines Wassergartens.

Unten: Der amphibische Tannenwedel hat unscheinbare Blüten, wird aber wegen seiner Strukturwirkung gern gepflanzt.

Pflanzschlüssel für das blühende Inselbeet im Vorgarten

1 Frauenmantel *Alchemilla mollis*
2 Bartgras *Andropogon scoparius*
3 Hornkraut *Cerastium tomentosum*
4 Storchschnabel *Geranium cantabriginese* 'Biokovo' (weißrosa)
5 Storchschnabel *Geranium* x *magnificum* (violettblau)
6 Taglilie *Hemerocallis*-Hybride 'Corky'
7 Schwertlilie *Iris Barbata-Elatior*-Hybride (hell-blauviolett), z. B. 'Princess Osra'
8 Schwertlilie *Iris Barbata-Media*-Hybride (weiß-orangerot), z. B. 'Cheers'
9 Schwertlilie *Iris Barbata-Nana*-Hybride (rotbraun), z. B. 'Ruby Contrast'
10 Prachtscharte *Liatris spicata*
11 Steppensalbei *Salvia nemorosa* 'Ostfriesland'

Stauden für Sumpfbeete und Uferbereich

Art	Standort	Höhe (cm)	Wasser-tiefe (cm)	Blütezeit (Monat)/ Blütenfarbe	sonstiges
Kalmus *Acorus calamus*	sonnig	60 – 120	0 – 20	VI – VII	Staude mit kriechendem Rhizom
Froschlöffel *Alisma plantago-aquatica*	sonnig bis halbschattig	20 – 90	10 – 20	VI – VIII weiß bis rosarot	sät sich im Flachwasser selbst aus
Schwanenblume *Butomus umbellatus*	sonnig	50 – 150	0 – 20	VI – VIII rosa	gedeiht am besten in fruchtbarem Schlamm
Sumpfkalla *Calla palustris*	sonnig bis halbschattig	30	0 – 5	V – IX weiß	Laub abwerfende Staude mit langen Kriechwurzeln
Sumpfdotterblume *Caltha palustris*	sonnig bis halbschattig	20 – 60	0 – 10	IV – VI gelb	heimische Sumpfstaude
Schmalblättriges Wollgras *Eriophorum angustifolium*	sonnig bis halbschattig	30 – 45	0 – 5	V – VII weiße Bäusche	immergrüne Pflanze für saure Böden
Mädesüß *Filipendula rubra*	sonnig bis halbschattig	180 – 200	0	VII – VIII dunkelrosa bis rot	ausladende Staude für feuchte Böden
Gebänderter Wasser-schwaden *Glyceria maxima* var. *variegata*	sonnig	80	0 – 15	VII grüne Ähren	Laub abwerfendes, aus-dauerndes Schmuckgras
Tannenwedel *Hippuris vulgaris*	sonnig bis halbschattig	25 – 30	0 – 40	VII unscheinbar rötlich	für Flachwasserzone und kalkiges Wasser
Japanische Sumpf-schwertlilie *Iris kaemferi*	sonnig	60 – 100	0 – 20	VII purpurviolett	liebt saure Böden; nach der Blüte trockener halten
Sumpfschwertlilie *Iris laevigata*	sonnig	80	0 – 20	VI – VII blau oder weiß	Rhizom bildende, bartlose Iris für nasse Standorte
Gelbe Schwertlilie *Iris pseudacorus*	sonnig	50 – 150	0 – 20	V – VI gelb	kann auch sortenecht ausgesät werden
Sibirische Schwertlilie *Iris sibirica*	sonnig bis halbschattig	30 – 60	0 – 20	V – VI blau oder weiß	schmale, grasartige Blätter
Gelbe Scheinkalla *Lysichiton americanus*	sonnig bis halbschattig; tiefgründiger, humoser Boden	50 – 120	0 – 10	VI – V gelb	Laub abwerfende Staude für Flachwasserbereich und Sumpfbeet
Pfennigkraut *Lysimachia nummularia*	sonnig bis halbschattig	5 – 10	0 – 5	V – VI gelb	immergrüne, kriechende Staude
Blutweiderich *Lythrum salicaria*	sonnig	30 – 200	0 – 100	VI – VIII purpurrot	lang blühende, Horst bildende Staude
Gauklerblume *Mimulus luteus*	sonnig bis halbschattig	20 – 60	0 – 5	VI – X gelb	samt reichlich aus; remontierend
Sumpf-Vergißmeinnicht *Myosotis palustris*	sonnig bis halbschattig; nicht zu nährstoffhaltiger Boden	20 – 30	0 – 5	V – X erst rosa, dann himmelblau	Staude mit kriechendem Rhizom
Schilfrohr *Phragmites australis* 'Variegatus'	sonnig	120 – 180	0 – 10	VI – VII schwachviolett	wuchert stark; nicht für Folienteiche / kl. Anlagen
Wiesenknöterich *Polygonum bistorta*	sonnig	bis 90	0	V – VIII rosa	Gruppen bildende Rhizomstaude
Herzblättriges Hechtkraut *Pontederia cordata*	sonnig bis halbschattig	50 – 100	0 – 30	VI – IX hellblau	nur im tiefen Wasser frost-hart, sonst Winterschutz
Laxmanns Rohrkolben *Typha laxmannii*	sonnig	bis 150	0 – 20	VII – VIII braune Kolben	winterharte Sumpfstaude mit kriechendem Rhizom
Zwergrohrkolben *Typha minima*	sonnig	bis 75	0 – 10	VI – VII braune Kolben	zierlicher als *T. laxmannii*, auch für kleinste Anlagen
Bachbunge *Veronica beccabunga*	sonnig bis halbschattig	20 – 100	0 – 10	V – VIII hellblau	kriechende Sumpfstaude, auch unter und im fließenden Wasser

Die Teichrandbepflanzung mit Stauden

Die meisten Gartenteiche sind künstlich angelegt. Fertigbecken aus Kunststoff oder Glasfiber, mit Teichfolie abgedichtete Gruben oder mit Lehm, Ton und Bentonit ausgekleidete naturnahe Teiche bereichern den Garten um das Element »Wasser«, schaffen Oasen zum Entspannen und Lebensraum für Wildtiere wie Libellen, Wasserläufer und Amphibien. Damit der Uferbereich bei diesen Teichkonstruktionen möglichst natürlich wirkt, ist eine geschickte Teichrandbepflanzung nötig. Bei größeren Fertigteichen aus Kunststoff ist oft schon eine Uferzone mit Sumpfbereich vorgesehen. Hier geht es dann noch darum, den Teichrand möglichst organisch an das umgebende Gelände anzupassen. Bei Folienteichen gerät die Uferzone schnell ins Rutschen, wenn sie zu steil angelegt ist. Spezielle Gewebematten helfen, dieses Risiko zu minimieren und ermöglichen dennoch eine attraktive Randbepflanzung. Geschickter wäre es freilich, schon bei der Planung einen Ufer- und Sumpfbereich einzubeziehen, was bei naturnahen Ton- und Bentonitteichen in der Regel automatisch gemacht wird.

Für die Bepflanzung mit Stauden eignen sich viele Sumpfpflanzen. Wo der Boden nicht wirklich feucht ist, kann man sich auch mit Stauden wie Taglilien (*Hemerocallis*), Kreuz- bzw. Greiskräutern (*Ligularia* spec.), verschiedenen Schwertlilienarten (*Iris*) und Felberichsorten (*Lysimachia* spec.) behelfen, die Wassermotive zitieren, aber auch in normalen Böden wachsen. Auch die Bergenien mit ihren glänzenden, breiten Blättern passen sehr gut an den Teichrand, ohne jedoch feuchte Böden zu brauchen. Denken Sie bei der Planung daran, nicht das gesamte Ufer so dicht zu bepflanzen; für Pflegearbeiten sollte immer ein Zugang möglich sein.

Für einen mittelgroßen Teich, der im hinteren Bereich leicht verschattet ist, wäre folgende Bepflanzung möglich: Neben der Holzplattform, die auf einem Kiesbett steht, breiten sich Pfennigkraut und, halb schon im Wasser stehend, Sumpfdotterblumen aus. Der Zwerg-Rohrkolben bringt die Teichstimmung am Sitzplatz zum Ausdruck, ohne den Vordergrund zu überwuchern. Rechts und links der Plattform schließen sich weniger hohe Ziergräser wie Japansegge und Rohr-Glanzgras an, um den Blick auf den Teich nicht zu verdecken. Besonders dekorative Stauden wie Sumpfschwertlilien und Kalla werden so gesetzt, dass sie von den anderen Stauden nicht verdeckt werden und voll zur Geltung kommen. In der Uferzone sind feuchttolerante Stauden wie Pestwurz, Goldfelberich, Sumpfvergißmeinnicht und Froschlöffel angesiedelt. In der Übergangszone fühlen sich Funkien, Kreuzkraut, Astilben und Straußfarn wohl. Sie vertragen alle keine Staunässe, brauchen aber einen regelmäßig feuchten Boden. Das dekorative Chinaschilf wächst auch in normalem Gartenboden, wirkt aber an Gewässern besonders schön. Hier bildet es, etwas zurückgesetzt, einen stimmigen Hintergrund.

Der Strauß- oder Trichterfarn *(Matteuccia struthiopteris)* ist ein wintergrüner, straff aufrecht wachsender Farn, der durch Ausläufer attraktive Gruppen bildet.

Die Pestwurz *(Petasites japonica)* neigt zum Wuchern und sollte dementsprechend immer wieder eingeschränkt werden.

Pflanzschlüssel für eine Teichrandbepflanzung

1 Kalmus *Acorus calamus*
2 Froschlöffel *Alisma plantago -aquatica*
3 Waldgeißbart *Aruncus dioicus*
4 Prachtspiere *Astilbe-Thunbergii-* Hybride 'Prof. van der Wielen'
5 Bergenie *Bergenia cordifolia*
6 Sumpfkalla *Calla palustris*
7 Sumpfdotterblume *Caltha palustris*
8 Japansegge *Carex morrowii* 'Variegata'
9 Riesenweißrandfunkie *Hosta crispula*
10 Blaublattfunkie *Hosta sieboldiana* 'Elegans'
11 Japanische Sumpfschwertlilie *Iris kaempferi*
12 Weiße Sumpfschwertlilie *Iris laevigata* 'Alba'
13 Kreuzkraut *Ligularia dentata* 'Desdemona'
14 Kreuzkraut *Ligularia*-Hybride 'The Rocket'
15 Pfennigkraut *Lysimachia nummularia*
16 Goldfelberich *Lysimachia punctata*
17 Federmohn *Macleaya cordata*
18 Straußfarn *Matteucia struthiopteris*
19 Chinaschilf *Miscanthus sinensis*
20 Sumpfvergißmeinnicht *Myosotis palustris*
21 Pestwurz *Petasites japonica*
22 Rohr-Glanzgras *Phalaris arundinacea*
23 Zwerg-Rohrkolben *Typha minima*

Das Sumpfbeet

Ein Sumpfbeet muss nicht zwangsläufig an einen Teich angegliedert sein. So sehr ein Gartenteich auch ein mittelgroßes oder großes Gartengrundstück aufwerten kann, nicht überall ist er wirklich gewünscht. Da Teiche auch eine ständige Gefahr für Kleinkinder und Haustiere darstellen, kommen sie für manche Grundstücke einfach nicht infrage. Hier ist guter Rat dann teuer, wenn man dennoch die üppige Atmosphäre genießen möchte, die eine gesunde Teichflora und die gut wachsenden Feuchtbodenpflanzen vermitteln können.

Wo kein Gewässer vorhanden ist und auch nicht die Möglichkeit oder der Wunsch besteht, eines anzulegen, kann ein Sumpfbeet als Ersatz einer Teichbepflanzung dienen. Der feuchte, nicht unbedingt morastige Boden bietet einer Vielzahl attraktiver und interessanter Pflanzen optimale Lebensbedingungen. Durch die hohe Verdunstung entsteht im Sommer ein angenehmer kühlender Effekt, auch wenn es keine richtige Wasserfläche gibt. Die typischen Sumpfbeet- und Uferpflanzen können dabei Wassermotive zitieren und vielleicht lässt sich ja mithilfe eines kleinen, unkomplizierten Kieselbrunnens dennoch ein leises Plätschern zaubern, das Muße und Entspannung garantiert. Als Boden für Sumpfbeete ist Lehm ideal. Lauberde oder Rindenkompost können bis zu einem Drittel beigemischt werden, wenn der Boden zu schwer sein sollte.

Damit das Beet nicht austrocknet, kann, je nach Untergrund, entweder mit einer normalen Teichfolie (hier genügt eine einfache Qualität) oder einfachen Plastiksäcken abgedichtet werden. Da die Folienschicht etwas Wasser durchlassen muss, werden Löcher oder Schlitze angebracht. Eine Kiesschicht schützt vor Staunässe. In anaerober Erde würden sich Fäulnisbakterien ausbreiten und die Pflanzenwurzeln verfaulen lassen. Für die Kulturschicht genügt normalerweise eine etwa 45 cm tiefe Schicht fruchtbares, leicht saures Substrat, damit die Pflanzen wurzeln können, aber die Gefahr des Austrocknens nicht zu groß ist. Gewächse mit starkem Ausbreitungsdrang kann man zur Not auch in Behälter (Kunststoffcontainer) setzen, muss aber dann darauf achten, dass sie stets genug Feuchtigkeit bekommen. Die gesamte Beetoberfläche wird mit Sand oder Feinkies abgedeckt, damit die Erde bei hoher Feuchtigkeit nicht aufschwimmt. Ein plötzlicher Wolkenbruch kann das Beet sonst schnell verwüsten.

Bei unserem Beispiel geht die Wiese in eine Kiesfläche über. Damit der Rasen nicht in die Kieszone hineinwächst und eine optische Überleitung geschaffen wird, markieren einzelne große Steinbrocken die Grenze. Üppig wachsendes Mädesüß grenzt den Bereich vom übrigen Garten etwas ab. Zur Kiesfläche hin breitet sich das immergrüne, goldgelb blühende Pfennigkraut bodendeckend zwischen den Steinen aus. Bergenien, Taglilien und Wiesenschwertlilien künden schon das Wassermotiv an, was weiter hinten, in der Sumpfzone des Beetes dann tatsächlich arrangiert wird. Ein Kieselbrunnen kann, aber muss nicht in die Anlage integriert werden. Der sich wüchsig ausbreitende Wiesenknöterich sorgt für einen kräftigen farbigen Akzent und vermittelt zwischen der Kies- und der Sumpfbeetzone.

Der Blutweiderich *(Lythrum salicaria)* ist eine einheimische Wildstaude, die es an Attraktivität mit vielen Zuchtsorten aufnehmen kann.

Pflanzschlüssel für das Sumpfbeet

1 Kalmus *Acorus calamus*
2 Bergenie *Bergenia*-Hybride 'Silberlicht'
3 Weiße Sumpfdotterblume *Caltha palustris* var. *alba*
4 Schmalblättriges Wollgras *Eriophorum angustifolium*
5 Mädesüß *Filipendula rubra* 'Venusta magnifica'
6 Tannenwedel *Hippuris vulgaris*
7 Sumpfschwertlilie *Iris kaempferi* oder *Iris laevigata*
8 Gelbe Sumpfschwertlilie *Iris pseudacorus*
9 Wiesenschwertlilie *Iris sibirica*
10 Gelbe Scheinkalla *Lysichiton americanus*
11 Schneefelberich *Lysimachia clethroides*
12 Pfennigkraut *Lysimachia nummularia*
13 Blutweiderich *Lythrum salicaria*
14 Gauklerblume *Mimulus luteus*
15 Sumpfvergißmeinnicht *Myosotis palustris*
16 Wiesenknöterich *Polygonum bistorta* 'Superba'
17 Laxmanns Rohrkolben *Typha laxmannii*
18 Bachbunge *Veronica beccabunga*

Im Sumpfbeet finden, der Wuchshöhe nach von vorne nach hinten aufsteigend gestaffelt, echte Feuchtbeetpflanzen Platz: Gruppen von Wollgras wachsen zwischen Sumpfvergißmeinnicht, Tannenwedel und Bachbunge. Leuchtende Akzente setzen Horste aus Sumpfdotterblumen. Interessant wäre hier auch die weißblütige Variante (*Caltha palustris* var. *alba*). Im halbschattigen Bereich siedelt auf einer weiten Fläche die gelb blühende Gauklerblume. Da sie sich selbst reichlich aussät, genügen für den Anfang einige wenige Exemplare. Sie werden am Beetrand von Schneefelberich, der ebenfalls Schatten verträgt, optisch hinterfangen. Da er sowohl im feuchten als auch im normalen Boden wächst, ist er eine gute Übergangsstaude zu den übrigen Gartenbereichen, die nicht sumpfig sind. Man kann einen Teil des Schneefelberichs noch im Sumpfbeet und einen Teil außerhalb, in normalem Boden pflanzen, um so den Übergang besser zu kaschieren.

Einzelne größere Steine dazwischen setzen Akzente für die Zeit des Jahres, wo die Stauden Winterruhe halten. Schlüsselblumen oder andere Primeln, die es alle gern feucht mögen, können hier im Frühling für frühen Flor sorgen. Im vorderen sonnigen Teil des Sumpfbeetes werden die attraktiven Sumpfschwertlilien *Iris laevigata* und *Iris kaempferi* platziert, denn sie sind recht zierlich und werden nicht ganz so hoch wie die einheimischen gelben Sumpfschwertlilien, die weiter hinten gesetzt werden und sich mit Gruppen von Rohrkolben und Kal-

Der Schneefelberich *(Lysimachia clethroides)* wächst sowohl in normalen als auch in sumpfigen Böden.

mus vergesellschaften lassen. Ebenfalls im vorderen sonnigen Bereich, am besten im Randbereich bei großen Steinen, sollte die gelbe Scheinkalla platziert werden. Das gibt ihr den nötigen Hintergrund für ihre prachtvollen gelben Hüllblätter. Eine Alternative dazu wäre die echte Kalla, die gern auch halbschattig steht. Blutweiderich, der dort zum Wuchern neigt, wo er sich wohl fühlt, kann im mittleren Beetbereich in Gruppen vor die abschließenden Rohrkolben gepflanzt werden. Mit seinen purpurroten Blüten bringt er optische Tiefe in die Anlage.

Ein Sprudelstein oder ein Kieselbrunnen können ohne großen Aufwand eine ganz intime Atmosphäre schaffen. Sprudelsteine gibt es als Bausatz im Handel. Die großen Steinbrocken sind dabei oft durch leichte Glasfibernachbildungen ersetzt worden. Einen Kieselbrunnen kann man mit etwas Geschick leicht selbst bauen.

So wird's gemacht:

Der Plastikeimer wird so eingegraben, dass sich der Rand etwas unterhalb der Erdoberfläche befindet. Legen Sie die Polyäthylenfolie darüber und schneiden Sie ein Loch hinein, dessen Durchmesser 5 cm kleiner als der Eimer ist. Dies soll verhindern, dass Erde in den Eimer rutscht. Das herausplätschernde Brunnenwasser findet über die Teichfolie seinen Weg zurück in den Sammelbehälter. Verbinden Sie nun den Zulauf zur Pumpe zusammen mit dem Durchflussregler und dem Pumpenauslass und setzen Sie die Pumpe auf einen Steinsockel auf den Boden des Eimers. In den über das Folienloch gelegten Maschendraht schneiden Sie ein kleines Loch für das Anschlussrohr. Das Pumpenkabel wird zum Schutz vor Beschädigungen und Druck in dem verstärkten Schlauch unter den Kieselsteinen versteckt. Füllen Sie nun so viel Wasser in den Eimer, dass die Pumpe bedeckt ist und testen Sie den Durchfluss. Sind Sie mit der Pumpleistung zufrieden, füllen Sie den Eimer bis eine Handbreit unterhalb des Randes mit Wasser. Bedecken Sie den Draht (von außen nach innen, damit nichts ins Rutschen kommt) mit Kieselsteinen und verdecken Sie die übrige Folie mit Erde. Durch Veränderung der Lage einzelner Steine um die Austrittsdüse können Sie raffinierte Effekte erzielen.

Für einen Kieselbrunnen brauchen Sie:

- einen großen Plastikeimer
- Polyäthylenfolie (ca. 2 x 2 m)
- eine Tauchpumpe mit Filter
- einen Durchflussregler
- einen Stein als Sockel
- verzinkten Maschendraht (mindestens 10 cm größer als der Duchmesser der Eimers)
- einen verstärkten Schlauch für das Pumpenkabel
- Kieselsteine unterschiedlicher Größe, je nach Ausdehnung der Anlage

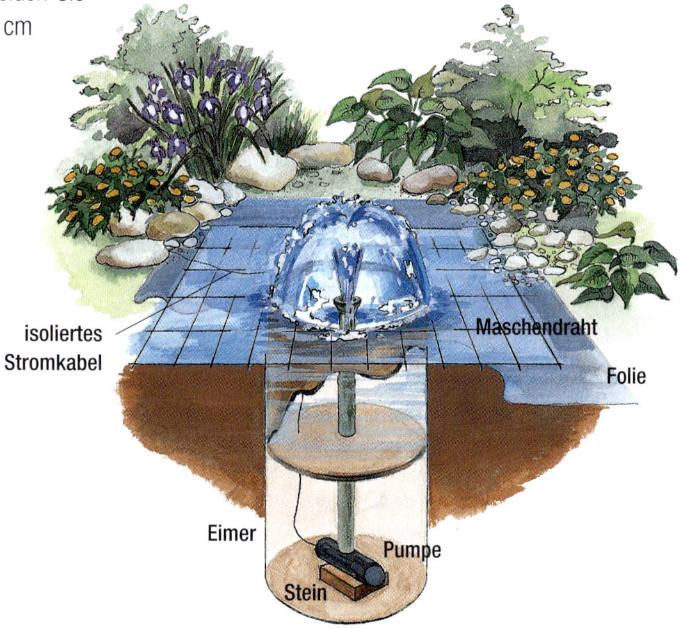

Besonderes für spezielle Gärten

Blühende Moorbeete

Für ganz besondere Stimmungen im Garten ist das Moorbeet geeignet. Anders als eine Heiderabatte, deren Reiz im Kargen und Trockenen liegt, lebt das Moor von der brütenden Feuchtigkeit und dem besonders sauren Bodenmilieu. Fast überall auf der Erde gibt es Moore. Sie verdanken ihre Entstehung verschiedenen Bleichmoos-(*Sphagnum*-)arten, die enorme Wassermengen speichern können. Aus den abgestorbenen, unvollständig zersetzten unteren Schichten der Bleichmooskolonien entsteht der Hochmoortorf. Die meisten Hochmoore in Europa sind inzwischen der Landwirtschaft gewichen, entwässert oder durch Abtorfung (Abbau und Verkauf der Torfschichten) vernichtet worden. Jahrzehntelang wurde Torf als billiges Naturprodukt vor allem wegen seiner guten Wasserspeicherfähigkeit und zur Humusbildung im Gartenbau verwendet. Inzwischen wird der wertvolle Rohstoff Torf sinnvoll und gleichwertig durch Strohkompost, Rindenmulch und andere schnell nachwachsende Produkte ersetzt. Will man ein Moorbeet im Garten anlegen, ist allerdings Torf als Grundlage unverzichtbar. Damit der Verbrauch so gering wie möglich gehalten wird, sollte das Moorbeet nicht zu groß dimensioniert werden. Besser ist es, das eigentliche Moorbeet für die echten Moorpflanzen klein zu halten und die Umgebung so geschickt mit kalkfliehenden Gewächsen zu umpflanzen, dass dennoch ein harmonisches Gesamtbild entsteht. Ein künstliches Moor im Garten wird nie das komplexe Ökosystem »Moor« ersetzen können, daher ist es sinnlos, sich an eine genaue Kopie der Natur zu machen. Auch im Moor lebende Tiere sollten nicht im Garten angesiedelt werden, da der Lebensraum für sie viel zu klein ist. Beschränken Sie sich also auf die Pflanzen, die Sie interessieren und erfreuen Sie sich an der ausgefallenen Gartensituation.

Das Moorbeet braucht tiefgründigen, torfigen, recht nährstoffreichen Boden, der Wasser gut hält und stellenweise sogar kleine Pfützen oder Tümpel an der Oberfläche stehen lässt. Ein sonniger Platz ist der richtige Standort für das Moorbeet. Halbhohe Gehölze können das Beet teilweise schattieren. Hohe Bäume sollten nicht zu nahe stehen, damit das Falllaub den besonderen Boden nicht verunreinigt. Beständige starke Winde können das Moor austrocknen, daher ist ein windgeschützter Standort anzuraten. Gut passt eine Hintergrundbepflanzung mit Rhododendren, deren bunte Blüten im Frühjahr wie ein Feuerwerk leuchten. Auch winterharte Kameliensorten, Skimmien und Magnolien sind denkbar. Hohe Stauden wie Prachtspieren (*Astilbe*) und Japan-Anemonen (*Anemone japonica*-Hybriden), Blattschmuckstauden wie Funkien (*Hosta*) und Schaublatt (*Rodgersia*) sowie viele Farne können das Moorbeet einrahmen. Ersticken Sie es aber nicht unter einer üppigen Blütenpracht, das passt weder thematisch noch optisch zu einem Moorbeet. Im eigentlichen Moorbereich mit seinem feuchten, sauren

Oben: Das Schmalblättrige Wollgras *(Eriophorum angustifolium)* lässt im Frühjahr seine weißflockigen Samenstände weithin leuchten.

Links: Höher als die heimische Trollblume *(Trollius europaeus)* wird die Chinesische Trollblume *(Trollius chinensis, syn. Trollius ledebouri)*. Sie hat leuchtende, orangegelbe Blüten.

Die schönsten Moorbeetstauden

Art	Standort	Höhe (cm)	Blütenfarbe	Blütezeit (Monat)	sonstiges
Wald-Frauenfarn *Athyrium filix-femina*	halbschattig bis schattig	100 – 150	–	–	sommergrüner, Laub abwerfender Farn
Tüpfelfarn, Rippenfarn *Blechnum spicant*	schattig bis vollschattig	bis 75	–	–	wintergrüner Farn für saure Böden
Sumpfkalla *Calla palustris*	sonnig bis halbschattig	30	weiß	V – IX	sonniger Standort fördert die Blütenbildung
Kriechender Hartriegel *Cornus canadensis*, syn. *Chamaepericlymenum canadense*	sonnig bis halbschattig	bis 15	weiß	V – VI	kriechende Rhizomstaude, breitet sich praktisch unbegrenzt aus
Geflecktes Knabenkraut *Dactylorhiza maculata*	sonnig bis halbschattig	15 – 60	weiß, rosa, rot oder malvenfarbig	VI – VII	für feuchte, nährstoff-arme Böden
Schmalblättriges Wollgras *Eriophorum angustifolium*	sonnig bis halbschattig	30 – 45	weiße, watteartige Samenstände	V – VII	immergrüne, dichte Horste bild. Grasstaude
Schachbrettblume *Fritillaria meleagris*	sonnig bis halbschattig	bis 50	weiß bis braun-purpur, schachbrett-artig gemustert	IV – V	heimische Zwiebelpflanze
Herbstenzian *Gentiana sino-ornata*	sonnig bis halbschattig	5 – 7	blau, weiß ('Alba')	IX	Rosetten bildende, halbimmergrüne Staude
Sumpf-Siegwurz *Gladiolus palustris*	sonnig bis halbschattig	40 – 90	purpurrot	VI – VII	für feuchte Standorte
Wachsglocke *Kirengeshoma palmata*	halbschattig	60	hellgelb	VIII – IX	Horst bildende Staude; leichter Winterschutz
Kardinalslobelie *Lobelia cardinalis*	sonnig bis halbschattig	90	scharlachrot	VIII – IX	kurzlebige, Horst bildende Staude
Fieberklee *Menyanthes trifolia*	sonnig	20 – 30	weiß	VI – VII	Staude für schlammige Böden, Flachwasserzonen
Moorlilie, Beinbrech *Narthecium ossifragum*	sonnig bis halbschattig	10 – 30	orange-gelb	VII – VIII	heimische Moorstaude
Buchenfarn *Thelypteris phegopteris*, syn. *Phegopteris connectilis*	halbschattig bis schattig	30	–	–	Laub abwerfender Farn
Krötenlilie *Tricyrtis hirta*, syn. *T. japonica*	halbschattig bis vollschattig	bis 80	purpurgefleckt auf weiß	VIII – IX	Gruppen bildende Rhizomstaude
Dreiblatt, Waldlilie *Trillium grandiflorum*	halbschattig bis schattig	bis 40	weiß	V – VI	wüchsige, Gruppen bildende Staude
Trollblume *Trollius europaeus*	sonnig bis halbschattig	40 – 60	gelb	V – VI	Pflanze ist giftig; zahlreiche attraktive Hybridsorten erhältlich

Boden fühlen sich nicht alle Pflanzen wohl. Eine Auswahl an attraktiven Moorbeetpflanzen wird in der Tabelle nebenan vorgestellt. Unverzichtbar für die Bepflanzung sind einige *Sphagnum*-Moose (es gibt über 300 bekannte Arten), damit das Moor auch lebt und sich regenerieren kann. Darüber hinaus können seltene und ausgefallene Liebhabergewächse wie die Moosbeere (*Vaccinium oxycoccus*), winterharte, heimische Orchideen (Knabenkräuter; *Dactylorhiza*) oder fleischfressende Pflanzen wie der Sonnentau (*Drosera*), das Fettkraut (*Pinguicula*) oder die exotische, winterharte Schlauchpflanze (*Sarracenia*) in die Bepflanzung einbezogen werden. Fast alle Moorbeetpflanzen sind auf einen gleichmäßig feuchten, frischen Boden angewiesen. Schon ein einmaliges Austrocknen des Wurzelballens kann für sie den Tod bedeuten. Deshalb muss das Moorbeet regelmäßig gegossen werden. Am besten eignet sich dazu Regenwasser, weil dies normalerweise leicht sauer, auf jeden Fall aber kalkfrei ist. Weil die meisten Moorbeetpflanzen sehr empfindliche Wurzeln haben, darf das Beet niemals gehackt oder umgegraben werden. Jäten Sie eventuell aufkommendes Unkraut vorsichtig von Hand.

Ein Moorbeet anlegen

Für die Anlage eines Moorbeetes muss zunächst eine Grube in der entsprechenden Größe ausgeschachtet werden. Die Tiefe richtet sich danach, welche Pflanzen man kultivieren möchte. Die meisten Moorbeetpflanzen sind Flachwurzler, daher reicht in der Regel eine Tiefe von etwa 60 cm. Mit einer (frostbeständigen) Teichfolie wird der Untergrund isoliert. Umgestülpte Kunststoffkanister, die mit fingerdicken Löchern perforiert wurden, dienen als Wasserspeicher und zum Modellieren der Miniatur-Moorlandschaft. Sie sollten etwas mehr als die Hälfte des Grubenvolumens einnehmen und werden so eingegraben, dass sie von einer mindestens 15 cm dicken Torfschicht bedeckt sind. Über den niedrigen Behältern wird sich später das Wasser in Senken sammeln, die höheren Behälter sorgen für trockenere Erhebungen im Beet. Das Einbringen des Torfes erfolgt nach und nach. Verwenden Sie nur reinen Hochmoortorf ohne Beimischungen. Da dem im Handel in Ballenform erhältlichen Torf Wasser entzogen wurde, muss er zunächst gewässert werden. Füllen Sie daher nicht die gesamte Torfmenge, sondern zunächst nur eine dünne Schicht Torf in die vorbereitete Grube. Bewässern Sie sie mit Regenwasser und lassen Sie den Torf aufquellen. Es sollte dabei allerdings kein Torfbrei entstehen. Ist der Torf mit Feuchtigkeit gesättigt, bringen Sie die nächste Schicht auf. Unter Umständen dauert das Befüllen der Grube wegen der Quellzeiten einige Tage. Die Oberfläche wird so gestaltet, dass kleine Erhöhungen ('Bulten') sich mit Senken ('Schlenken'), in denen auch mal Wasser stehen darf, abwechseln.

Am Rand, außerhalb des Moorbeetes gepflanzt, suggeriert die Prachtspiere mit ihren korallenroten Blütenständen Üppigkeit und schafft Tiefenwirkung.

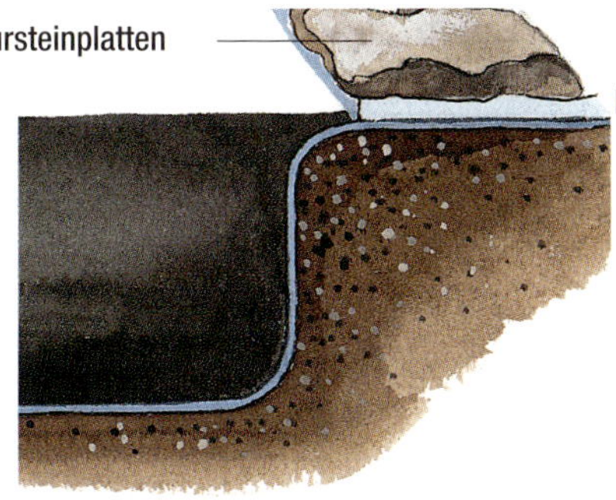

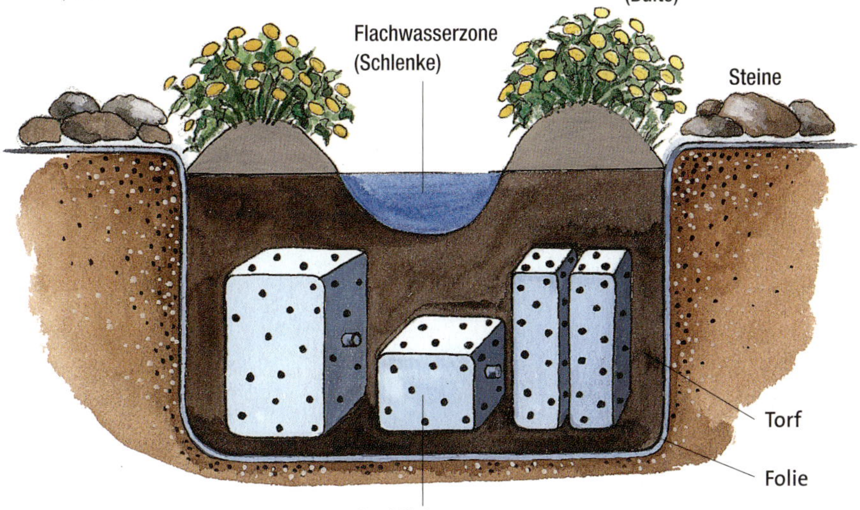

Pflanzschlüssel für das Moorbeet

1 Prachtspiere *Astilbe Arendsii*-Hybride 'Glut' (korallenrot)

2 Wald-Frauenfarn *Athyrium filix-femina*

3 Rippenfarn *Blechnum spicant*

4 Sumpfkalla *Calla palustris*

5 Kriechender Hartriegel *Cornus canadensis*

6 Geflecktes Knabenkraut *Dactylorhiza maculata*

7 Rundblättriger Sonnentau *Drosera rotundifolia*

8 Schmalblättriges Wollgras *Eriophorum angustifolium*

9 Schachbrettblume *Fritillaria meleagris*

10 Sumpf-Siegwurz *Gladiolus palustris*

11 Funkie *Hosta* spec.

12 Fieberklee *Menyanthes trifolia*

13 Moorlilie, Beinbrech *Narthecium ossifragum*

14 Schaublatt *Rodgersia podophylla*

15 Torfmoos *Sphagnum* spec.

16 Krötenlilie *Tricyrtis hirta*

17 Chinesische Trollblume *Trollius chinensis*

Der Rand des Moorbeetes wird dauerhaft mit (unbehandelten) Hölzern oder Steinen befestigt. Wichtig ist dabei, dass der Moorbereich vom übrigen Gartenboden isoliert bleibt und auch kein Regenwasser von dort ins Moorbeet läuft. Dies würde das Bodenmilieu entscheidend verändern und die Pflanzen im schlimmsten Fall absterben lassen. Ein Tipp: Legen Sie das Moorbeet nicht unter dem Bodenniveau des übrigen Gartens an.

Bepflanzung des Moorbeetes

Mit der Bepflanzung des Moorbeetes sollte man nach dem Bau einige Tage warten, damit sich die Feuchtigkeit richtig im Boden verteilen und der Torf sich setzen kann. Bei der Ausstattung mit Moorstauden wurde bewusst eine lockere Bepflanzung vorgenommen, da sich die *Sphagnum*-Moose schnell ausbreiten. Orchideen und Fleisch fressende Pflanzen brauchen einen Freiraum um sich herum, da sie zwischen starkwüchsigen Arten leicht untergehen. Um das Beet herum wurden Farne, Astilben und Kriechender Hartriegel gesetzt. Das Schaublatt (*Rodgersia podophylla*) bietet mit seiner imposanten Erscheinung einen schönen Hintergrund. Denkbar sind auch Rhododendron- und Azaleensträucher im Hintergrund, die den Teil des Moorbeetes beschatten, wo die absonnige Standorte bevorzugende Krötenlilie wächst.

Der Garten am Hang

Hanglagen erfolgreich zu meistern, erfordert echtes gärtnerisches Können oder eine gute Beratung. Bei einer Neuanlage muss das Gelände soweit befestigt werden, dass der Boden nicht ins Rutschen kommt und auch stärkere Regengüsse keine gravierenden Erosionsschäden verursachen. Das Wasser muss abfließen können, ohne staunasse Bereiche zu verursachen, aber ebenso sollte das Gelände nicht zu stark dräniert werden, damit eine Bepflanzung noch möglich ist. Eine Lösung wäre, den gesamten Hang in einzelne Terrassen zu untergliedern, die jeweils von Mäuerchen oder Palisaden gehalten werden. Da die Feuchigkeit von von oben nach unten mit jeder Stufe zunimmt, kann die Bepflanzung dementsprechend variieren. Am unteren Ende des Grundstückes könnte ein Teich die Feuchtigkeit auffangen. Alternativ dazu bietet sich der Einbau einer Dränage in den unteren Bereichen des Hanggartens an. Nicht terrassierte Hänge müssen von der Vegetation gehalten werden. Das bedeutet, dass die Bepflanzung das ganze Jahr über so dicht und lückenlos sein muss, dass die Erde von den Wurzeln gehalten und nicht fortgeschwemmt wird. Besonders in der Entstehungsphase des Gartens ist dies ein Problem, da die Pflanzen oft noch nicht genügend eingewurzelt sind. Eine Abdeckung der offenen Bodenbereiche mit einigen Zentimetern Rindenmulch kann hier übergangsweise Abhilfe schaffen. Stauden und Rasen allein werden allerdings kaum ausreichen, den Boden genügend zu befestigen. Sträucher und Bäume müssen bei steileren Hanglagen auf jeden Fall integriert werden.

In den Mittelgebirgen und am Alpenrand trifft man manchmal auf felsige Hänge, die nur wenig Raum zur Gestaltung mit Pflanzen lassen. Die berühmte englische Gärtnerin Gertrude Jekyll wünschte sich zeitlebens solch ein Grundstück und hatte auch eine genaue Vorstellung, wie sie diesen felsigen Hanggarten bepflanzen würde. Diese Planung setzte einen nach Süden oder Westen orientierten, also ziemlich sonnigen Hang voraus, der nicht von Bäumen beschattet wird. Sie stellte sich mächtige Gruppen von Palmlilien (*Yucca filamentosa*) und Wolfsmilchgewächsen (*Euphorbia*) vor, die sie auf Felsvorsprünge gepflanzt hätte. Begleitet wurden diese von anderen graulaubigen und genügsamen Pflanzen, beispielsweise Lavendel, Rosmarin, Wollziest und Brandkraut (*Phlomis*). Die Zistrosen (*Cistus*), für die sie schwärmte, sind in unseren Breiten leider nicht winterhart, obwohl mit der Salbei-Zistrose *Cistus salvifolius* und *Cistus* 'Grayswood Pink' für das Weinbauklima zwei bedingt winterharte Sorten zur Verfügung stehen. Andere Stauden könnten sie ersetzen. Wie einen großen Steingarten wollte sie das Gelände möglichst natürlich mit nur wenigen verschiedenen Pflanzenarten gestalten. Dies hätte den Vorteil, das Gelände übersichtlich zu erhalten und seine landschaftliche Besonderheit herauszustellen, statt es mit zu viel Blattwerk zu verstecken. Größere Felsbrocken und Flächen mit Schotter oder Kies würden solch einen Hang strukturieren und könnten durch vereinzelte Pflanzengruppen unterbrochen werden. Die Verhältnisse für eine derartige Gartensituation sind jedoch nur in Ausnahmefällen anzutreffen.

Häufiger sind sanfte Hanglagen, die mit wenigen Terrassen gegliedert werden können. Treppenstufen oder ein Serpentinenpfad verbinden die Gartenteile elegant miteinander. Ein Rasenstück auf einer Terrassenstufe sowie ein gepflasterter Sitzplatz auf einer anderen werden von Staudenbeeten begleitet. Eine Pergola kann Schatten spenden und Sichtschutz bieten, wo keine Bäume oder Strauchgruppen erwünscht sind. Der Komposthaufen liegt, weil es zweckmäßiger ist, in einer Ecke am unteren Rand des Grundstückes. So ist er dem Blick halbwegs entzogen und die Gartenabfälle müssen nicht bergauf geschleppt werden.

Im Folgenden stellen wir als Möglichkeit der Hanggestaltung das Prinzip Trockenmauer vor. Zum einen wird die Konstruktion einer Trockenmauer gezeigt und zum anderen deren Bepflanzung mit anspruchslosen, an die Verhältnisse angepassten Stauden. Ein weiteres Beispiel der Hanggestaltung ist der Steingarten, bei dem ein nicht zu abschüssiges Gelände zunächst mithilfe von Fels- und Gesteinsbrocken zu einer Landschaft modelliert und anschließend mit typischen Steingartenstauden bepflanzt wird.

Trockenmauern richtig gestalten

Trockenmauern dienen als Hilfsmittel zur Hanggestaltung, sind aber darüber hinaus auch ein wichtiger Lebensraum für spezialisierte Pflanzen- und Tierarten. Am besten kommen sie in vollsonnigen Bereichen zur Geltung, weil sich die Steine dort tagsüber mit Sonnenwärme aufheizen können, die sie dann für die Nacht speichern. In den oberen Bereichen fühlen sich dadurch auch Pflanzen- und Tierarten wohl, die besonders empfindlich auf Nässe und Feuchtigkeit reagieren: Eidechsen, Blindschleichen, Mauswiesel und viele nützliche Insekten werden sich freuen, ein Zuhause zu finden und können Sie bei der Bekämpfung von Ungeziefer unterstützen. In den unteren Bereichen, die etwas feuchter sind, suchen vielleicht eine Kröte oder auch die insektenvertilgenden Spitzmäuse Unterschlupf. Wer besonderes Glück hat, kann sogar Salamander als Gäste begrüßen. Fugen füllende Pflanzen und Überlebenskünstler wie *Sedum*- und *Sempervivum*-Arten kommen auf Trockenmauern besonders gut zur Geltung. Als Baumaterial eignen sich die verschiedensten Steinarten, wobei rauen Steinen der Vorzug gegenüber glatten Steinsorten gegeben werden sollte. Granit, Kalkstein, Sandstein, Schiefer oder Basalt – es kommt auch etwas auf die Umgebung an, welche Steinsorte man wählt. Grundsätzlich ist es nicht nur aus optischen Erwägungen besser, eine lokal anstehende Steinsorte zu wählen. Die Kosten für Transport und Anschaffung sind bei »exotischen Sorten« oft wesentlich höher als bei Material, das vielleicht sogar auf dem eigenen Grundstück zu finden ist.

Trockenmauern werden aus einzelnen Steinen lose und ohne Mörtel aufgeschichtet. Damit nichts ins Rutschen kommt, werden die Steine jeweils auf ihre flachste Seite gelegt. Um eine gute Dränage zu gewährleisten, wird die Mauer mit einer Kies- und Schottermischung hinterfüllt. Das verhindert, dass bei starkem Regen die Erde ausgewaschen wird und die Mauer zusammenstürzt. Idealerweise wird in diese Hinterfüllung ein Dränagerohr am Fuß der Mauer integriert. Um eine dauerhafte Stabilität

Eine richtig konstruierte Trockenmauer bietet sowohl Fugenfüller- und Polsterstauden als auch seltenen Tieren einen wertvollen Lebensraum.

Links: Das kriechende Schleierkraut *(Gypsophila repens)* eignet sich gut als Fugenfüllpflanze an Südmauern, da es trockene, alkalische Standorte und viel Sonne mag.

unterlegt. Man kann auch die wärmespeichernde Situation vor der Mauer zum Anlass nehmen, es einmal mit empfindlicheren Gewächsen zu versuchen. Dort bildet sich durch das ideale Mikroklima ein besonderer Standort heraus, der es auch in rauen Klimazonen ermöglicht, bedingt winterharte Stauden zu kultivieren. Im Winter lässt sich mit Schilfmatten oder Reisig leichter als im freien Gelände ein Winterschutz konstruieren. Mediterrane Kräuter wie Rosmarin und Ysop, aber auch Blütenstauden wie Zistrosen (*Cistus*), Mittagsblumen (*Delosperma*) oder die große Schmucklilie (*Agapanthus* 'Headbourne Hybrids') fühlen sich im dränierten Boden vor der Mauer wohl.

zu gewährleisten, werden die Trockenmauern nicht über einen Meter hoch gebaut. Schwere, große Steine gehören in den unteren Mauerbereich, kleinere Steine in den oberen.

Soll ein stark abschüssiges Gelände gegliedert werden, sind mehrere niedrige terrassenförmig angelegte Trockenmauern sinnvoller als eine einzelne hohe. In besonders kritischen Fällen oder wo es auf eine unbedingte Stabilität ankommt, kann der untere Teil der Mauer auch als Massivmauer mit Mörtel gesichert werden. Beim Gießen des Mörtels erzielt man mit eingelegten und später entfernten Styroporstreifen Durchlässe für die Dränage. Bepflanzt wird zum Schluss, wenn alle Arbeiten abgeschlossen sind. Vermeiden Sie es, stark- und tiefwurzelnde Arten für die Bepflanzung zu wählen. Es gibt zahlreiche Gehölze, die durchaus mit dem mageren Substrat der Trockenmauersituation zurechtkommen und sich auch gern von selbst durch Samenanflug aussäen. Sie sprengen aber binnen weniger Jahre die Mauer und machen alle Arbeit zunichte. Beschränken Sie sich also auf weniger wüchsige Arten, das garantiert auch Freude an der Trockenmauer. Vor der Trockenmauer kann ein Plattenweg angelegt werden. Hübsch sehen Natursteinplatten aus dem gleichen Steinmaterial wie die Mauer aus. Damit der Weg nicht bald im Erdreich versinkt, wird eine Trägerschicht aus Schotter und Sand

Als aufsteigende, Matten bildende Staude ist für das Frühlings-Fingerkraut *(Potentilla neumanniana)* der Mauersockel der richtige Standort.

Bepflanzung einer Trockenmauer

Hungerkünstler und Fugenfüller sind die idealen Stauden, um eine Trockenmauer richtig zu bepflanzen. Achten Sie darauf, dass die Pflanzenwurzeln Erdkontakt haben, wenn Sie sie zwischen die Steine setzen. Bei stärkeren Regenfällen darf die Erde zwischen den Steinen nicht gleich ausgespült werden, deshalb ist es wichtig, das richtige Verhältnis zwischen Wurzelmasse und Hohlraum zu wahren. Zu großzügig bemessene Pflanzlöcher sind ebenso unsinnig wie fest in die Ritzen gestopfte Wurzelballen. Viele der Fugen füllenden Pflanzen sind wahre Überlebenskünstler und brauchen weder viel Substrat noch viel Wasser, aber ganz ohne kommen auch sie nicht aus und gequetschte Wurzelfasern sind kaum fähig, die Pflanze am Leben zu erhalten. Nur die Dachwurz kann praktisch auf nacktem Stein wachsen. Sie geht sogar bei zu reichlicher Humusgabe ein. Setzen Sie sie daher als krönenden Abschluss immer ganz oben auf die Trockenmauern oder geben Sie ihr wenigstens einen Ehrenplatz auf einem hervorragenden Stein, damit sie reichlich Licht bekommt. Am Fuß der Trockenmauer können Stauden wie Sonnenröschen, Frühlings-Fingerkraut (*Potentilla neumanniana* syn. *P. verna* 'Goldrausch') und die panaschierte Gänsekresse (*Arabis procurrens*, syn. *A. ferdinandi-coburgi* 'Variegata') gesetzt werden, die mehr Substrat zum Gedeihen brauchen. Sie lassen die Mauer nicht so massiv erscheinen.

Pflanzschlüssel für die Trockenmauerbepflanzung

1 Steinkraut *Alyssum saxatile*
2 Gänsekresse *Arabis procurrens* 'Variegata'
3 Heidenelke *Dianthus deltoides*
4 Hungerblümchen *Draba aizoides*
5 Silberwurz *Dryas drummondii*
6 Walzenwolfsmilch *Euphorbia myrsinites*
7 Kriechendes Schleierkraut *Gypsophila repens*
8 Sonnenröschen *Helianthemum*-Hybride 'Red Orient'
9 Schwertlilie *Iris Barbata-Nana*-Hybride
10 Frühlings-Fingerkraut *Potentilla neumanniana*
11 Seifenkraut *Saponaria ocymoides*
12 Stachelblättriger Steinbrech *Saxifraga burseriana*
13 Rispen-Steinbrech *Saxifraga paniculata*
14 Weißer Mauerpfeffer *Sedum album*
15 Tripmadam *Sedum reflexum*
16 Spinnweb-Hauswurz *Sempervivum arachnoideum*
17 Echte Hauswurz *Sempervivum tectorum*

Der Steingarten am Hang

Hänge können mit großen Quadern befestigt werden, die einen Teil des Bodens zu halten vermögen. Werden die verbleibenden Erdflächen mit Schotter und kleineren Steinen bedeckt oder mit Boden deckenden, immergrünen Stauden bepflanzt, so wird dadurch ein Abrutschen des Hanges verhindert. Zu große Hangflächen sollten allerdings mehrfach unterteilt und gegliedert sowie stellenweise durch niedrige, starkwurzelnde Gehölze gesichert werden.

Für besonders steile Grundstücke ist die Einbeziehung einer Trockenmauer (siehe Seite 91 ff.) durchaus eine Überlegung wert. Ein natürlicher Eindruck entsteht im Steingarten, wenn ausschließlich eine Gesteinsart, am besten Steine der Umgebung, eingesetzt wird. Verwenden Sie entweder hellen Kalkstein oder dunklen Schiefer, aber nicht beides zusammen, denn in diesem Fall sehen Kontraste selten wirklich gelungen aus. Nutzen Sie natürliche, in den Steinen vorhandene Vertiefungen, um genügsame Pflanzen wie Hauswurz, Hungerblümchen oder Mauerpfeffer darin anzusiedeln. Bei der Auswahl und Platzierung der Steine ist es wichtig, möglichst natürlich zu gestalten, damit später zusammen mit der Bepflanzung ein harmonischer Eindruck entsteht. Legen Sie die Steinbrocken stets auf ihre flachste Seite und in gewisser Zufälligkeit gestreut. Werden sie hochkant aufgestellt, erinnern sie eher an einen Grabstein oder ein Denkmal und werden sich nur schlecht in die Anlage integrieren lassen. Regelmäßige Abstände wirken pedantisch und naturfern. Für sonnige Lagen eignen sich aus optischen Gründen helle Steinsorten besser, während schattige, feuchte Standorte mit dunklen Steinsorten schöner wirken. Ein locker eingestreutes Kiesbett zwischen den Geröll- und Steinbrocken sorgt für eine gute Dränage und bietet Lebensraum für anspruchslose Stauden wie Dachwurz-, Jovibarba- und Mauerpfeffer-Arten. Natürliche Vorbilder geben dabei Anregungen für reizvolle Gestaltungen. Unregelmäßig geformte Trittsteine, die Pflegearbeiten in der Rabatte erleichtern, können geschickt in die Komposition einbezogen werden. Einzelne Schmuck- und Ziergegenstände wie gebleichte Wurzeln, Fossilien, ein Glasballon oder ausgefallene Steine können als Akzente sehr reizvoll sein. Überfrachten Sie ihren Steingarten aber nicht mit solchen Dingen, denn er soll ja in erster Linie durch die Pflanzen wirken.

Seinen Höhepunkt hat die hier vorgestellte sonnige Steingartenrabatte am Hang im Frühjahr, wenn die meisten Zwiebelgewächse wie Blaustern, Wildtulpen und Zwiebel-Iris blühen, begleitet von den üppigen, überschäumenden Polstern der Schleifenblume und des Teppichphlox. Im Sommer sorgen die sonst eher unscheinbaren Teppichfetthennen mit ihren farbenfrohen Blütenteppichen für Abwechslung, während im Herbst die Herbstzeitlosen und die Gewitterblume farbige Akzente setzen. Der Vorteil in der Verwendung vieler immergrüner Dickblattgewächse und Steinbrecharten liegt in der ganzjährigen Bodenbedeckung, die eine zu starke Erosion im Winterhalbjahr vermeiden kann. Die Platzierung einer Palmlilie (*Yucca filamentosa*) an geeigneter Stelle bringt, wenn es erwünscht ist, eine exotische Komponente in die Anlage.

Oben: Verwechseln Sie nicht die Jovibarba-Sorten mit denen der Hauswurz: Die Rosetten der Jovibarba-Sorten sind kugelförmiger und bilden einen kräftigeren Blütenschaft.

Polster bildende Steinbrecharten wie dieser Kabschia-Steinbrech sollten an gut sichtbarer Stelle im Steingarten platziert werden.

Pflanzschlüssel für die Steingartenrabatte am Hang

1 Steinkraut *Alyssum saxatile*
2 Berganemone *Anemone blanda*
3 Gänsekresse *Arabis x arendsii*
4 Blaukissen *Aubrieta* x *cultorum*
5 Dalmatische Glockenblume *Campanula portenschlagiana*
6 Hornkraut *Cerastium tomentosum*
7 Herbst-Zeitlose *Colchicum autumnale*
8 Karthäusernelke *Dianthus carthusianorum*
9 Winterling *Eranthis hyemalis*
10 Enzian *Gentiana acaulis*
11 Immergrüne Schleifenblume *Iberis sempervirens*
12 Sternblume *Ipheion uniflorum*
13 Zwiebel bildende Schwertlilie *Iris reticulata*
14 Jovibarba *Jovibarba sobolifera*, syn. *Sempervivum soboliferum*
15 Edelweiß *Leontopodium alpinum*
16 Teppichphlox *Phlox subulata*
17 Hechtblaues Rispengras *Poa glauca*
18 Kugelprimel *Primula denticulata*
19 Küchenschelle *Pulsatilla vulgaris*
20 Rispensteinbrech *Saxifraga paniculata*
21 Steinbrech-Hybride *Saxifraga x apiculata*
22 Blausternchen *Scilla bifolia*
23 Teppichsedum *Sedum floriferum* 'Weihenstephaner Gold'
24 Scharfer Mauerpfeffer *Sedum acre*
25 Teppichsedum *Sedum spurium* 'Album Superbum'
26 Teppichsedum *Sedum spurium* 'Purpurteppich'
27 Echte Hauswurz *Sempervivum tectorum*
28 Gewitterblume *Sternbergia lutea*
29 Quendel *Thymus pulegioides*
30 Wildtulpe *Tulipa tarda*
31 Palmlilie *Yucca filamentosa*

Farben und Formen

Ein ganzjährig blühendes Beet

Die meisten Beetgestaltungen sind auf einen jahreszeitlichen Höhepunkt hin konzipiert, der entweder im Frühling, im Frühsommer, im Hochsommer oder im Herbst liegt. Im Winter ist das Beet dann meistens kahl oder nur spärlich von immergrünen Gewächsen besiedelt. Ein durch das ganze Jahr anhaltender Flor ist aber nicht unmöglich und kann bei geschickter Planung relativ leicht an fast allen Standorten verwirklicht werden (siehe dazu den Blütezeitkalender auf Seite 25 ff.). Natürlich wird nicht das ganze Jahr über eine gleichmäßig üppige Blütenpracht zu bewundern sein, auch wenn man noch so viel Ehrgeiz aufbietet. Aber wenigstens die eine oder andere Blüte im späten Herbst oder im zeitigen Frühjahr hilft, die dunklen Wintermonate etwas leichter zu überstehen. Aparte Gräser, deren trockene Blütenstände nicht entfernt werden, die verholzten Blütendolden der hohen Fetthenne *Sedum telephium*, die Samenstände von Lampionblume, Karde und Brandkraut, immergrüne Bodendecker und natürlich die Christrosen geben dem Staudenbeet auch im Winter ein interessantes Aussehen. Kommen winterblühende Gehölze wie Duftschneeball oder Zaubernuß hinzu, gewinnt der Garten zusätzlich an Reiz. Vergessen Sie auch nicht, dass viele Gehölze interessant gefärbte oder strukturierte Rinden haben, die besonders dann, wenn die Pflanzen unbelaubt sind, gut zur Geltung kommen.

Durch eine geschickte Mischung verschiedener Stauden lässt sich die Blütezeit einer Rabatte über eine lange Zeit strecken.

Im Frühjahr

Das Beispielbeet prangt im Frühjahr mit den leuchtenden Blüten der Zwiebelstauden, den Christ- und Lenzrosen, den Blütenpolstern von Schleifenblume und Steinkraut sowie der besonders früh blühenden Bergenie *Bergenia ciliata*. Den Anfang macht schon im Januar die ganz frühe Krokussorte *Crocus laevigatus*, begleitet von den pastelligen Blüten der Christrose *Helleborus niger* 'Praecox'. Im Februar folgen *Crocus ancyriensis*, *Crocus imperiati*, die kleinen Blütensterne des Winterlings (*Eranthis hyemalis*) und die zierliche Zwiebel-Iris *Iris histroides*. Im März treiben auch die anderen Blumenzwiebeln aus und meistens pünktlich zum Frühlingsbeginn im letzten Märzdrittel beginnen die ersten Polsterstauden zu blühen. Im April und Mai haben Narzissen, Tulpen und die Lenzrosen ihren großen Auftritt. Das Tränende Herz im Hintergrund des Beetes setzt einen imponierenden Akzent.

Im Spätfrühling ändert sich das Erscheinungsbild des Beetes. Die krautigen Stauden treiben munter aus und verdecken die inzwischen welkenden Blätter der Zwiebelstauden. Frühe Blüher wie Pfingstrosen, Storchschnabel, Spornblumen und Staudenlupinen treffen mit den späten Frühlingsblühern zusammen. Der Türkenmohn zieht bald nach der Blüte sein Laub ein und macht damit Platz für die erst im Hochsommer richtig stark treibenden Stauden wie Sonnenhut und Gelenkblume. Auch die Pfingstrose lässt oft schon im Juli ihr Laub welken, sodass sie von Herbstastern abgelöst werden kann.

Der Herbst wartet mit einer ganzen Reihe hoher Stauden auf. Sie haben den Sommer über Zeit gehabt, Kraft für die reiche Blüte zu sammeln und da die Tage kürzer und nicht mehr so heiß sind, blühen sie auch recht ausdauernd. Unentbehrlich sind hier die Glatt- und Rauhblattastern, der hohe Sonnenhut und die Gelenkblume. Auch der orangegelbe Sonnenhut (*Rudbeckia fulgida* var. *sullivantii* 'Goldsturm') blüht immer noch. Das Jahr verabschiedet sich mit den üppigen Dolden der Fetthenne sowie den Blütenkerzen der Gelenkblume (*Physostegia virginiana*) und den warmen Tönen der Chrysanthemen, die manchmal bis zum ersten Frost ausharren.

Im Sommer

Im Herbst

Oben: Die Puschkinie *(Puschkinia scilloides var. libanotica)* ist ein Frühjahrsblüher, der zum Verwildern neigt.

Pflanzschlüssel für das ganzjährig blühende Beet

1 Steinkraut *Alyssum saxatile*
2 Strahlen- oder Berganemone *Anemone blanda*
3 Berg- oder Kalkaster *Aster amellus* 'King George'
4 Rauhblattaster *Aster novae-angliae* 'Andenken an Alma Pötschke'
5 Glattblattaster *Aster novi-belgii* 'Orlando'
6 Bergenie *Bergenia ciliata*
7 Bergenie *Bergenia*-Hybride 'Abendglut'
8 Kaukasus-Vergißmeinnicht *Brunnera macrophylla*
9 Dalmatische Glockenblume *Campanula portenschlagiana*
10 Spornblume *Centranthus ruber*
11 Hornkraut *Cerastium tomentosum*
12 Schneestolz *Chinodoxa sardensis*
13 Große Margerite *Leucanthemum* x *superbum* syn. *Chrysanthemum maximum*
14 Krokus *Crocus imperiati, C. ancyrensis*
15 Krokus *Crocus laevigatus*
16 Rittersporn *Delphinium*-Belladonna-Hybride 'Capri'
17 Rittersporn *Delphinium-Elatum*-Hybride 'Abgesang'
18 Winteraster *Dendranthema*-Hybride syn. *Chrysanthemum-Indicum*-Hybride 'Goldmarianne'
19 Tränendes Herz *Dicentra spectabilis*
20 Winterling *Eranthis hyemalis*
21 Schneeglöckchen *Galanthus nivalis*
22 Storchschnabel *Geranium* x *magnificum*
23 Sonnenauge *Heliopsis helianthoides* ssp. *scabra*
24 Christrose *Helleborus niger* 'Praecox'
25 Lenzrose *Helleborus*-Hybride
26 Taglilie *Hemerocallis lilioasphodelius* syn. *H. flava*
27 Hyazinthe *Hyacinthus orientalis*, z. B. 'Jan Bos' (rot)
28 Immergrüne Schleifenblume *Iberis sempervirens*
29 Schwertlilie *Iris* Barbata-Media- oder Elatior-Hybride
30 Reticulata- (Zwiebel-)Iris *Iris histroides*
31 Staudenlupine *Lupinus*-Russel-Hybride
32 Traubenhyazinthe *Muscari armeniacum, M. botryoides*
33 Zwergnarzisse *Narcissus cyclamineus* 'Tête-à-Tête'
34 Narzisse *Narcissus* spec.
35 Katzenminze *Nepeta* x *faassenii*
36 Bauern-Pfingstrose *Paeonia officinalis* 'Rubra Plena'
37 Türkischer Mohn *Papaver orientale*
38 Gelenkblume *Physostegia virginiana*
39 Echte Schlüsselblume *Primula veris*
40 Lungenkraut *Pulmonaria angustifolia*
41 Puschkinie *Puschkinia scilloides* var. *libanotica*
42 Sonnenhut *Rudbeckia fulgida* var. *sullivantii*
43 Hoher Sonnenhut *Rudbeckia nitida*
44 Salbei *Salvia officinalis*
45 Fetthenne *Sedum telephium* 'Herbstfreude'
46 Tulpe *Tulipa* spec., z. B. 'Diana' (reinweiß)
47 Stockrose *Althaea rosea*

Im Pflanzschlüssel wurde dort eine Sortenempfehlung gegeben, wo es auf die spezielle Blütezeit der Sorten ankommt. Bei anderen, wo die Blütezeit der Sorten nicht wesentlich variiert, kann nach Angebot und Geschmack eine Sorte gewählt werden.

Ton in Ton

Mit einer Beetgestaltung, die Ton in Ton die Blütenfarben aufeinander abstimmt und ineinander überfließen lässt, lassen sich weiche, verträumte Kompositionen schaffen. Hierbei ist es besonders wichtig, auf die gemeinsame Blütezeit der benachbarten Stauden zu achten, damit der gewünschte Effekt auch tatsächlich eintritt. Hat man richtig geplant, wirkt so eine Rabatte wie ein Aquarell: Alles scheint zu fließen und voller Transparenz zu sein. Am besten eignen sich die zahlreichen Blau-, Purpur-, Violett- und Rottöne für solch eine Gestaltung. Mit Gelb-, Orange- und Rottönen können ganz temperamentvolle Entwürfe gelingen, die eine warme, sommerliche Ausstrahlung haben.

Für unser Beispiel wurde eine lebhafte Stimmung in Gelb-, Orange- und Rottönen mit einer Spur Kupfer gewählt, die sich vom späten Frühjahr mit der Blüte der Kaiserkrone, gefolgt vom Türkischen Mohn und den ersten Taglilien langsam bis zum Hochsommer steigert, wo sie ihren Höhepunkt mit der Blüte der Prachtstauden sowie der Knollengewächse wie Indischem Blumenrohr und Knollenbegonien hat. Im Herbst klingt die Stimmung etwas gedeckter mit den dunkelrubinroten Glattblatt-

Bei der Ton-in-Ton-Bepflanzung mit dunklen Blau- und Violetttönen versprechen weiße und rosa Blüten eine frische Aufhellung.

astern 'Winston S. Churchill', den orangebraunen Chrysanthemen 'Ordensstern' und 'Goldmarianne' sowie den letzten Blüten der braunroten, mittel- bis spätblühenden Sonnenbraut *Helenium*-Hybride 'Baudirektor Linne' aus. Die rosaviolettbraunen Blütendolden der Fetthenne *Sedum telephium* 'Herbstfreude' behalten bis in die ersten Frosttage hinein ihre Farbe. Wenn der Raureif die absterbenden Blütenstände mit bizarrem Schmuck veredelt, neigt sich das Gartenjahr dem Ende zu. Vergessen Sie jetzt nicht, die Knollen des Blumenrohrs und der Knollenbegonien aus der Erde zu nehmen und frostsicher zu lagern.

Im Frühjahr erwacht das Beet zu neuem Leben, wenn man rechtzeitig im vorangegangenen Herbst Blumenzwiebeln wie Krokus, Narzissen, Tulpen und die kleinen Zwiebelblüher wie Winterling, Schneeglanz und Strahlen-(Berg-)anemonen eingegraben hat. Sind sie im fortgeschrittenen Frühjahr verblüht, bedecken die größeren Sommerstauden die welkenden Zwiebelblätter mit ihrem Laub, sodass man nichts mehr davon sieht. Im Pflanzplan wurden aus Gründen der Übersichtlichkeit die Blumenzwiebeln für die Frühjahrsbepflanzung nicht mit eingezeichnet. Einen Vorschlag findet man z.B. in dem Pflanzplan für das sonnengelbe Beet im Frühjahr.

Pflanzschlüssel für das Ton-in-Ton-Beet

1 Schafgarbe *Achillea filipendulina* 'Feuerland'
2 Schafgarbe *Achillea*-Hybride 'Walter Funcke'
3 Frauenmantel *Alchemilla mollis*
4 Färberkamille *Anthemis tinctoria* 'Grallach Gold'
5 Glattblattaster *Aster novi-belgii* 'Winston S. Churchill'
6 Knollenbegonie *Begonia tuberhybrida* Non Stop-Serie (rot)
7 Knollenbegonie *Begonia tuberhybrida* Non Stop-Serie (gelb)
8 Indisches Blumenrohr *Canna-Indica*-Hybride, z.B. 'President' (rot)
9 Flockenblume *Centaurea macrocephala*
10 Mädchenauge *Coreopsis grandiflora* 'Badengold'
11 Montbretie *Crocosmia* 'Lucifer'
12 Mittelhohe Dahlie *Dahlia*-Hybride, z.B. 'Frank Hornsey' oder 'Sultan'
13 Herbstchrysantheme *Dendranthema*-Hybride syn. *Chrysanthemum-Indicum*-Hybride 'Goldmarianne'
14 Herbstchrysantheme *Dendranthema*-Hybride syn. *Chrysanthemum-Indicum*-Hybride 'Ordensstern'
15 Kaiserkrone *Fritillaria imperialis* 'Rubra'
16 Sonnenbraut *Helenium*-Hybride 'Baudirektor Linne'
17 Sonnenbraut *Helenium*-Hybride 'Goldrausch'
18 Sonnenbraut *Helenium*-Hybride 'Waltraut'
19 Taglilie *Hemerocallis*-Hybride 'By Myself' (mittel)
20 Taglilie *Hemerocallis*-Hybride 'Happy Apple' (früh – mittel)
21 Taglilie *Hemerocallis*-Hybride 'Red Cups' (spät)
22 Purpurglöckchen *Heuchera micrantha* 'Palace Purple'
23 Fackellilie *Kniphofia*-Hybride 'Royal Standard'
24 Goldfelberich *Lysimachia punctata*
25 Federmohn *Macleaya cordata* 'Korallenfeder'
26 Indianernessel *Monarda*-Hybride 'Kardinal'
27 Türkischer Mohn *Papaver orientale* 'Beauty of Livermere'
28 Brandkraut *Phlomis samia*
29 Sonnenhut *Rudbeckia fulgida* var. *sullivantii* 'Goldsturm'
30 Hoher Sonnenhut *Rudbeckia laciniata*
31 Fetthenne *Sedum telephium* 'Herbstfreude'
32 Goldrute *Solidago rugosa* 'Sparkler'
33 Mutterkraut *Tanacetum parthenium* 'Butterball'

Nicht nur im Beet, sondern auch als Schnittblume ist die Sonnenbraut (*Helenium*-Hybride 'Sonnenwunder') eine dankbare hohe Staude.

Einfarbige Beete

Für besondere Gartensituationen, beispielsweise als optischer Ausgleich zur Architektur, als beruhigender Faktor in einem sonst eher lebhaften Garten, als Knalleffekt für Kummerecken oder einfach nur aus einer Laune heraus sind einfarbige Beete eine schöne Idee. Berühmt ist der so genannte »Weiße Garten« als Teil des Parks in Sissinghurst Castle im Südosten Englands, den Vita Sackville-West zusammen mit ihrem Mann Harold Nicholson anlegte und der nur weiß blühende Gewächse enthielt. Dies wäre eine schöne Idee für dunkle, schattige Gartenbereiche, denn die weißen Blüten suggerieren Sonnenlicht, wo in Wirklichkeit Schatten ist. Da viele der weiß blühenden Stauden auch tatsächlich eher Schatten als Sonne mögen, werden hier gleich zwei Fliegen mit einer Klappe geschlagen. Die Komposition eines solchen weißen Beetes dürfte auch für den Anfänger keine schwierige Aufgabe sein. Mit weiß blühenden Gehölzen wie Rispenhortensie (*Hydrangea paniculata*) oder Pfeifenstrauch (*Philadelphus*-Arten), die auch im Schatten blühen, lassen sich wundervolle Ensembles schaffen. Eine in Hellblau gehaltene Staudenrabatte kann in einem schwülen Sommergarten eine kühle, leichte Atmosphäre erzeugen. Im lichten Schatten wirken helle Blautöne edel und zart. Rote Rabatten sind voller Leidenschaft und drängen mit aller Macht in den Vordergrund. Als Ergänzung und Gegengewicht zu moderner, kompromissloser Architektur kann dies durchaus reizvoll sein, aber auch

in einer von hohen Bäumen dominierten Anlage bildet eine rote Rabatte einen herrlichen Kontrast zum dunklen Grün der Baumriesen. Rot braucht allerdings mehr als alle anderen Farben die Sonne, um gut zur Geltung zu kommen. Eine ganz in gelb gehaltene Rabatte ist dagegen geradezu sonnig, ganz egal, ob die Sonne wirklich scheint oder gerade mal Pause macht. Die heiter-unprätentiöse Ausstrahlung einer gelben Komposition ist so herzerfrischend, dass sie sogar in kleinen Gärten einfach unschlagbar zum Spektakel wird. Der Vorteil vieler

Im Frühjahr

Einfarbige Staudenbeete können zur Steigerung der Farbwirkung durch Sommerblumen ergänzt werden. Hier gehen Sonnenhut, Dahlien, Blumenrohr und Gräser eine Verbindung mit Sanvitalien, Tagetes und Zinnien ein.

Pflanzschlüssel für das sonnengelbe Beet

1 Schafgarbe *Achillea millefolium* 'Cloth of Gold'
2 Adonisröschen *Adonis vernalis*
3 Frauenmantel *Alchemilla mollis*
4 Färberkamille *Anthemis tinctoria* 'Grallach Gold'
5 Goldaster *Aster linosyris*
6 Reifrocknarzisse *Corbularia bulbocodium*
7 Netzblattstern *Coreopsis verticillata*
8 Montbretia *Crocosmia*-Hybride 'Golden Fleece'
9 Goldkrokus *Crocus aureus*
10 Gemswurz *Doronicum orientale*
11 Elfenblume *Epimedium pinnatum*
12 Winterling *Eranthis hyemalis*
13 Sonnenbraut *Helenium*-Hybride 'Sonnenwunder'
14 Sonnenauge *Heliopsis helianthoides*
15 Taglilie *Hemerocallis liliasphodelus* syn. *H. flava*
16 Bartiris *Iris* Barbata-Elatior-Hybride 'Golden Promenade'
17 Staudenlupine *Lupinus*-Russel-Hybride 'Kronleuchter'
18 Goldfelberich *Lysimachia punctata*
19 Gelber Scheinmohn *Meconopsis cambrica*
20 Zwergnarzisse *Narcissus cyclamineus* 'Tête-à-Tête'
21 Gelbe Pfingstrose *Paeonia mlokosewitschii*
22 Brandkraut *Phlomis samia*
23 Schlüsselblume *Primula veris*
24 Sonnenhut *Rudbeckia fulgida* var. *sullivantii* 'Goldsturm'
25 Hoher Sonnenhut *Rudbeckia laciniata*
26 Teppichfetthenne *Sedum floriferum* 'Weihenstephaner Gold'
27 Goldrute *Solidago* 'Goldwedel'
28 Trollblume *Trollius*-Hybride 'Golden Monarch'
29 Einfache späte hohe Tulpe *Tulipa* 'Mrs. John T. Scheepers'
30 Golderdbeere *Waldsteinia ternata*

gelb blühender Stauden wie beispielsweise Sonnenbraut, Frauenmantel, Goldfelberich, Mädchenauge oder Sonnenhut: Sie sind robust, bilden große Gruppen und blühen relativ lange.

Für das sonnengelbe Beet wurde eine Mischung aus Zwiebel-, Rhizom- und normalen Stauden ausgewählt, damit vom Frühjahr bis zum Herbst ständig etwas Blühendes das Auge erfreut. Die Saison wird von den niedlichen Blütenkelchen des Winterlings und den Goldkrokussen eröffnet, begleitet und gefolgt von Reifrocknarzissen, Schlüsselblumen und Adonisröschen. Natürlich hat das Beet einen jahreszeitlichen Höhepunkt, der im Frühsommer liegt und mit Brandkraut, der hohen Bartiris, dem Goldfelberich und dem Scheinmohn herausragende Vertreter hat.

Aber auch der Spätsommer und der Herbst kommen nicht zu kurz, wenn der Hohe und der normale Sonnenhut, Goldrute, Sonnenauge und Sonnenbraut mit ihren leuchtenden Blüten weithin strahlen. Um die Abfolge der Blütenstauden vom Frühjahr bis zum Herbst anschaulich zu machen, wurden zwei Pflanzpläne erstellt. Der Frühjahrspflanzplan zeigt die Stauden, die immergrün das ganze Jahr über sichtbar sind sowie die Zwiebelstauden, die nach der Blüte ihr Laub einziehen und somit Platz für die später erscheinenden Sommerstauden machen. Der Sommerpflanzplan zeigt das gleiche Beet im Hochsommer, wobei die im Boden ruhenden Blumenzwiebeln hier nicht eingezeichnet sind, um eine bessere Übersichtlichkeit zu gewährleisten. Sie können bei den Sortenempfehlungen auch andere Kultivare wählen, falls die Sorte nicht erhältlich ist. Achten Sie aber auf die Blütezeiten und Wuchshöhen, die je nach Sorte stark variieren können. Dies betrifft besonders die Taglilien, wobei man bei einer Mischung verschiedener Sorten auch den positiven Effekt einer verlängerten Blütezeit erzielen kann. Manche *Hemerocallis*-Hybriden blühen bis weit in den Hochsommer hinein.

Die aus dem Kaukasus stammende Gelbe Pfingstrose *(Paeonia mlokosewitschii)* schmückt sich im Spätfrühjahr mit zahlreichen ungefüllten, 10 – 12 cm breiten, zitronengelben Blüten.

Die Taglilie *Hemerocallis liliasphodelus*, syn. *H. flava* blüht im späten Frühjahr. Kombiniert man sie mit anderen, später blühenden Sorten, kann man die Blütezeit bis in den Spätsommer verlängern.

Staudenbeete, die nicht viel Arbeit machen

Für die Anlage eines pflegeleichten Staudenbeetes gibt es verschiedene Gründe – entweder ist man von Beruf, Familie und Freundeskreis so absorbiert, dass für die Gartenpflege nicht viel Zeit bleibt oder der Garten ist so groß, dass man nicht noch mehr Arbeit durch ein zusätzliches, mit anspruchsvollen Hätschelkindern bepflanztes Staudenbeet braucht. Auch längere Abwesenheit von zu Hause, gesundheitliche Probleme oder die Beschwerden des Alters sind oft ein Grund für den Wunsch nach einem pflegeleichten Staudenbeet. Gartenneulinge scheuen auch gelegentlich die eigentlich gar nicht schwierigen Schnitt- und Erhaltungsarbeiten an einem eingewachsenen Staudenbeet oder haben schlicht und einfach zu wenig Erfahrung im Umgang mit komplizierteren Gewächsen. Und dann gibt's da noch die Pflegemuffel, die zwar könnten, aber dann doch immer was Besseres zu tun haben, als sich um die schmückende Vegetation zu kümmern. Für alle, die sich also entweder nicht genug Kompetenz oder Kraft für die Anlage und Pflege eines üppigen Staudenbeetes zutrauen und auch für diejenigen, die einen ganzjährig attraktiven Bewuchs mit möglichst wenig Pflegeaufwand verbinden möchten, gibt es im folgenden Abschnitt einige Vorschläge und Tipps, damit die Gartenarbeit nicht zur Plage wird und die Freude schließlich überwiegt.

Das Staudenbeet für Anfänger: pflegeleichte und robuste Pflanzen

Um einen Staudengarten anzulegen, braucht es weniger Erfahrung als Mut zum Experimentieren und die Lust am Gärtnern. Natürlich muss man sich, wie bei allen Aktivitäten im Garten, an den Bedürfnissen der Pflanzen

Die Wiesenschwertlilie *(Iris sibirica)* bildet üppige Horste mit schmalblättrigem Laub und zierlichen Blüten.

orientieren, wenn man Beete plant und Stauden pflanzt. Auch diejenigen, denen man einen »Grünen Daumen« zuschreibt, haben sicher schon erlebt, dass es heikle Stauden gibt, die Probleme bei der Kultur machen. Entweder sind sie anfällig für Schädlinge und Krankheiten oder haben ganz spezielle Ansprüche an Boden, Temperatur und Nährstoffe, die schwierig zu erfüllen sind. Wieder andere brauchen ständig Pflege und Aufmerksamkeit, damit sie gedeihen und üppig blühen oder müssen hartnäckig gegen Schnecken, Wühlmäuse und andere Fraßschädlinge verteidigt werden. So mancher hat in solch einem Kampf schon entnervt die Waffen gestreckt und auf die Kultur heikler Gewächse ganz verzichtet. Besonders Anfänger sind schnell entmutigt, wenn es mit der Blütenpracht nicht auf Anhieb klappt, dabei haben sie vielleicht nur die falschen, zu anspruchsvollen oder nicht kompatiblen Stauden für ihren Garten gewählt. Dabei gibt es eine große Zahl wirklich robuster Stauden, die obendrein sehr attraktiv sind und auf lange Jahre viel Freude machen. Die meisten sind dazu auch noch äußerst pflegeleicht, sodass man mit einem Minimum an Arbeitsaufwand die Blütenpracht genießen kann. Lediglich Abgeblühtes muss ausgeschnitten und Abgestorbenes am Ende der Saison entfernt werden. Nach einigen Jahren sind manche der Stauden zu ansehnlichen Horsten herangewachsen und können aufgenommen, geteilt und neu gepflanzt werden, was sie jung und blühfreudig erhält.

Für unser Beispielbeet haben wir besonders robuste und anpassungsfähige Arten wie Goldfelberich, Fetthenne und Storchschnabel ausgesucht. Bei den vielleicht nicht für jeden Boden ideal geeigneten Stauden wie der Sommeraster *Aster amellus* oder der Goldgarbe *Achillea filipendulina* wurden Sorten ausgewählt, die eventuelle Standortprobleme durch ihre besondere Wüchsigkeit ausgleichen können. Manche der Stauden neigen, wenn sie sich erst einmal eingewöhnt haben, regelrecht zum Wuchern. Dazu zählt das Perlpfötchen (*Anaphalis margaritacea*) ebenso wie der Goldfelberich (*Lysimachia punctata*). Andere wie das Mutterkraut (*Tanacetum parthenium*) oder die Staudenlupinen (*Lupinus*-Russel-Hybriden) versamen sich reichlich, wenn man die Samenstände nicht rechtzeitig entfernt. Was dem einen recht ist, wird vom anderen vielleicht mit Entsetzen gesehen, daher ist es ratsam, die Blüten nach dem Flor abzuschneiden und bei Ausläufer bildenden Stauden gelegentlich einmal nach dem Rechten zu sehen, bevor sie benachbarte Stauden ersticken. Ansonsten dürfte dieses Beet ein wahrer Quell der Freude für den Anfänger sein, denn die bunten, reichblühenden Stauden und die immergrünen Bodendecker sind beinahe unverwüstlich.

Pflanzschlüssel für das Staudenbeet für Anfänger

1 Goldgarbe *Achillea filipendulina* 'Parker's Variety'
2 Frauenmantel *Alchemilla mollis*
3 Steinkraut *Alyssum saxatile*
4 Perlpfötchen *Anaphalis margaritacea*
5 Sommeraster *Aster amellus* 'Glücksfund' (mittelviolett)
6 Kissenaster *Aster dumosus* 'Augenweide' (dunkelblau)
7 Goldaster *Aster linosyris*
8 Polsterglockenblume *Campanula poscharskyana*
9 Purpur-Sonnenhut *Echinacea purpurea*
10 Storchschnabel *Geranium* x *magnificum*
11 Sonnenbraut *Helenium*-Hybride 'Sonnenwunder'
12 Sonnenauge *Heliopsis helianthoides*
13 Immergrüne Schleifenblume *Iberis sempervirens*
14 Staudenlupine *Lupinus*-Russel-Hybride 'Edelknabe' (rot)
15 Goldfelberich *Lysimachia punctata*
16 Teppichphlox *Phlox subulata*
17 Sonnenhut *Rudbeckia fulgida* var. *sullivantii* 'Goldsturm'
18 Fetthenne *Sedum telephium* 'Herbstfreude'
19 Wollziest *Stachys byzantina*
20 Mutterkraut *Tanacetum parthenium*

Das Staudenbeet für Faulpelze und Pflegemuffel

Ein Garten ist etwas Herrliches – wohl dem, der die Gabe hat, die friedliche Atmosphäre unbeschwert zu genießen. Den meisten Gärtnern geht es jedoch anders: Kaum, dass sie es sich mit einem guten Buch oder einer Tasse Kaffee im Garten gemütlich gemacht haben, überkommt sie der Pflegetrieb: Hier ein Hälmchen zupfen, dort eine verwelkte Blüte abschneiden, dann noch schnell ein Kännchen Wasser über die Kreuzkräuter entleeren, weil sie schon wieder die Köpfe hängen lassen und schließlich eben mal die sich gefährlich neigenden Ähren des Rittersporns aufbinden, bevor sie abknicken… und schon ist der Nachmittag wieder vergangen, obwohl man doch eigentlich mal gar nichts tun, sondern nur genießen wollte. Das beste, sagt man sich dann, wäre ein wirklich pflegeleichter Garten, in dem nicht ständig etwas zu tun ist, damit wenigstens ein halbwegs zivilisierter Eindruck von domestizierter Wildnis gewahrt werden kann. Das soll nun nicht alle begnadeten Hobbygärtner dazu verleiten, ihre Prachtstauden herauszureißen und nur noch robuste Selbstversorger zu pflanzen. Unsere Vorschläge richten sich eher an diejenigen, die es bisher mit dem Argument, es mache ja viel zu viel Arbeit, vermieden haben, ein Staudenbeet im Garten anzulegen und auf eine Einheitswiese mit Koniferenumpflanzung ausgewichen sind.

Durch eine überlegte Planung lassen sich die Pflegemaßnahmen auf ein Minimum reduzieren. Natürlich muss man konsequenterweise auf die ganz besonders üppig blühenden Prachtstauden verzichten, denn die sind bekanntermaßen auf Düngung, Bewässerung und Schnitt genauso angewiesen wie auf Stützen und eine schützende Mulchschicht im Spätherbst.

Für unser Beispielbeet wurde die sehr robuste und langlebige Horste bildende Wiesenschwertlilie (*Iris sibirica*) als Leitstaude ausgewählt. Erst nach einigen Jahren muss sie aufgenommen und zum Zweck der Verjüngung geteilt werden. Solange bezaubert sie aber im späten Frühjahr durch ihre zierlichen Blüten und später durch ihr grasähnliches Laub. Eine Umpflanzung mit zwei verschiedenen Storchschnabelsorten (beide immergrün, die eine – *Geranium macrorrhizum* – höher, die andere niedriger) verhindert das Aufkommen von Unkraut und macht ein Hacken oder Jäten des Bodens überflüssig. Dieselbe Aufgabe haben andere Bodendeckstauden wie Kriechender Günsel, Ysander, Großes Immergrün und Goldnessel. Da sie allerdings neben ihren vielen positiven Eigenschaften auch den Hang zur flächigen Ausbreitung haben, muss man deren Ausläufer gelegentlich (meistens genügt eine Kontrolle im Frühsommer) auf ein für die Nachbargewächse verträgliches Maß zurückstutzen. Viele der Bodendeckstauden sind immergrün und blühen zum Teil überraschend attraktiv.

Pflegeleichte Stauden wie Rauh- und Glattblattastern gehören vor allem in einen Landhausgarten.

Pflanzschlüssel für das Staudenbeet für Pflegemuffel

1 Kriechender Günsel *Ajuga reptans*

2 Steinkraut *Alyssum saxatile*

3 Blaukissen *Aubrieta*-Hybride

4 Bergenie *Bergenia*-Hybride 'Admiral' (rot)

5 Polsterglockenblume *Campanula poscharskyana*

6 Frühlingskrokus *Crocus* spec.

7 Feinstrahl *Erigeron linearis* 'Mrs. E. H. Beale' (helllila)

8 Storchschnabel *Geranium dalmaticum*

9 Storchschnabel *Geranium macrorrhizum* 'Ingwersen'

10 Sonnenröschen *Helianthemum*-Hybride

11 Immergrüne Schleifenblume *Iberis sempervirens*

12 Wiesenschwertlilie *Iris sibirica*

13 Goldnessel *Lamiastrum galeobdolon*

14 Pfennigkraut *Lysimachia nummularia*

15 Ysander *Pachysandra terminalis*

16 Moosphlox *Phlox subulata*

17 Teppichfetthenne *Sedum floriferum* 'Weihenstephaner Gold'

18 Wollziest *Stachys byzantina* 'Silver Carpet'

19 Großes Immergrün *Vinca major*

Besonders leuchtende Blütenteppiche bildet der Moosphlox, was zusammen mit den Polsterstauden Steinkraut, Schleifenblume und Blaukissen im Frühjahr ein Fest der Farben ist. Da die meisten Stauden niedrigwachsend sind, entfällt ein Anbinden oder Stützen bei dieser Anlage völlig. Auch verwelkte Blüten müssen eigentlich nicht entfernt werden, da die empfohlenen Stauden sich selbst putzen. Allein die abgeblühten Stängel der Wiesenschwertlilie können im Sommer entfernt werden, was jedoch nicht unbedingt geschehen muss, wenn keine Zeit ist. Im Herbst gibt es nichts zum Abschneiden oder Entfernen, denn fast alle Stauden sind wintergrün oder ziehen, wie die Zwiebel- und Rhizomstauden, ihr Laub rechtzeitig ein. Obwohl die Bergenien vom Aussehen her an durstige Uferpflanzen erinnern, kommen sie, wie die anderen Stauden dieses Beetes auch, mit erstaunlich wenig Wasser aus. Auf Düngung und Bewässerung kann daher in der Regel verzichtet werden, allein ein extrem trockener, sandiger Boden macht ein gelegentliches Gießen an heißen Sommertagen vielleicht manchmal nötig. Auf größere Blumenzwiebeln wie Tulpen und Narzissen wurde verzichtet, da das welkende Laub im Spätfrühling keinen schönen Anblick bietet und entfernt werden muss. Wer diese Mühe nicht scheut, kann im Herbst das Beet mit Blumenzwiebeln bereichern. Für solche, die lieber nichts mit Abschneiden zu tun haben möchten, empfehlen sich kleine Zwiebelstauden wie Blausternchen, Schneeglöckchen, Puschkinien oder die kleinen Winterlinge, denn die ziehen das bisschen Laub nach der Blüte recht unauffällig ein.

Eine schöne, immergrüne und reich blühende Polsterstaude: Die Immergrüne Schleifenblume *(Iberis sempervirens)*.

Stauden als Begleiter

Warum Stauden mit anderen Pflanzen kombinieren?

Im großen Reich der Stauden gibt es für nahezu jedes Gestaltungsvorhaben ein entsprechendes Pflänzchen. Dennoch ist ein Garten, der allein mit Stauden bepflanzt wird, kaum vorstellbar. Gehölze (Bäume und Sträucher), Sommerblumen sowie ein- oder mehrjährige Zwiebel- und Knollenpflanzen (von denen manche zu den Stauden gezählt werden) bereichern den Garten und ermöglichen eine noch vielfältigere Gestaltung der Beete und Anlagen. In den »Mixed Borders« der britischen Gartenkunst wurde die Kombination von Stauden mit anderen Gewächsen zur Höchstform entwickelt. Doch erschließt sich auch dem weniger ambitionierten Hobbygärtner der Sinn einer Kombination von Stauden mit anderen Pflanzen: Je nach den lokalen Bedingungen in einem Garten, den so genannten Standortfaktoren, kann man Stauden entsprechend ihren natürlichen Lebensbereichen mit Gewächsen kombinieren, die ähnliche Bedingungen akzeptieren oder zum Gedeihen brauchen. Da die meisten Stauden relativ niedrig bleiben, also in Bezug auf die Wuchshöhe noch unterhalb der Strauchschicht im Garten angesiedelt sind, ist eine Ergänzung mit Gehölzen (wozu auch die Rosen gehören) sinnvoll. Sträucher und Bäume können den Hintergrund für ein Staudenbeet bilden oder einzeln gepflanzt (wie etwa eine Hochstamm- oder Strauchrose in einem Staudenbeet) das Zentrum und den Blickfang einer Anlage darstellen; sie können aber auch mit Stauden unterpflanzt werden. Weil Gehölze jedoch Schatten werfen und dem Boden reichlich Nährstoffe und Wasser entziehen, muss eine Unterpflanzung mit Stauden entsprechend sorgfältig geplant werden. Manche Gehölze wie etwa Rhododendren bevorzugen saure Böden. Diese Vorliebe wird nicht von allen Stauden geteilt. Einige, wie Astilben *(Astilbe)*, Scharlachfuchsien *(Fuchsia)*, Schaumblüte (*Tiarella*) und die meisten Farne sind jedoch bestens an schattige Standorte mit saurem Boden angepasst. Durch bewusste Planung und geschickte Kombinationen kann die Vegetation also den natürlichen Lebensbereichen nachempfunden werden und zu schönen Kompositionen führen. Wo durch Blütenpausen Lücken im Staudenbeet entstehen, kann eine ergänzende Bepflanzung mit einjährigen Sommerblumen oder der Einsatz von getopften Stauden (siehe Seite 41) dieses Manko geschickt überbrücken. In den folgenden Beispielen zeigen wir Ihnen, wie durch die Kombination von Stauden mit anderen Gewächsen interessante Gartenbilder entstehen, die das ganze Gartenjahr über eine erfrischende Vielfalt und Lebendigkeit ausstrahlen.

Werden Prachtstauden wie diese Taglilien *(Hemerocallis)* mit Boden deckenden Stauden, Gräsern und verschiedenen Gehölzen zusammengepflanzt, können wundervolle Gartenbilder entstehen.

Stauden ergeben in Gemeinschaft mit einjährigen Sommerblumen die fröhlichsten Blumenbeete, die jedes Jahr andere Kombinationen zulassen.

Stauden als Rosenbegleiter

Stauden und Rosen sind ideale Partner, die sich gegenseitig in ihrer Wirkung unterstützen – und das in zweifacher Hinsicht: Wenn die Blütezeiten der Stauden und Rosen übereinstimmen, kann ein herrlich überschwängliches, farbenfrohes Beet entstehen. Eine Rabatte mit nur einmal (normalerweise im Frühsommer) blühenden Rosensorten hingegen kann durch begleitende Stauden die ganze Saison über interessant gemacht werden. Vor der Rosenblüte können nämlich Zwiebelstauden wie Schneeglöckchen (*Galanthus*), Tulpen *(Tulipa)*, Narzissen *(Narcissus)* und Blausternchen (*Scilla*) für Farbe im Beet sorgen. Frühsommerstauden wie Schwertlilien (*Iris*), Rittersporn (*Delphinium*), Fingerhut (*Digitalis*) und Zierlauch (*Allium*) begleiten die Rosenblüte, während nach dem Verblühen der Rosen Hoch- und Spätsommerstauden wie Astern *(Aster)*, Schafgarbe (*Achillea*) und Flammenblumen (*Phlox*) ihren großen Auftritt haben. Den Dauerblühern unter den Rosen, die den ganzen Sommer über immer wieder durch neue Blüten erfreuen, kann man durch bewusst ausgewählte Stauden eine charmante Begleitung an die Seite stellen. Rosenblüten sind in ihrer Pracht eigentlich kaum zu überbieten, dennoch können knallige Blütenfarben oder riesenhafte Blätter die »Königin der Blumen« von ihrem Thron verdrängen. Unaufdringliche Stauden mit kleinen Blüten in dezenten Farben wie Katzenminze (*Nepeta*), Storchschnabel (*Geranium*), Glockenblumen (*Campanula*), Scheierkraut (*Gypsophila*), Purpurglöckchen (*Heuchera*), Kissenastern (*Aster dumosus*), Frauenmantel (*Alchemilla mollis*) und vor allem Lavendel (*Lavandula*) sind bevorzugte Rosenbegleiter. Auch Wollziest (*Stachys byzantina*), Heiligenkraut (*Santolina*) und andere graulaubige Stauden wie Wermut (*Artemisia absinthium*) wirken in Verbindung mit weißen, rosa- und purpurfarbenen Rosen sehr schön.

Von letzterem erreicht die Sorte 'Lambrook Silver' nur etwa 70 cm Höhe und ist damit nicht so hoch wie die eigentliche Art. Andere graulaubige Pflanzen wie Edelraute (*Artemisia ludoviciana* 'Silver Queen' oder die niedrige *A. schmidtiana* 'Nana'), manche Sonnenröschen-Hybriden (*Helianthemum*) und Hornkraut (*Cerastium tomentosum*) sind ebenfalls eine aparte Bereicherung für die Rosenrabatte. Sie alle haben den Vorteil, sich mit der »zweiten Geige« zufrieden zu geben, ohne sich machtvoll in den Vordergrund zu drängen. Einen deutlicheren Akzent im Vordergrund einer Rosenrabatte setzen graulaubige Nelken (*Dianthus*-Arten) mit leuchtend rosafarbenen Blüten, die im Frühjahr mit den Rosen um die Wette blühen und duften.

Wer zum ersten Mal den Versuch macht, Stauden mit Rosen in einer gemischten Rabatte zu kombinieren, der stellt sich gewiss die Frage, welche Rosensorten sich besonders gut zur Kombination mit Stauden eignen. Schließlich sollen die Pflanzen ja in Wuchshöhe und Habitus, in der Blütezeit und auch farblich zusammenpassen. Es gibt eine unglaubliche Vielfalt an Rosen in allen möglichen Wuchsformen: einmal blühende und öfter blühende Sorten, aufrecht wachsende und bodendeckende genauso wie Kletterrosen und solche, die dichte Büsche bilden. Wenn sie mit Stauden harmonieren sollen, dann tut man gut daran, nicht einfach irgendwelche beliebigen Rosen aus dem Gartencenter zu kaufen, weil einem die Blütenfarbe gefällt. Das kann sich bald als Missgriff herausstellen, wenn nämlich die Rosen entweder rasant in die Höhe schießen und meterlange Triebe ausbilden oder sich einfach nur als armselige Stecken gerieren, an deren oberen Enden sich zwei, drei Blüten zwischen den benachbarten Stauden nach dem Sonnenlicht strecken. Für eine wirklich gelungene Beetgestaltung empfiehlt sich die bewusste Auswahl einer in Wuchsform, Höhe und Blütezeit passenden Rosensorte. Spezialisierte Rosenzüchter und gut sortierte Baumschulen bieten neben einem umfangreichen, zuverlässigen Rosensortiment auch ihre Beratung an. Man sollte sich als Laie nicht scheuen, diese anzunehmen, denn es

Das violette Blau der Katzenminze (hier die hohe Sorte *Nepeta x fassenii* 'Six Hills Giant') passt hervorragend zu rosafarbenen Rosenbüschen.

ist schließlich noch kein Meister vom Himmel gefallen. Wer keine Rosenschule in der Nähe hat, kann sich einfach per Post die Kataloge namhafter Züchter bestellen. Sie machen unter anderem durch Anzeigen in Gartenzeitschriften auf sich aufmerksam. Bei einer Bestellung über Katalog kommen die Rosen dann per Post zu Ihnen. Hauptpflanzzeiten sind das Frühjahr und der Herbst.

Rosen für den Vordergrund gemischter Rabatten dürfen niedrig bis bodendeckend sein. Im Mittelbereich sind Sorten mit einer Wuchshöhe zwischen 80 und 120 cm ideal. Wenn sie buschig wachsen und über einen langen Zeitraum hinweg eine Vielzahl von Blütentrieben bilden, sind sie bestens als Staudenbegleiter geeignet. Höher wachsende Strauchrosen können entweder als markante Akzente in der Rabatte oder als Hintergrund gepflanzt werden. Rankende Kletterrosen (»Climber«) zieht man vorteilhaft an einem Rosenobelisken oder an einer Pergola, damit sie neben den Stauden richtig zur Geltung kommen. Rosen für gemischte Rabatten sollten möglichst robust und wenig anfällig für die klassischen Rosenkrankheiten wie Sternrußtau, Rosenrost und Mehltau sein. Das ADR-Qualitätssiegel zeichnet Sorten aus, die sich als gesund und widerstandsfähig erwiesen haben. Dennoch entscheidet auch der Standort darüber, ob die Rosen gesund bleiben. Wichtig ist ein sonniges Plätzchen, an dem die Luft gut zirkulieren kann, damit das Laub der Rosen nach einem Regen rasch abtrocknet. Die benachbarten Stauden dürfen die Rosen nicht bedrängen. Da Rosen tief wurzeln, können flach wurzelnde Bodendecker ihnen nicht gefährlich werden, aber tief wurzelnde Stauden oder Gehölze machen ihnen Wasser und Nährstoffe streitig.

Liebhaber der klassischen Beetgestaltung bevorzugen Katzenminze *(Nepeta)*, Lavendel *(Lavandula)* und Frauenmantel *(Alchemilla mollis)* als unkomplizierte und bescheidene, aber dennoch charmante Rosenbegleiter. Sie haben die geschätzte Eigenschaft, gleichzeitig mit der Hauptblütezeit der Rosen ihren Höhepunkt zu erreichen. Es muss jedoch nicht immer die klassische Kombination sein. Man kann auch eine Vielzahl anderer Stauden in eine gemischte Rabatte mit öfter blühenden Rosen integrieren, um eine subtile, den ganzen Sommer über anhaltende Wirkung zu erzielen. Für unser Beispiel haben wir eine kontrastreiche Kombination aus der weißen, sehr ausdauernd blühenden und regenfesten Englischen Rose *(Rosa)* 'Glamis Castle' mit Purpur-Sonnenhut *(Echinacea purpurea)*, stahlblauen Kugeldisteln *(Echinops ritro)* und rotlaubigem Purpurglöckchen *(Heuchera macrantha)* gewählt. Vom Hochsommer bis zum Herbst blüht die Bergaster *(Aster amellus)* 'Ultramarin' sehr ausdauernd und bringt damit nach dem Verblühen des Lavendels den nötigen Blauton ins Bild. Katzenminze *(Nepeta)*, Lavendel *(Lavandula)*, Wollziest *(Stachys byzantina)* und Heiligenkraut *(Santolina)* rahmen, zusammen mit der ungefüllten, zartrosafarbenen Patio-Rose *(Rosa)* 'Queen Mother' die Rabatte ein. Auch die bodendeckende, rosafarbene Rose 'The Fairy' mit ihren dichten Büscheln kleiner, gefüllter Blüten oder eine andere niedrige Sorte sind denkbar, jedoch weniger exklusiv als die ungefüllten, porzellanrosa Blüten von 'Queen Mother'. Den Hintergrund der Rabatte bildet eine Hecke aus den bis zu zwei Meter hohen, öfter blühenden Rugosa-Rosen 'Snowdon' und 'Martin Frobisher' in Weiß und Zartrosa. Die zwischen dem Vorder- und dem Hintergrund des Beetes verlegten Trittplatten ermöglichen ein unauffälliges Betreten des Beetes für Pflegemaßnahmen, da die Rosen nur wirklich zuverlässig den ganzen Sommer über blühen, wenn man Abgeblühtes regelmäßig ausschneidet.

Werden Kletterrosen an einer Pergola oder einem Rankgerüst mit Stauden unterpflanzt, kann man ihre »nackten Füße« geschickt kaschieren.

Pflanzschlüssel für das Stauden als Rosenbegleiter

1 Kriechender Günsel (*Ajuga reptans* 'Atropurpurea')

2 Bergaster (*Aster amellus* 'Ultramarin'; blau)

3 Silberimmortelle, Perlpfötchen (*Anaphalis margaritacea*)

4 Purpur-Sonnenhut (*Echinacea purpurea* 'Alba'; weiß mit grünem Schimmer)

5 Purpur-Sonnenhut (*Echinacea purpurea* 'Magnus'; karminrosa)

6 Kugeldistel (*Echinops ritro* 'Veitch's Blue')

7 Purpurglöckchen (*Heuchera macrantha* 'Palace Purple')

8 Lavendel (*Lavandula angustifolia* 'Grappenhall')

9 Lavendel (*Lavandula angustifolia* 'Munstead')

10 Katzenminze (*Nepeta* x *faassenii*)

11 Fingerkraut (*Potentilla fruticosa* 'Abbotswood'; milchweiß mit gelbem Auge)

12 Englische Rose (*Rosa* 'Glamis Castle'; weiß)

13 Strauchrose (*Rosa rugosa* 'Martin Frobisher'; zartrosa)

14 Patio-Rose (*Rosa* 'Queen Mother'; rosa)

15 Strauchrose (*Rosa rugosa* 'Snowdon'; weiß)

16 Heiligenkraut (*Santolina chamaecyparissus*)

17 Blumenfetthenne (*Sedum telephium* 'Herbstfreude')

18 Wollziest (*Stachys byzantina*)

Ein klassisches Paar: Rosen und Lavendel passen hervorragend zusammen. Hier die berühmte Englische Rose 'Abraham Darby' mit Lavendel 'Munstead'.

Die blaue Bergaster (Aster amellus) 'Ultramarin' ist eine ideale Begleitung für die Patio-Rose 'Queen Mother'.

Die Englische Rose 'Glamis Castle' vereint alle Vorzüge, die eine Rose für gemischte Rabatten haben sollte: Sie blüht den ganzen Sommer über zuverlässig, ist regenfest und hat einen reich verzweigten Wuchs.

Eine reizvolle Alternative zu Rhododendren sind die leider viel zu selten gepflanzten Lorbeerrosen *(Kalmia)*, die sich außer mit immergrünem Laub im Frühjahr über und über mit zartrosafarbenen Blütendolden schmücken.

Stauden in Kombination mit Rhododendron

Oft gelten saure Böden und absonnige Lagen als Problemstandorte. Halbschattige Gartenbereiche mit nicht zu trockenen, kalkarmen Böden eignen sich jedoch ideal für die Bepflanzung mit Rhododendren, Azaleen und anderen Gewächsen, die saure Böden bevorzugen. Besonders abwechslungsreich sieht solch eine Gartenanlage aus, wenn man Kalk fliehende Gehölze wie Lorbeerrose (*Kalmia*), Hortensien (*Hydrangea*), Schattenglöckchen (*Pieris*) oder Prachtglocke (*Enkianthus*) mit solchen Stauden kombiniert, die ebenfalls saure Böden bevorzugen. Im großen Reich der Stauden gibt es eine breite Vielfalt von attraktiven Arten, die hervorragend mit sauren Böden zurecht kommen oder sogar ein solches Bodenmilieu brauchen. Meistens tritt die Säuretoleranz zusammen mit einer gewissen Vorliebe für halbschattige und schattige Standorte und feuchte Böden auf, was die Sache für Besitzer von so genannten »Problemstandorten« noch einfacher macht. Neben so aparten Blütenpflanzen wie Scharlachfuchsien (*Fuchsia magellanica*), Teppich-Hartriegel (*Cornus canadensis*) oder den vielen Sorten der Prachtspieren (*Astilbe*) und Primeln (*Primula*) dürfen die vielen Farne und Gräser nicht vergessen werden, die als wichtige Strukturpflanzen für ein gelungenes Gartenbild sorgen. Ist der Boden nur mäßig sauer (pH-Wert zwischen 6 und 5), gedeihen eine noch größere Vielzahl an Blütenstauden. Kalk meidend bis säuretolerant sind zum Beispiel Lupinen (*Lupinus*-Hybriden), Bergenien (*Bergenia*), Pfingstrosen (*Paeonia lactiflora*), Moosteinbrech (*Saxifraga Arendsii*-Hybriden) und Japanische Schwertlilien (*Iris kaempferi*, syn. *I. ensata*). Übrigens können Standorte mit normalem Boden und neutralem pH-Wert ebenfalls mit Rhododendren bepflanzt werden, sofern man auf solche Sorten ausweicht, die kalkverträglich sind. Seit einigen Jahren sind mit den so genannten 'Inkarho-Hybriden' neuartige, kalktolerante Rhododendronsorten im Handel, die in fast jedem Garten gedeihen.

Unser Beispiel zeigt eine Pflanzung aus säuretoleranten Blütengehölzen, die mit Kalk fliehenden Blütenstauden, Ziergräsern und Farnen kombiniert wurde. Im Vordergrund stand bei der Planung eine gewisse Pflegeleichtigkeit. So müssen beispielsweise die Gehölze kaum beschnitten werden, da sie recht langsam wachsen. Im

Tipp

Ob ein Boden sauer ist, kann man nicht mit bloßem Auge erkennen. Eine Bodenanalyse zur Bestimmung des pH-Wertes (z. B. durch Testsets aus dem Fachhandel, siehe Seite 16 f.) gibt Aufschluss über den Säuregehalt. Liegt der pH-Wert um 5 oder niedriger, ist der Boden sauer und gut für die Pflanzung von Rhododendron und Kalk fliehenden Gewächsen geeignet.

Pflanzschlüssel für das Staudenbeet mit Rhododendren

1 Kriechender Günsel (*Ajuga reptans*)
2 Prachtspiere (*Astilbe thunbergii*-Hybride 'Straußenfeder'; korallenrot) hoch
3 Prachtspiere (*Astilbe* x *arendsi*-Hybride 'Irrlicht'; weiß) niedrig
4 Bergenie (*Bergenia*-Hybride 'Autumn red'; lilarosa)
5 Riesenpendelsegge (*Carex pendula*)
6 Oktobersilberkerze (*Cimicifuga simplex*)
7 Kriechender Hartriegel (*Cornus canadensis*)
8 Rasenschmiele (*Deschampsia caespitosa* 'Goldgehänge')
9 Fingerhut (*Digitalis purpurea*; rosa, weiß, lila)
10 Japanische Prachtglocke (*Enkianthus campanulatus*)
11 Elfenblume (*Epimedium pinnatum*)
12 Scharlachfuchsie (*Fuchsia magellanica*)
13 Hortensie (*Hydrangea macrophylla*)
14 Lorbeerrose (*Kalmia latifolia*)
15 Straußfarn (*Matteuccia struthiopteris*)
16 Blauer Scheinmohn (*Meconopsis betonicifolia*)
17 Lavendelheide, Schattenglöckchen (*Pieris japonica*)
18 Tüpfelfarn, Engelsüß (*Polypodium vulgare*)
19 Kandelaberprimel (*Primula bulleyana*)
20 Japanische Azalee (*Rhododendron obtusum* 'Kermesina Alba'; weiß)
21 Japanische Azalee (*Rhododendron obtusum* 'Purpurtraum'; violettrot)
22 Großblütige *Rhododendron*-Hybride 'Catawbiense Boursault' (purpurlila)
23 Großblütige *Rhododendron*-Hybride 'Cunninghams's White' (weiß)
24 Großblütige *Rhododendron*-Hybride 'Nova Zembia' (rubinrosa)
25 Schaumblüte (*Tiarella cordifolia*)

Zu den erfolgreichsten Rhododendron-Züchtungen überhaupt gehört die gedrungen wachsende, weiß blühende Sorte 'Cunningham's White'.

Oben: Japanische Azaleen *(Rhododendron obtusum)* schmücken sich im Frühjahr so reichlich mit Blüten, dass man fast keine Blätter mehr sieht.

Rechts: Kandelaberprimeln *(Primula bulleyana)* vertragen, wie die meisten anderen Primelarten, saure Böden recht gut. Je mehr Sonne sie bekommen, desto feuchter muss allerdings die Erde sein.

Winter braun werdende Farnwedel brauchen nicht entfernt zu werden. Sie schützen das Herz der Pflanze vor Frost. Im Frühjahr treibt der Farn dann neu aus, sodass die zartgrünen, frischen Wedel die welken Überreste rasch verdecken. Lässt man zum Ausklang der Saison im Herbst die verblühten Rispen der Ziergräser stehen, bilden sie, besonders bei Raureif und Frost, einen aparten Anblick, der unter Umständen bis zum Frühjahr hält. Die meisten der verwendeten Gehölze und Stauden sind voll frosthart. In besonders rauen Lagen brauchen Lorbeerrose *(Kalmia)*, Hortensie *(Hydrangea)*, Scharlachfuchsie *(Fuchsia)* und Japanische Prachtglocke *(Enkianthus campanulatus)* allerdings einen leichten Winterschutz.

Stauden und Sommerblumen

Stauden mit einjährigen Sommerblumen zu kombinieren eröffnet die Möglichkeit, die saisonalen Blütenpausen mancher Staudenpflanzungen geschickt zu überbrücken. Meist brennen die Frühaufsteher unter den Stauden ihr Blütenfeuerwerk zwischen April und Mitte Juni ab, um sich dann, wie zum Beispiel viele Zwiebelpflanzen oder der Türkische Mohn, unter die Erde zurückzuziehen. Die remontierenden Stauden (siehe Seite 4f.) nehmen nach kurzer Pause und einem kräftigen Rückschnitt einen neuen Anlauf zu einer zweiten Blüteperiode. Wenn die Prachtstauden des Frühsommers wie Rittersporn *(Delphinium)*, Schwertlilien *(Iris)* und Pfingstrosen *(Paeonia lactiflora)* verblüht sind, die im Hochsommer blühenden Beetstauden wie Sonnenhut *(Rudbeckia)*, Bergastern *(Aster amellus)*, Phlox *(Phlox)* und Sonnenbraut *(Helenium)* jedoch noch nicht ihren Höhepunkt erreicht haben, fehlt oft einfach Farbe im Beet. Hier können vorgezogene oder in Gärtnereien gekaufte, einjährige Blütenpflanzen wie Studentenblumen (*Tagetes*), Fleißige Lieschen (*Impatiens*), Sommerastern (*Callistephus sinensis*-Kultivare), Ringelblumen (*Calendula*) oder Ziertabak (*Nicotiana* x *sanderae, N. sylvestris*) Abhilfe schaffen. Sie eignen sich auch als »Erste Hilfe«, wenn eine Staude durch Krankheit oder Schädlinge plötzlich ausfällt. Nicht frostharte Polsterpflanzen wie Duftsteinrich (*Lobularia maritima*), Spanisches Gänseblümchen (*Erigeron karvinskianus*), Männertreu (*Lobelia erinus*) in Weiß und Blau oder die leuchtend goldgelben Husarenknöpfchen (*Sanvitalia procumbens*) stopfen Lücken am Beetrand und stellen für höher wachsende Stauden, die im unteren Bereich arm an Blüten sind oder verkahlen, ein munteres Fußvolk dar. Die zierliche Jungfer im Grünen (*Nigella damascena*) findet zwischen niedrigen Stauden immer ein Plätzchen, wo sie sich auch gern selbst versamt. Zwischen Trittplatten und in sonnigen Beeten mit Steppencharakter tut es ihr der Kalifornische Goldmohn (*Eschscholzia californica*) gleich. Die unendlich variationsreich gezeichneten Blätter der rasch wachsenden Buntnesseln (*Solenostemon scutellarioides*, syn. *Coleus blumei*) setzen auch ohne bunte Blütenpracht farbige Akzente im sommerlichen Blumenbeet. Auch im Spätsommer, wenn außer Herbstastern und den späten Staudensonnenblumen nicht mehr viel Buntes zwischen den abgeblühten Stauden und den spät im Jahr zu schmückender Pracht ansetzenden Ziergräsern zu finden ist, können Einjährige für die nötigen Farbtupfer im Beet sorgen. Ausdauernd bis zum ersten Frost blühen zum Beispiel Schmuckkörbchen (*Cosmos bipinnatus*), die am Boden entlangrankende Kapuzinerkresse (*Tropaeolum majus*) und Herbstchrysanthemen (*Chrysanthemum-Indicum*-Hybriden), deren intensiv leuchtende Blütenkuppeln besonders schön mit Ziergräsern und der spät blühenden hohen Fetthenne (*Sedum telephium*) harmonieren.

Unser Beispiel zeigt ein Staudenbeet, bei dem durch die im Frühjahr blühenden, dann aber einziehenden Zwiebelstauden (Krokus, Tulpen, Narzissen, Hyazinthen etc.) im Sommer große Lücken entstehen. Sie werden entsprechend der Farbstimmung im Beet mit Einjährigen in Weiß-, Blau- und Purpurtönen bepflanzt. Beim Einsetzen der Sommerblüher ist jedoch unbedingt Vorsicht geboten, damit die im Boden ruhenden Zwiebeln nicht beschädigt werden.

Das gefiederte Laub und die zarten Blütensterne des Schmuckkörbchens *(Cosmos bipinnatus)* lassen kaum vermuten, dass diese Einjährige ausdauernd bis zum ersten Frost blüht.

Die einjährigen Sommerastern *(Callistephus-Kultivare)* ähneln den Herbstastern *(Aster pyrenaeus)*, bringen aber in kurzer Zeit eine Fülle üppiger, relativ großer Blüten hervor.

Pflanzschlüssel für das Staudenbeet mit Einjährigen

1 Wermut (*Artemisia absinthium* 'Lambrook Silver')

2 Edelraute (*Artemisia schmidtiana* 'Nanum')

3 Herbstaster (*Aster pyrenaeus* 'Lutetia'; hellviolett)

4 Sommeraster (*Callistephus chinensis*, z. B. 'Prinette'-Mischung; weiß, rosa, rot, violett, bis 60 cm; einjährig)

5 Sommeraster (*Callistephus chinensis*, z. B. 'Strahlenmischung'; weiß, rosa, rot, violett, bis 80 cm; einjährig)

6 Kornblume (*Centaurea cyanus*; leuchtend blau)

7 Schmuckkörbchen (*Cosmos bipinnatus*; rosa und weiße Prachtmischung; einjährig)

8 Mannstreu, Edeldistel (*Eryngium bourgatii*; stahlblau)

9 Taglilie (*Hemerocallis*-Hybride 'Purple Rain'; rötlich violett, bis 65 cm hoch)

10 Purpurglöckchen (*Heuchera*-Hybride 'Plum Pudding'; schwarzrotes Laub)

11 Schleierkraut (*Gypsophila elegans*; weiß; einjährig)

12 Duftsteinrich (*Lobularia maritima*; weiß; einjährig)

13 Felberich (*Lysimachia ciliata* 'Firecracker'; purpurfarbenes Laub und hellgelbe Blüten)

14 Federmohn (*Macleaya cordata*)

15 Indianernessel (*Monarda*-Hybride 'Prärienacht'; purpurfarben)

16 Katzenminze (*Nepeta* x *faassenii* 'Six Hills Giant')

17 Ziertabak (*Nicotiana sylvestris*; weiß, einjährig)

18 Jungfer im Grünen (*Nigella damascena*)

19 Rutenhirse (*Panicum virgatum*)

20 Lampenputzergras (*Pennisetum alopecuroides* 'Compressum')

21 Lungenkraut (*Pulmonaria longifolia* 'Blauer Hügel'; blau)

22 Steppensalbei (*Salvia nemorosa* 'Mainacht'; blau)

23 Teppichfetthenne (*Sedum spurium* 'Fuldaglut')

24 Blumenfetthenne (*Sedum telephium* 'Herbstfreude')

25 Wollziest (*Stachys byzantina*)

26 Studentenblume (*Tagetes erecta nana flore pleno* -Hybride 'Vanilla'; cremeweiß, einjährig)

27 Ehrenpreis (*Veronica austriaca* ssp. *teucrium* 'Knallblau'; blau)

Der Natur abgeschaut

Attraktive heimische Stauden

Der Begriff »einheimische Stauden« ist nur mit Einschränkung anzuwenden, denn wirklich einheimisch ist eigentlich nur, was seit der letzten Eiszeit ununterbrochen auf hiesigen Böden wuchs. Durch klimatische Veränderungen, aber besonders durch vom Menschen verursachte Verschleppung und bewusste Einbürgerung haben Pflanzen seit jeher Grenzen überschritten und neue Lebensräume erobert. Wo sie akzeptable Wachstumsbedingungen vorfanden, siedelten sie sich an und breiteten sich aus, so dass sie schließlich zur »einheimischen« Flora dazugehörten. Typische Beispiele sind die Kanadische Goldrute, das Mutterkraut oder der Persische Ehrenpreis, die inzwischen wie selbstverständlich als hübsche Wildkräuter überall wachsen. Andere Fremdlinge konnten mit einheimischen Gewächsen bastardisieren, sodass mit der Zeit neue Sorten oder sogar Arten entstanden, die heute unsere Flora bereichern. Manchmal kommt es durch die »Neophyten«, die Neueinwanderer, aber auch zu kritischen Situationen, nämlich wenn sie, wie das Drüsige Springkraut aus Indien, der hiesigen Umwelt besser gewachsen sind als die vorhandenen Arten. Dann kann aus dem Einwanderer schnell eine Plage werden.

Die Anlage eines Gartens vorwiegend mit Wildstauden und heimischen Gewächsen wird oft mit dem Bewusstsein ökologischer Zusammenhänge gemacht. Die heimischen Blütenpflanzen bieten seltenen Insekten Futter und Lebensraum. So manche Pflanze wird auch vor dem Vergessen oder gar Aussterben gerettet. Es ist also praktizierter Artenschutz mit dem angenehmen Nebeneffekt eines schönen Anblicks. Vergessen Sie bei der Bepflanzung auch die einheimischen Wildgehölze wie Felsenbirne, Holunder, Hartriegel, Sanddorn oder auch die Wildrosen nicht, die einen Abschluss und eine Kulisse für das Staudenbeet bilden können.

Ein schöner Kontrast: Traubenhyazinthen *(Muscari botryoides)* und die Hohe Schlüsselblume *(Primula elatior)* in einem naturnahen Staudenbeet.

Freunden des *laissez-faire* im Gartenbau, die denken, sie würden sich mit einem »Naturgarten« viel Arbeit sparen, muss allerdings eine Absage erteilt werden: Ein Wildstaudenbeet macht, auch wenn es noch so naturnah angelegt wurde, genauso viel Arbeit wie ein konventioneller Garten, denn das Unterdrücken starkwüchsiger Wildkräuter, gemeinhin als Unkraut bezeichnet, sowie die üblichen Pflegearbeiten wie Wässern, Schneiden und Aufbinden sind auch in einem »Naturgarten« nicht zu umgehen. Vielleicht sind die heimischen Gewächse etwas anspruchsloser in puncto Dünger und widerstandsfähiger gegen Krankheiten und Schädlinge, dennoch darf ein Garten nicht mit der freien Natur verwechselt werden. Verzichtet man nämlich auf pflegende Maßnahmen, wird sich das Stückchen Garten binnen weniger Jahre zu einem kleinen Wald entwickeln, was schließlich die in unseren Breiten bis auf Flussufer und Bergkuppen übliche Vegetationsgemeinschaft ist.

Bei der Gestaltung des Beispielbeetes wurden nicht nur solche Wildstauden ausgewählt, die seit Menschengedenken in West- und Mitteleuropa heimisch sind, sondern auch solche, die man inzwischen in der Natur finden kann, obwohl sie außereuropäischer Herkunft sind.

Pflanzschlüssel für ein Staudenbeet mit heimischen Wildstauden

1 Blauer Eisenhut *Aconitum napellus*
2 Färberkamille *Anthemis tinctoria*
3 Akelei *Aquilegia vulgaris*
4 Waldgeißbart *Aruncus dioicus*
5 Goldaster *Aster linosyris*
6 Berg-Flockenblume *Centaurea montana*
7 Maiglöckchen *Convallaria majalis*
8 Acker-Rittersporn *Delphinium consolida*
9 Pfingstnelke *Dianthus gratianopolitanus*
10 Mädesüß *Filipendula ulmaria*
11 Stinkende Nieswurz *Helleborus foetidus*
12 Johanniskraut *Hypericum perforatum*
13 Ochsenauge *Buphthalmum salicifolium*
14 Schwertlilie *Iris variegata*
15 Goldnessel *Lamiastrum galeobdolon*
16 Blutweiderich *Lythrum salicaria*
17 Immenblatt *Melittis melissophyllum*
18 Traubenhyazinthe *Muscari botryoides*
19 Dost *Origanum vulgare*
20 Pfingstrose *Paeonia officinalis*
21 Wiesenknöterich *Persicaria bistorta*
22 Hohe Schlüsselblume *Primula elatior*
23 Küchenschelle *Pulsatilla vulgaris*
24 Wiesensalbei *Salvia pratensis*
25 Tripmadam *Sedum reflexum*
26 Dachwurz *Sempervivum tectorum*
27 Goldrute *Solidago vigaurea*
28 Deutscher Ziest *Stachys germanicus*
29 Beinwell *Symphytum officinale*
30 Mutterkraut *Tanacetum parthenium*
31 Wildtulpe *Tulipa sylvestris*
32 Holunderblättriger Baldrian *Valeriana sambucifolia*
33 Königskerze *Verbascum thapsus*

Auf langen, schlanken Stielen wiegt sich das goldgelbe Haupt der Wild- oder Weinbergstulpe *(Tulipa sylvestris).*

Allen gemeinsam ist, dass sie Wildstauden sind, die einen wichtigen Platz im ökologischen Gefüge der Natur einnehmen. Da einige der vorgestellten Pflanzen unter Naturschutz stehen, sollte man es vermeiden, sie in freier Natur auszugraben. Allenfalls kann man Samen von Wildstauden sammeln und sie selbst heranziehen. Manche Staudengärtnereien bieten Wildstauden an, einige sind sogar darauf spezialisiert. Adressen finden Sie im Anhang dieses Buches.

Eines muss noch ergänzt werden: Entgegen der weit verbreiteten Meinung, dass heimische Stauden und Wildstauden robuster und anspruchsloser sind als die »hochgezüchteten Sorten«, die man in den Staudengärtnereien kauft, haben gerade die Wildgewächse ganz besondere Ansprüche und sind an ein spezielles Verhältnis von Bodenzusammensetzung, Klima und Feuchtigkeit angepasst. Die Züchter haben bei den Hybriden und Zuchtsorten oft eine größere Toleranz und Vielseitigkeit in Bezug auf diese Ansprüche hervorbringen können, die es auch möglich macht, Stauden an nicht idealen Standorten dennoch zum Blühen und Gedeihen zu bringen. Deshalb prüfen Sie genau, ob und welche Wildstauden für Ihren Garten geeignet sind. Eine Bodenanalyse (siehe Seite 16f.) kann Ihnen Aufschluss über Nährstoffgehalt und Säuregrad geben. Sollte eine Staude einfach nicht in Ihrem Garten Fuß fassen wollen, wird das seinen Grund haben. Zwingen Sie die Natur nicht, sondern suchen Sie nach einem attraktiven Ersatz, um die Lücke zu füllen, das bereitet Ihnen wesentlich weniger Arbeit und viel mehr Freude am Gärtnern.

Für unser Beispielbeet, eine doppelte, wegbegleitende Rabatte, wurde ein sonniger bis halbschattiger Standort mit humosem, leicht feuchtem, also frischem Boden vorausgesetzt. Ein Schutthügel neben dem Weg ermöglicht die Pflanzung einiger heimischer Steingartenstauden. Im halbschattigen Bereich wurden Stauden wie Waldgeißbart, Baldrian und Maiglöckchen gesetzt, um die Stimmung einer frischen Laubwaldlichtung zu erzielen. Während manche der Stauden gleich im ersten Jahr ihren Höhepunkt erreichen, brauchen andere, wie die Pfingstrose, einige Jahre, bis sie zu attraktiver Größe herangewachsen sind. Korrigierende Eingriffe, um eine starkwüchsige Staude wie beispielsweise Beinwell zurückzudrängen und anderen, zierlicheren Gewächsen Raum zu schaffen, sind hier genauso selbstverständlich wie in einem konventionell bepflanzten Beet.

Niedriger und zierlicher als die Gartenhybriden, aber nicht weniger reizvoll ist der Acker-Rittersporn *(Delphinium consolida).*

Die heimische Pfingstrose *(Paeonia officinalis)* ist ungefüllt und zierlicher als die Kultivare.

Eine inzwischen nur noch wegen ihres aparten Duftes und Zierwertes kultivierte Pflanze ist der Diptam *(Dictamnus albus)*, der früher als Bitterstoffdroge genutzt wurde.

Staudenbeete gestalten mit Kräutern

Staudenbeete haben nicht nur dem Auge etwas zu bieten. Einige der bereits in diesem Band besprochenen Stauden und Halbsträucher besitzen über ihren Zierwert hinaus auch noch heilende und nützliche Eigenschaften, wie etwa der Lavendel, dessen Duft betörend wirkt, Motten und anderes Ungeziefer aus Schränken und Schubladen fernhält und der obendrein als Heilkraut gegen Unruhe und Nervosität sowie als Würzkraut für die mediterrane Küche unschätzbare Dienste leistet. Oft verweist der Zusatz »*officinalis*« in der botanischen Bezeichnung darauf, dass die Pflanze zumindest früher als Heil- und Arzneipflanze verwendet wurde. Auch wenn die pharmazeutische Industrie inzwischen viele Heil- und Aromastoffe synthetisch produzieren kann, sind die Düfte aus dem heimischen Garten immer noch das, was am meisten verzaubern und die Sinne betören kann. Was liegt näher, als die duftenden, würzigen Kostbarkeiten aus dem Reich der Stauden in die Beete des Ziergartens zu integrieren oder gar, wozu hier angeregt wird, gleich ein ganzes Beet mit Heil- und Würzkräutern anzulegen? Unser Beispielbeet ist lediglich ein Vorschlag, jeder kann natürlich nach Vorliebe und Standort eigene Schwerpunkte setzen, auch was die Menge und Zusammenstellung der Kräuter angeht.

Bei der Anlage des Beetes wurde ein sonniger, maximal halbschattiger Standort mit durchlässigem Boden vorausgesetzt. Gerade die würzigen Kräuterstauden entwickeln in der Sonne besonders viele ätherische Öle, die für Aroma und Wirksamkeit verantwortlich sind. Da manche heilkräftige Stauden besondere Ansprüche geltend machen, wurde in dieser Gestaltung auf sie verzichtet.

So sucht man die aromatischen Pfefferminzearten und den gesunden Bärlauch hier vergeblich, da sie feuchte, schattigere Standorte bevorzugen und in der Sonne nicht gut gedeihen würden. Andere eigentlich wertvolle Stauden mit Heil- und Nutzcharakter neigen dermaßen stark zur Ausläuferbildung und Versamung, dass sie in den Ruf eines Unkrautes gelangt sind und aus diesem Grund nicht empfohlen werden können. Dazu zählt beispielsweise die Brennnessel (*Urtica dioica, U. urens*), die jedem Gärtner sowohl als lästiges Unkraut wie auch als willkommener Helfer bekannt sein dürfte. Werden zerkleinerte Brennnesselblätter in das Pflanzloch von Tomaten gemischt, gibt es eine besonders reiche Ernte. Aus den Brennnesseln bereitete Tees und Jauchen helfen beim Pflanzenschutz. Sie vertreiben Blattläuse, beugen Pilzbefall vor und gelten als vortrefflicher Dünger. In der Pflanzenheilkunde macht man sich die blutreinigende Wirkung der Brennnessel zu Nutze und trinkt sie als Tee. Aber einmal ins Staudenbeet ausgepflanzt bilden die gelblichen, festen Wurzeln schnell lange unterirdische Ausläufer und einen dichten Wurzelfilz, aus dem oberirdisch ein dichter Horst nesselnder, alles andere erstickender Blätter entsteht. Also verzichten wir lieber auf einen Selbstanbau und sammeln die Brennnesseln dort, wo sie wild wachsen. Übrigens ist auch mit dem Bärlauch nicht zu spaßen: Wo er sich wohl fühlt, bildet er im Frühjahr schnell teppichartige Kolonien, die man schon von weitem mit der Nase ausfindig machen kann. Also beschränken wir uns besser auf die zähmbaren Heil- und Nutzstauden, um ungetrübte Freude und reichen Genuss zu erleben.

Übrigens: Wenn Sie Kräuter und Gewürze ernten möchten, sollten Sie sich einen trockenen, möglichst sonnigen Tag dafür aussuchen. Dann ist die Konzentration von ätherischen Ölen am höchsten. Pflücken Sie die Kräuter am Vormittag, wenn der Tau abgetrocknet ist. Sie können die geernteten Pflanzenteile trocknen (am besten im trockenen Schatten, ausgebreitet auf einem Stück Packpapier oder als kleines Bündel kopfüber aufgehängt; es geht auch in der Mikrowelle, dann aber nur eine dünne Schicht Kräuter ausbreiten) oder in der Tiefkühltruhe konservieren. Am besten ist natürlich immer die frische Verwendung. Manche der vorgestellten Stauden sind wintergrün oder behalten wenigstens teilweise ihre Blätter, so etwa Thymian, Rosmarin, Lavendel, Salbei und Tripmadam, sodass man auch im Winter nicht ganz ohne Duft und Aroma aus dem Garten leben muss. Damit es gleich im Frühjahr im Beet auch blüht, kann man rechtzeitig im Herbst Blumenzwiebeln zwischen die Heil- und Nutzpflanzen setzen. Schneeglöckchen, kleinere Tulpensorten, Krokusse, Zwergnarzissen und Berganemonen verdrängen die langsam erwachenden Stauden nicht und ziehen rechtzeitig ihr Laub ein, sodass sie später im Jahr nicht stören.

Die Aufzählung auf der folgenden Seite dient allein der Orientierung und ist nicht als Rezept oder Anleitung zur Selbstmedikation gedacht. Sollten Sie tatsächlich eines der vorgestellten Kräutlein zur medizinischen Anwendung nutzen wollen, empfehlen wir, Rücksprache mit dem Arzt zu halten und die genaue Dosierung und Zubereitung in einem entsprechenden Kräuterbuch nachzuschlagen. Obwohl es »nur Natur« ist, können in den Pflanzen Giftstoffe enthalten sein, die bei falscher Anwendung oder zu hoher Dosierung zu Gesundheitsschäden führen können. Merke: Die Dosis entscheidet, ob ein Gift heilend oder tödlich wirkt! Die allgemein übliche Verwendung von Küchenkräutern wie Thymian, Rosmarin oder Liebstöckel ist natürlich davon ausgenommen.

Der zu imposanter Größe heranwachsende Echte Alant *(Inula helenium)* stammt aus Mittelasien, ist aber inzwischen in Europa heimisch geworden.

Die sommerblühende Goldaster *(Aster linosyris)* eignet sich auch zum Schnitt.

Pflanzschlüssel für das Beet mit Heilendem und Nützlichem

1 Schafgarbe *Achillea millefolium*
2 Frauenmantel *Alchemilla vulgaris*
3 Eibisch *Althaea officinalis*
4 Stockmalve *Althaea rosea*
5 Wermut *Artemisia absinthum*
6 Eberraute *Artemisia arbotanum*
7 Estragon *Artemisia dranunculus*
8 Diptam *Dictamnus albus*
9 Purpursonnenhut *Echinacea purpurea*
10 Johanniskraut *Hypericum perforatum*
11 Ysop *Hyssopus officinalis*
12 Alant *Inula helenium*
13 Lavendel *Lavandula angustifolia*, syn. *L. officinalis*
14 Herzgespann *Leonurus cardica*
15 Liebstöckel *Levisticum officinale*
16 Zitronenmelisse *Melissa officinalis*
17 Katzenminze *Nepeta cataria*
18 Ausdauernder Majoran *Origanum vulgare*
19 Rosmarin *Rosmarinus officinalis*
20 Weinraute *Ruta graveolens*
21 Salbei *Salvia officinalis*
22 Bergbohnenkraut *Satureja montana*
23 Tripmadam *Sedum reflexum*
24 Mutterkraut *Tanacetum parthenium*
25 Kriechthymian *Thymus praecox* 'Minor' (*serpyllum* 'Pygmaeus')
26 Thymian *Thymus vulgaris*
27 Königskerze *Verbascum bombyciferum*

Eine schöne und nützliche Staude ist der Echte Eibisch *(Athaea officinalis)*, eine große Malvenart.

Die Heil- und Nutzstauden und ihre Verwendung

Artname / bot. Name	Wirkung	Verwendung
Schafgarbe *Achillea millefolium*	Frauenleiden und Magen-Darm-Erkrankungen	junge Blätter können als Salat gegessen werden; Blüten und Blätter als Tee
Frauenmantel *Alchemilla vulgaris*	Frauenleiden und zur Blutreinigung	Blüten und Blätter getrocknet als Tee (oft in Mischungen)
Eibisch *Althaea officinalis*	Husten und Magenbeschwerden	Wurzel zur Bereitung von Hustensaft, Blüten als Hustentee
Stockmalve *Althaea rosea*	Husten und Magenbeschwerden	siehe Eibisch
Wermut *Artemisia absinthum*	Magenbeschwerden, Galle	Kraut als Tee (mit Einschränkung, da Wermut u. U. schädlich sein kann)
Eberraute *Artemisia arbotanum*	für Gewürzmischungen und für Kräuteressig	Triebspitzen in frischem und getrocknetem Zustand
Estragon *Artemisia dranunculus*	Gewürz und für Kräuteressig; anregend auf Gallesekretion	frische Triebspitzen, wenn sich die Blütenköpfchen entwickeln
Diptam *Dictamnus albus*	Bitterstoffdroge	heute kaum noch verwendet; duftend
Purpursonnenhut *Echinacea purpurea*	Stärkung der Immunabwehr, Grippevorbeugung und gegen Schuppenflechte	Auszüge aus den Blüten
Johanniskraut *Hypericum perforatum*	Antidepressivum, Antirheumatikum	Tee und Ölauszug aus den Blüten
Ysop *Hyssopus officinalis*	Gewürz und bei Magen- und Verdauungsbeschwerden	frisches Kraut
Alant *Inula helenium*	Husten und Darmbeschwerden	Wurzel
Lavendel *Lavandula angustifolia*, syn. *L. officinalis*	Gewürz, Parfümgrundstoff, als Droge bei Herz-Kreislaufproblemen, beruhigend; hält Motten von Kleidern und Pelzen fern	frische oder getrocknete Blüten und Blättchen
Herzgespann *Leonurus cardica*	bei Angina pectoris	Kraut in Teemischungen
Liebstöckel *Levisticum officinale*	Gewürz; als entwässernde Droge bei Gicht, Migräne, Herzinsuffizienz und Arthrose	Kraut und als Droge die zweijährige Wurzel
Zitronenmelisse *Melissa officinalis*	Gewürz und Teekraut; als Droge bei Unruhe, Herzbeschwerden, Magenbeschwerden	frische oder getrocknete Blätter
Katzenminze *Nepeta cataria*	duftende Bodendecker- und Beetrandstaude, die früher gegen Zahnschmerzen und zur Darmentgiftung verwendet wurde	eigentümlich riechende Duftpflanze
Ausdauernder Majoran *Origanum vulgare*	Bodendecker- und Beetrandstaude; Gewürz	Blätter und junge Triebspitzen
Rosmarin *Rosmarinus officinalis*	Gewürz; als Droge bei niedrigem Blutdruck, Rheuma und Schwächezuständen	frisches oder getrocknetes Kraut als Tee, Ölauszug oder Kräuterbad
Weinraute *Ruta graveolens*	als Droge appetitanregend, stärkt das Immun- und Nervensystem	vorsichtiger Gebrauch (u. U. giftig) des frischen Krautes
Salbei *Salvia officinalis*	Gewürz; als Droge bei Halsweh, Zahnfleischbluten; zusammenziehend, desinf.	frische oder getrocknete Blätter als Gewürz und Tee
Bergbohnenkraut *Satureja montana*	Gewürz; als Droge bei Magen- und Darmproblemen	frisches und getrocknetes Kraut als Gewürz und Tee
Tripmadam *Sedum reflexum*	Steingarten- und Bodendeckstaude; als Gewürz und Beigabe zu Salaten	frische, grüne Blättchen
Mutterkraut *Tanacetum parthenium*	Traditionsreiche Bauerngartenpflanze; Duftpflanze, die heute ihre medizinische Bedeutung verloren hat	Beetrand- und Schnittstaude
Kriechthymian *Thymus praecox* 'Minor'	Gewürz; Steingarten- und Bodendeckstaude; als Droge bei Zahnfleischentzündungen; magenstärkend	frisches oder getrocknetes Kraut kurz vor der Blüte
Thymian *Thymus vulgaris*	Gewürz; Steingartenstaude; als Droge bei Zahnfleischentzündungen; magenstärkend	frisches oder getrocknetes Kraut kurz vor der Blüte
Königskerze *Verbascum bombyciferum*	als Droge bei Bronchitis	Blüten in Teemischungen

Stauden im Porträt

Die gebräuchlichsten Gartenstauden sind hier in alphabetischer Reihenfolge nach den botanischen Artennamen aufgeführt. Gräser und Farne werden gesondert am Ende des Kapitels vorgestellt. Bei Arten mit zahlreichen Sorten werden einige Beispiele genannt. Da die Zucht immer auf aktuelle Trends und Moden eingeht, kann es geschehen, dass die eine oder andere hier genannte Sorte nicht mehr im Handel oder nur unter großen Schwierigkeiten zu beschaffen ist. Die in der Liste genannten Wuchshöhen und Blütezeiten sind von Klima und Standort abhängig. Nehmen Sie die angegebenen Wuchshöhen und Blütezeiten als Mittelwerte. Sie sind nicht verbindlich.

Achillea

Schafgarbe

Blütezeit: VI – IX.
Blütenfarbe: Gelb, Kupfer, Tiefrot, Flieder und Weiß.
Höhe: Je nach Sorte 60 – 120 cm.
Standort: Vollsonnig in durchlässigem Boden.
Arten und Sorten: *Achillea filipendulina* 'Parker's Variety' (Goldgelb, bis 120 cm) (siehe Abb. oben); *A. filipendulina* 'Walter Funcke' (kupferfarben, 60 – 80 cm); *A. filipendulina* 'Feuerland' (Rot, 80 cm); *A. millefolium* 'Lilac Beauty' (fliederfarben, 60 cm); *A. ptarmica* 'Schneeball' (Weiß, 70 cm); *A. tomentosa* (Goldgelb, sehr klein bleibend, 10 cm) sowie zahlreiche Hybridsorten.
Besonderes: In der Regel sehr anspruchslose, vielseitige und langlebige Stauden, deren Doldenblüten auch getrocknet ihre Farbe behalten.

Aconitum

Eisenhut

Blütezeit: Je nach Sorte VI – X.
Blütenfarbe: Dunkelblau, auch Rosa, Grauweiß oder Gelb.
Höhe: 100 – 150 cm.
Standort: Schattig bis halbschattig in frischem Boden, bei ausreichender Bodenfeuchtigkeit auch sonnig.
Arten und Sorten: *Aconitum carmichaelii* var. x *arendsii*: bewährte, herbstblühende Hybridsorten, bis 110 cm (siehe Abb.); *A. napellus*: sommerblühend, grauweiß ('Albidum') und rosablütige Sorten ('Carneum'), bis 120 cm; *A. vulparia*, syn. *A. lycoctonum* (Wolfseisenhut): hellgelbe, sommerblühende Wildform, bis 120 cm.
Besonderes: Bildet mit den Jahren starke Horste. Alle Pflanzenteile sind giftig.

Links oben: Schafgarbe
Links unten: Eisenhut

Rechts: Frauenmantel
Ganz rechts: Zierlauch

Alchemilla

Frauenmantel

Blütezeit: V – VI.
Blütenfarbe: Grünlich Gelb.
Höhe: Je nach Standort 20 bis 50 cm, *A. erythropoda*: 10 cm.
Standort: Sonnig bis halbschattig in lehmig-humosen Böden.
Arten und Sorten: *A. mollis* (Frauenmantel): graugrüne, 9- bis 11-lappige, runde, unterseits behaarte Blätter, im Frühsommer erscheinen Cymen mit zahlreichen winzigen, gelbgrünen Blüten, bis 50 cm hoch; *A. erythropoda* (kleiner Frauenmantel): wie *A. mollis*, aber deutlich kleiner; *A. xantochlora*, syn. *A. vulgaris* (gewöhnlicher Frauenmantel): heimisches Heilkraut, Gruppen bildende Wildstaude, kleinere, stärker gelappte Blätter als *A. mollis*, grüngelbe Blüten in lockeren Knäueln.
Besonderes: *A. mollis* ist ein wertvoller, Trockenheit tolerierender Bodendecker für fast alle Standorte, der auch ideal als Rand- und Füllpflanze für Rabatten geeignet ist. Er versamt sich nach der Blüte leicht und kann sich unter Umständen stark ausbreiten. Welke Blüten schneidet man daher besser gleich aus. Auf den Blättern sammeln sich Tau- und Regentropfen, was zu sehr aparten Effekten führt. Die duftigen Blütenstände eignen sich besonders gut als Schnittblumen.

Allium

Zierlauch, Blumenlauch

Blütezeit: Je nach Sorte V – VIII.
Blütenfarbe: Blauweiß über Rosa und Hellblau bis Violett und auch Gelb.
Höhe: 15 – 100 cm.
Standort: Vollsonnig, verträgt keine Staunässe.
Arten und Sorten: *A. aflatunense* 'Purple Sensation': Violett, bis 100 cm (siehe Abb.); *A. caeruleum*: Hellblau, bis 15 cm; *A. christophii* (Sternkugellauch): Silberlila, sternförmige Blütendolden, bis 50 cm; *A. flavum*: Gelb, bis 35 cm; *A.-Hybride* 'Globemaster': Violett, riesige Blütenbälle, bis 60 cm; *A. karataviense* (Blauzungenlauch): Altrosa, breite, riemenförmige Blätter, bis 20 cm; *A. moly* 'Jeannine': Gelb, bis 40 cm.
Besonderes: Die niedrigen Sorten sind für Steingärten, die hohen für den Schnitt geeignet. Die Blüten von *A. giganteum* können bis zu 2 m hoch aufragen.

Anemone

Anemone

Blütezeit: III (Berganemone), III – V (Kronenanemone und Buschwindröschen), IX – X (Japananemone).

Blütenfarbe: Weiß, Blau, Rosa, Rot.
Höhe: Je nach Sorte 15 – 120 cm.
Standort: Bis auf die Kronenanemone, die gern sonnig steht, mögen andere Anemonenarten halbschattige bis schattige Standorte in eher kalkigen als sauren Böden.
Arten und Sorten: *A. blanda* (Strahlen- oder Berganemone): Blau, Rosa oder Weiß, bis 15 cm; *A. coronaria* (Kronenanemone): Alle Farben außer Gelb, 25 – 40 cm; *A. hupehensis* var. *japonica* (Japananemone): Cremerosa, 60 – 100 cm; *A. x hybrida* (Herbstanemone): 'Honorine Jobert' (Weiß), bis 120 cm; *A. sylvestris* (Buschwindröschen, Waldanemone): Weiß, 15 – 30 cm.
Besonderes: Die Knollen von *A. coronaria* müssen frostfrei überwintert werden. Die meisten anderen Arten bilden schnell größere Kolonien.

Aster

Aster

Blütezeit: Frühlingsastern: V – VI; Sommerastern: VII – IX; Herbstastern: VIII – XI.
Blütenfarbe: Weiß, Rosa, Rot, Blau, Violett und auch Gelb (*A. linosyris*).
Höhe: Je nach Sorte 20 – 180 cm.
Standort: Vollsonnig bis halbschattig.
Arten und Sorten: Frühlingsastern: *A. alpinus* (Alpenaster): 'Albus' (Weiß), 'Dunkle Schöne' (Tiefviolett), 'Happy End' (Rosa), 'Treue' (Blau), alle bis 20 cm; *A. tongolensis*: 'Leuchtenburg' (Violett mit orangefarbenem Knopf, bis 50 cm). Sommerastern: *A. amellus* (Bergaster): 'Glücksfund' (Violett, 60 cm), 'Lady Hindlip' (Rosa, 60 cm); *A. amellus* x *frikarti* 'Wunder von Stäfa' (große, hellblaue Blüten, bis 60 cm hoch); *A. linosyris* (Gelb, bis 70 cm); 'Nanus' (hellblaue Blüten, bis 40 cm). Herbstastern: *A. cordifolius* (Schleieraster): Blau, bis 120 cm; *A. divaricatus*: Weiß mit brauner Mitte; *A. Dumosus*-Hybriden (Kissenaster): 'Augenweide' (Dunkelblau, bis 25 cm), 'Heinz Richard' (Rosa, bis 30 cm), 'Jenny' (Purpurrot, bis 40 cm); *A. ericoides* (Erikaaster): 'Erlkönig' (Lila, bis 120 cm), 'Schneegitter' (Weiß, bis 100 cm), 'Pink Star' (Hybride, Rosa, bis 120 cm); *A. laevis* (Wildart, Blau, bis 130 cm); *A. novae-angliae* (Rauhblattaster): 'Harrington's Pink' (Rosarot, bis 120 cm) (siehe Abb.), 'Barr's Blue' (Dunkelblau, bis 150 cm), 'Rubinschatz' (Rubinrot, bis 130 cm), 'Herbstschnee' (erste reinweiße Rauhblattaster, bis 130 cm); *A. novi-belgii* (Glattblattaster): 'Blaue Nachhut' (späte, hellblaue Sorte, bis 120 cm), 'Bonningdale White' (Reinweiß, halbgefüllt, bis 100 cm), 'Rosenhügel' (Rosa, bis 120 cm); *A. pringlei* 'Monte Cassino' (Weiß, sehr spätblühend, bis 100 cm); *A. pyrenaeus* 'Lutetia' (Helllila, bis 60 cm).
Besonderes: Die meisten Astern bilden schnell dichte Horste, die im Alter von innen her verkahlen. Die Pflanzen sollten dann aufgenommen und verjüngt (geteilt) werden.

Links oben: Anemone
Links unten: Aster 'Harrington's Pink'

Rechts oben: Prachtspiere 'Federsee'
Rechts unten: Knollenbegonie

Astilbe

Prachtspiere

Blütezeit: VI – VIII.
Blütenfarbe: Weiß, Rosa, Flieder, Rot.
Höhe: Je nach Sorte 40 – 130 cm.
Standort: Halbschattig bis schattig in feuchten, lehmigen Böden.
Arten und Sorten: *A. Arendsii*-Hybriden: 'Brautschleier' (Weiß, überhängende Blütenstände, bis 70 cm), 'Federsee' (Rosa, bis 60 cm) (siehe Abb.), 'Glut' (Rot mit dunklem Laub, bis 80 cm), 'Hyazinth' (Lilarosa); *A. cinensis* var. *pumila* (Zwergastilbe mit purpurroten Blüten, bis 25 cm); *A. Japonica-Hybriden*: 'Deutschland' (Reinweiß, bis 50 cm), 'Mainz' (Lilarosa, bis 50 cm); *A. Simplicifolia-Hybriden*: 'Aphrodite' (Lachsrot, dunkles Laub, bis 35 cm), 'Atrorosea' (Rosa, überhängende Blütenrispen, bis 40 cm); *A. Thunbergii*-Hybriden: 'Straußenfeder' (Lachsrosa, bis 100 cm), 'Prof. van der Wielen' (Weiß, bis 130 cm).
Besonderes: Prachtspieren sind wertvolle, leuchtkräftige Blütenstauden für Schattenlagen, die auch durch ihr attraktiv gefiedertes Laub auffallen.

Begonia x tuberhybrida

Knollenbegonie

Blütezeit: V/VI – X.
Blütenfarbe: Alle Farben außer Blau.
Höhe: Je nach Sorte 15 – 50 cm.
Standort: Sonnig bis halbschattig in gut durchlässigem Boden.
Arten und Sorten: Kleinblütige Knollenbegonien (Multiflora-Klasse, 15 – 20 cm), z. B. 'Flamboyant'; mittelblumige Knollenbegonien (Floribunda-Klasse, 20 – 30 cm), z. B. 'Non Stop'-Serie; großblumige Knollenbegonien (Gigantea-Klasse, bis 50 cm), z. B. 'Apricot Delight' oder 'Anniversary'; hängende oder Ampelbegonien (Pendula-Klasse): nicht für das Staudenbeet geeignet, da sie hängend wachsen.
Besonderes: Die nicht winterharten Knollen müssen vor dem ersten Frost aufgenommen werden. Man lässt sie abtrocknen, säubert sie und überwintert sie trocken bei 5 – 7° C. Im Frühjahr werden sie vorgetrieben und ab Mitte/Ende Mai ausgepflanzt. Männliche und weibliche Blüten befinden sich auf derselben Pflanze. Fast alle modernen Hybridsorten haben gefüllte Blüten. Der Grad der Füllung ist von der Tageslänge abhängig, sodass im Herbst manche Blüte einfach (ungefüllt) erscheint. Im Frühsommer blüht die Pflanze dann wieder gefüllt.

Bergenia

Bergenie

Blütezeit: III – IV.
Blütenfarbe: Weiß, Rosa, Rot.
Höhe: 20 – 60 cm.
Standort: Sonnig bis halbschattig oder schattig.
Arten und Sorten: *B. ciliata* (Rosa, sehr früh blühend, bis 30 cm); *B. cordifolia* (Rosa, schnell starke Horste bildend, bis 40 cm) (siehe Abb.); *B. crassifolia* var. *obicularis* (Rosa, bis 20 cm); *B.*-Hybriden: 'Abendglocken' (Rot, bis 40 cm), 'Autumn Red' (Lilarosa, schöne Laubfärbung im Herbst, bis 30 cm), 'Bach' (Weiß, bis 40 cm), 'Rietheim' (Rosaweiß, bis 40 cm), 'Schneekönigin' (Zartrosa, besonders große Sorte: bis 50 cm).
Besonderes: Anspruchslose, bei manchen Sorten wintergrüne Art mit dekorativen, lederartigen Blättern.

Campanula

Glockenblume

Blütezeit: Frühjahrsblühende Arten: V – VI; Sommerblühende Arten: VII – IX.
Blütenfarbe: Blau, Violett, Rosa, Weiß.
Höhe: Polsterglockenblumen: 10 – 25 cm; andere Arten: 50 – 100 cm.
Standort: Sonnig bis halbschattig, *C. carpatica* und *C. latifolia* auch schattig.
Arten und Sorten: *C. alliariifolia*: sommerblühend, weiße Glocken an langen Trieben, bis 70 cm; *C. carpatica* (Karpatenglockenblume): sommerblühend, Weiß ('Weiße Clips'), Zartblau ('Blaumeise'), Blau ('Karpatenkrone') bis Violett ('Kobaltglocke'), 20 – 25 cm; *C. cochleariifolia*: zierliche, sommerblühende Zwergglockenblume, Blau, bis 10 cm; *C. glomerata* (Knäuelglockenblume): sommerblühend, Blau ('Dahurica') oder Weiß ('Alba'), 20 – 50 cm; *C. lactiflora*: sommerblühend, Rosa ('Loddon Anne') oder Dunkelblau ('Superba'), 80 – 90 cm; *C. latifolia* var. *macrantha* (Waldglockenblume): sommerblühend, Blau oder Weiß ('Alba'), bis 100 cm; *C. persicifolia* (Pfirsichblättrige Glockenblume): frühjahrsblühend, bis 80 cm; *C. portenschlagiana* (Dalmatische Glockenblume, Teppichglockenblume): frühjahrsblühend, Blau ('Birch') bis Violett ('Resholdt's Variety'), 10 – 15 cm (siehe Abb.); *C. poscharskyana* (Polsterglockenblume): sommerblühend, Blau ('Blauranke') und Weiß ('E. H. Frost'; wintergrün).
Besonderes: Niedrige Sorten eignen sich für Einfassungen und Steingärten, die höheren für Rabatten. *C. glomerata* neigt zum Wuchern.

Links oben: Bergenie *B. cordifolia*
Links unten: Glockenblume 'Resholdt's Variety'

Rechts: Indisches Blumenrohr
Ganz rechts: Flockenblume

Canna-Indica-Hybriden
Indisches Blumenrohr

Blütezeit: V – VIII.
Blütenfarbe: Rot, Rosa, Gelb, Orange, zweifarbig.
Höhe: 50 – 180 cm.
Standort: Vollsonnig in humoser Erde.
Arten und Sorten: 'King Midas' (Gelb), 'Louis Cayeux' (Rosa), 'President' und 'Steller Blut' (Rot), 'Picasso' und 'Rigoletto' (zweifarbig, gepunktet), 'Tropicanna' (bunt gestreifte Blätter, orangegelbe Blüten).
Besonderes: Braucht im Sommer reichlich Wasser. Die rhizomartigen Wurzelstöcke müssen vor dem ersten Frost ausgegraben, gereinigt, trocken und frostfrei überwintert werden. Ab April vortreiben und ab Mitte Mai ins Freie pflanzen.

Centaurea
Flockenblume, Kornblume

Blütezeit: VI – VII, *C. macrocephala*: VI – IX.
Blütenfarbe: Blau, Weiß, Rosa, auch Gelb (*C. macrocephala*).
Höhe: 20 – 50 cm, *C. dealbata* bis 70 cm, *C. macrocephala* bis 120 cm.
Standort: Vollsonnig.
Arten und Sorten: *C. cyanus* (Kornblume): Blau, Weiß, Rosa; *C. cheiranthifolia*: starkwachsend, Weiß mit gelblicher Mitte; *C. dealbata* 'Steenbergii': leuchtend Purpurrot; *C. hypoleuca* 'John Coutts': große, rosa Blüten, bis 60 cm hoch; *C. macrocephala*: gelbe, große, duftende Blüten aus braunschuppigen Knospen, größte Art; *C. montana* (Bergflockenblume): Blau ('Grandiflora'), Rosa ('Rosea') oder Weiß ('Alba'), bis 40 cm hoch.
Besonderes: Sehr anspruchslose Stauden, die auf fast jedem Boden wachsen.

Chrysanthemum*, syn. *Tanacetum, Leucanthemum, Dendranthema (ohne Abbildung)
Margerite

Blütezeit: V – VI (*Tanacetum coccineum*), VI – IX (*Leucanthemum x superbum*), VIII – X (*Dendranthema-Indicum*-Hybriden).
Blütenfarbe: Alle, außer Blau.
Höhe: Je nach Sorte 60 – 100 cm.
Standort: Vollsonnig.
Arten und Sorten: *Dendranthema-Indicum*-Hybriden

(Herbstchrysanthemen): vielgestaltige Blüten in allen Farben außer Blau, z. B. 'Anneliese Kock' (Weiß, gefüllt), 'Citrus' (Gelb, halbgefüllt), 'Fellbacher Wein' (Rot, halbgefüllt); *Leucanthemum x superbum* (Gartenmargerite): Weiß mit gelber Mitte ('Beethoven', ungefüllt, 80 cm, 'Wirral Supreme', gefüllt, 90 cm); *Tanacetum coccineum* (Bunte Frühjahrsmargerite): Rot ('Robinsons's Rot'), Rosa ('Robinson's Rosa'), 90 cm.

Besonderes: Margeriten sind beliebte Schnittblumen, die Herbstchrysanthemen unverzichtbar als Farbtupfer zum Saisonausklang. Alle Arten und Sorten sollten im Winter nicht zu nass stehen.

Cimicifuga

Silberkerze

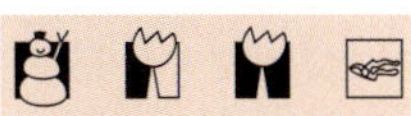

Blütezeit: VII (*C. racemosa*), VIII – X (*C. dahurica, C. racemosa* var. *cordifolia*), IX – X (*C. ramosa, C. simplex*).
Blütenfarbe: Cremeweiß.
Höhe: 140 – 200 cm.
Standort: Halbschattig bis schattig in humosen, frischen Böden.

Arten und Sorten: *C. dahurica* (August-Silberkerze): rispig verzweigte Blütenstände, bis 200 cm; *C. racemosa* (Juli-Silberkerze): Blütenstände hängen leicht über, bis 180 cm; *C. racemosa* var. *cordifolia* (Lanzensilberkerze): verträgt auch sonnige und trockene Standorte, gelblich weiße, aufrechte Blütenkerzen, bis 200 cm (siehe Abb.); *C. ramosa* (Septembersilberkerze): duftende Blütenkerzen, auch mit rötlichem Laub ('Atropurpurea'), bis 200 cm; *C. simplex* (Oktobersilberkerze): stark verzweigte, überhängende Blütenrispen, bis 140 cm.

Besonderes: Alle Silberkerzen sind langlebige Stauden, die nicht gern verpflanzt werden. Blühende Stauden brauchen Stütze.

Convallaria majalis (ohne Abbildung)

Maiglöckchen

Blütezeit: V.
Blütenfarbe: Weiß.
Höhe: Bis 20 cm.
Standort: Halbschattig bis schattig in nicht zu trockenen Böden.
Besonderes: Duftende, giftige Staude, die sich durch Ausläufer stark ausbreitet.

Coreopsis

Mädchenauge

Blütezeit: VI – IX.
Blütenfarbe: Gelb.
Höhe: 40 – 60 cm (*C. verticillata*) bzw. 40 – 90 cm (*C. grandiflora*).

Ganz links: Silberkerze
Links: Mädchenauge 'Badengold'

Rechts oben: Krokus *C. vernus*
Rechts unten: Montbretie

Standort: Sonnig.
Arten und Sorten: *C. grandiflora* (Mädchenauge): 'Badengold' (siehe Abb.), 'Schnittgold' (einfach, bis 90 cm), 'Early Sunrise' (halbgefüllt, bis 40 cm); *C. rosea* 'American Dream': Rosa, bis 40 cm; *C. verticillata* (Netzblattstern): 'Grandiflora' (Filigranes Laub, goldgelber Dauerblüher); *C. Verticillata*-Hybriden: 'Moonbeam' (Hellgelb, bis 40 cm), 'Zagreb' (Goldgelb, niedrig, bis 30 cm).
Besonderes: Wird die recht kurzlebige Staude *C. grandiflora* im September kräftig zurückgeschnitten, bilden sich Überwinterungsknospen.

Crocosmia
Montbretie

Blütezeit: VI – IX.
Blütenfarbe: Gelb, Orangerot, Rot, Scharlachrot, auch zweifarbig.
Höhe: 30 – 60 cm.
Standort: Sonnig bis halbschattig.
Arten und Sorten: *Crocosmia x crocosmiiflora* 'Firebird' (Orangerot), 'Lucifer' (Scharlachrot), 'Golden Fleece' (Gelb), 'Jacknapes' und 'Fireking' (zweifarbig).
Besonderes: Junge Pflanzen brauchen in rauen Lagen einen Winterschutz.

Crocus
Krokus

Blütezeit: Frühlings- II – IV; Herbstkrokusse: IX – X.
Blütenfarbe: Je nach Sorte Weiß, Gelb, Rosa, Lila, Hellblau, Violettblau und zweifarbig.
Höhe: 5 – 15 cm.
Standort: Sonnig, halbschattig bis schattig.
Arten und Sorten: Frühlingskrokusse: *C. ancyrensis* (Ankara-Krokus): Orangegelb, 5 cm, Blüte: II – III; *C. angustifolius* (Goldlack-Krokus): Goldgelb, 5 cm, Blüte: III; *C. aureus*, syn. *C. flavus* (Goldkrokus): Goldgelb, 8 cm, Blüte: III; C. imperiati 'De Jager': Violettbraun, 10 cm, Blüte: II – III; *C. laevigatus*: frühester Krokus, Blauviolett, 4 – 8 cm, Blüte: II; *C. neapolitanus*, syn. *C. vernus*: Weiß oder Violett, manchmal gestreift, zahlreiche Zuchtsorten, 10 – 12 cm, Blüte: III – IV (siehe Abb.); *C. tommasinianus*: Lavendelblau mit weißem Schlund, zahlreiche Zuchtsorten, 8 – 10 cm, Blüte: III. Herbstkrokusse: *C. banaticus*, syn. *C. iridiflorus*: Violett, 10 cm, Blüte: IX; *C. cartwightianus*: Lilaweiß mit gelben/roten Staubgefäßen, 5 cm, Blüte: X – XI; *C. kotschyanus*, syn. *C. zonatus*: Helllila, 6 cm, Blüte: X; *C. nudiflorus*: Purpur mit orangefarbener Narbe, 15 – 20 cm, Blüte: X; *C. pulchellus*: Lavendelblau, 10 – 12 cm, Blüte: X – XI; *C. speciosus* (Echter Safran): Hellviolett mit leuchtend gelben Narben, 10 – 15 cm, Blüte: X.

Besonderes: Voll frostharte Zwiebelstauden für Herbst und Frühjahr, die sich durch Nebenknollen und Samen vermehren. Sie bilden, vorausgesetzt, sie bleiben ungestört, in wenigen Jahren dichte Horste. Die Wildarten werden auch als »Botanische Krokusse« bezeichnet. Sie sind meist kleiner und haben zierlichere Blüten als die Züchtungen.

Cyclamen (ohne Abbildung)

Alpenveilchen

Blütezeit: II – IV (*C. coum*) bzw. VIII – IX.
Blütenfarbe: Rosarot, Purpur, Weiß.
Höhe: 10 – 15 cm.
Standort: Halbschattig in leicht kalkhaltiger Erde unter Laubbäumen.
Arten und Sorten: *C. coum*: leuchtend Rosa, frühjahrsblühend, bis 10 cm; *C. hederifolium*: wintergrüne Blätter, Rosa, auch Weiß ('Album'), bis 15 cm (siehe Abb.); *C. purpurascens*: wintergrüne Blätter, duftend, Karminrot, bis 15 cm.
Besonderes: Die Knollen etwa 5 – 7 cm tief pflanzen, nicht dazwischen hacken, um eine Selbstaussaat zu begünstigen. Im Winter mit Mulch und bei starkem Frost mit Reisig schützen.

Dahlia variabilis

Dahlie

Knollen bildende Stauden mit sehr verschiedenen Erscheinungsformen, meist mittel- bis dunkelgrünen, leicht gefiederten Blättern und einer über den ganzen Sommer (Juni bis Oktober) andauernden Blütenpracht. Die Tageslänge hat einen Einfluss auf die Blütenbildung und Knollenentwicklung. Im Herbst bilden manche gefüllten Sorten zuweilen einfache Blüten oder solche, bei denen die

Links: Dahlie

Farbe variiert. Im nächsten Frühsommer erscheinen dann an der gleichen Pflanze wieder die gefüllten Blüten. Die Knollen entwickeln sich im Herbst am besten. Man sollte die Dahlien deshalb zum frostfreien Überwintern erst möglichst spät (nach den ersten leichten Nachtfrösten) aufnehmen. Dabei muss stets ein kleiner Stängelrest an der Knolle bleiben, damit sie im nächsten Frühjahr wieder austreibt. Die Knollen werden, nachdem man sie auf Schädlinge und Fäulnis untersucht hat, in trockenem Torf in einem kühlen, dunklen Keller aufbewahrt und ab April vorgetrieben, um sie im Mai ins Freiland auszupflanzen. Manche Dahlien können auch aus Samen herangezogen werden, sind dann aber nur einjährig.
Blütenfarbe: Alle Farben außer Blau.
Höhe: Je nach Sorte 60 – 130 cm.
Standort: Sonnig in humoser Erde.

Delphinium

Rittersporn

Blütezeit: VI – VII und IX (remontierend).
Blütenfarbe: Blau, Weiß, Rosa.
Höhe: Je nach Sorte 90 – 200 cm.
Standort: Vollsonnig in durchlässigen nährstoffreichen Böden.
Arten und Sorten: *D.-Belladonna*-Hybriden: 'Atlantis': Dunkelblau, bis 100 cm; 'Casa Blanca' und 'Moerheimii':

Rechts: Rittersporn
Rechts unten: Nelke

Reinweiß, 100 – 120 cm; 'Pink Sensation': Rosa, bis 120 cm; 'Völkerfrieden': Enzianblau, bis 100 cm. *D.-Elatum*-Hybriden: 'Abgesang': Blau mit weißem Auge, bis 160 cm; 'Augenweide': mehltauresistente Sorte, Hellblau mit rosa Akzenten, 120 – 170 cm; 'Fanfare': halbgefüllt, malvenfarben mit weißem Auge, bis 180 cm; 'Tempelgong': Dunkelviolettblau, teilweise gefüllt, bis 170 cm.

Besonderes: Junge Triebe sind durch Schneckenfraß gefährdet. Nach der Hauptblüte im Frühsommer zurückschneiden, um eine zweite Blüte anzuregen.

Dianthus
Nelke

Blütezeit: V – VI.
Blütenfarbe: Weiß, Rosa, Rot, Purpur.
Höhe: Je nach Sorte 10 – 40 cm.
Standort: Sonnig in gut durchlässiger Erde.
Arten und Sorten: *D. alpinus* (Alpennelke): Rot, bis 15 cm; *D. arenarius* (Sandnelke): Weiß, 15 – 20 cm; *D. carthusianorum* (Karthäusernelke): Rosarot, 20 – 30 cm; *D. deltoides* (Heidenelke): braunrotes Blattpolster, Karminrot ('Brillant'), auch Weiß ('Albus'), bis 15 cm; *D. gratianopolitanus* (Pfingstnelke): Rosa, 10 – 20 cm; *D. Caesus*-Hybriden (*gratianopolitanus*): 'Badenia' (Dunkelrot, ungefüllt, bis 10 cm), 'Blaureif' (Silbergraue Blattpolster, Rosa, bis 15 cm); *D. plumarius* (Federnelke): Rosa, bis 20 cm; *D.-Plumarius*-Hybriden: 'Alba Plena' (Weiß, gefüllt, bis 30 cm), 'Heidi' (Blutrot, graues Laub, bis 20 cm), 'Ine' (Weiß mit rotem Ring, halbgefüllt, bis 25 cm); *D. superbus* (Prachtnelke): 'Arc en Ciel' (Rosa, Rot oder Weiß, geschlitzte Blütenblätter, bis 40 cm).
Besonderes: Alle Nelken mögen sonnige Standorte mit durchlässigen Böden. Die kleinen, Polster bildenden Sorten sind ideal für Steingärten.

Ganz links: Kugeldistel
Links: Elfenblume
Links unten: Feinstrahl

Echinops

Kugeldistel

Blütezeit: VII – IX.
Blütenfarbe: Stahlblaue Kugelköpfe.
Höhe: 60 – 100 cm.
Standort: Sonnig bis halbschattig auf fast allen Böden.
Arten und Sorten: *E. banaticus* 'Blue Globe' (Blaugrau, remontierend, bis 100 cm) (siehe Abb.), 'Taplow Blue' (Blau, bis 60 cm); *E. ritro* 'Veitch's Blue' (Stahlblau, graues Laub, bis 100 cm).
Besonderes: Um eine Selbstaussaat zu verhindern, sollten abgeblühte Köpfchen entfernt werden.

Epimedium

Elfenblume

Blütezeit: IV – V.
Blütenfarbe: Weiß, Gelb, Violett, Kupfer.
Höhe: 20 – 35 cm.
Standort: Halbschattig bis schattig auf leicht alkalischen Böden.
Arten und Sorten: *E. x cantabrigiense* (kleine hellgelbe Blüten); *E. grandiflorum*: Weiß, auch Rosaweiß ('Rose Queen') und Violett ('Violaceum'); *E. pinnatum* 'Elegans' (Gelb, wintergrüne Art, starkwüchsig); *E. x rubrum* (Rot, innen Gelb, das Laub verfärbt sich im Herbst rotbraun).
Besonderes: Die Wuchshöhen sind boden- und standortabhängig. Manche Arten sind wintergrün, manche zeigen eine sehr schöne Herbstfärbung.

Erigeron

Feinstrahl, Berufkraut

Blütezeit: VI – VII und VII – X (remontierend).
Blütenfarbe: Weiß, Blau, Violett, Rosa.
Höhe: Je nach Sorte 20 – 80 cm.
Standort: Sonnig in nicht zu feuchtem Boden.
Arten und Sorten: *E. glaucus*: malvenfarben, auch Rosa ('Elstead Pink'), bis 30 cm; *E. leiomerus*: zwergwüchsige

Polsterstaude, Lilarosa, bis 20 cm; *E. Speciosus*-Hybriden: 'Sommerneuschnee' (Weiß), 'Rotes Meer' (Tiefdunkelrot), (siehe Abb.), 'Nachthimmel' (Dunkelviolett), 'Charity' (Rosa), 'Dunkelste Aller' (Violettblau), alle bis 60 cm; *E. trifidus*: Lila, feingefiederte Blätter, Dauerblüher, bis 25 cm.
Besonderes: Werden die Stauden nach der ersten Blüte zurückgeschnitten, blühen sie im Spätsommer erneut.

Euphorbia
Wolfsmilch

Blütezeit: IV – V (*E. amygdaloides*), VI – VII (*E. myrsinites*), V – VI (andere).
Blütenfarbe: Gelbgrün, auch Orangerot (*E. griffithii* und *E. cyparissias* 'Orange man').
Höhe: Je nach Art 20 – 150 cm.
Standort: Vollsonnig, *E. amygdaloides* und *E. griffithii* auch halbschattig.
Arten und Sorten: *E. amygdaloides* var. *robbiae* (Mandelwolfsmilch): wintergrün, bis 40 cm; *E. characias ssp. wulfenii*: ganzjährig attraktives Laub, gelbe Blüten, bis 120 cm; *E. cyparissias* (Zypressenwolfsmilch): stark wuchernd, Gelb oder Orangerot ('Orange man'), 20 – 40 cm; *E. griffithii* (Himalaja-Wolfsmilch): liebt feuchte Böden, Orangerot, 40 – 60 cm (siehe Abb.); *E. myrsinites* (Walzenwolfsmilch): niederliegende, immergrüne, blaugrüne Triebe, gelbgrüne Blüten, bis 25 cm; *E. polychroma* (Goldwolfsmilch): gelb leuchtende Hochblätter und Blüten, bis 40 cm; *E. rigida* (Aufrechte Wolfsmilch): wie eine aufrecht wachsende *E. myrsinites*, bis 40 cm.
Besonderes: Der bei Verletzung austretende, milchige Pflanzensaft der meisten Arten ist giftig.

Fritillaria imperialis
Kaiserkrone

Blütezeit: IV – V.
Blütenfarbe: Gelb, Orange, Rot.
Höhe: Bis 100 cm.
Standort: Vollsonnig in gut durchlässiger, humusreicher Erde.
Arten und Sorten: *F. imperialis* 'Lutea' (Gelb), 'Prolifera' (Orangerot in zwei übereinander stehenden Quirlen), 'Rubra' (Rot), 'The Premier' (gelbgetönte, orange-

Rechts: Himalaja-Wolfsmilch
Ganz rechts: Kaiserkrone

farbene Blüten mit purpurnen Adern), 'Aureomarginata' (gelbbuntes Laub und orangefarbene Blüten). Nah verwandt ist die zierliche Schachbrettblume (*Fritillaria meleagris*).
Besonderes: Die majestätische Zwiebelpflanze braucht Platz zur Entfaltung. Die Zwiebeln müssen bereits im Spätsommer in die Erde, um gut einzuwurzeln.

Geranium

Storchschnabel

Blütezeit: V – VII, *G. sanguineum*: V – IX.
Blütenfarbe: Weiß, Rosa, Lila, Violettblau, Braunlila.
Höhe: Je nach Sorte und Standort 20 – 60 cm.
Standort: Sonnig bis halbschattig, *G. macrorrhizum* und *G. sylvaticum* auch schattig.
Arten und Sorten: *G. x cantabrigiense* 'Biokovo' (immergrün, Zartrosa, bis 20 cm), 'Karmina' (karminrote Blüten, bis 25 cm); *G. cinereum* 'Lawrence Flatman' (Lilarosa mit dunkelroter Aderung, bis 15 cm); *G. dalmaticum*: Weiß-Rosa, auch Weiß ('Album'), bis 15 cm; *G. endressii* 'Rosenlicht' (Karminrosa, starkwüchsig, bis 40 cm); *G. macrorrhizum*: Weiß ('White Ness'), Rosa ('Ingwersen', bis 30 cm), Rotviolett ('Czakor', bis 40 cm); *G. maculatum* (Rosalila, bis 60 cm); *G. x magnificum* (Kaukasusgeranium) (große, violettblaue Blüten, bis 60 cm) (siehe Abb.); *G. oreintaltibeticum* (Rosa, Laub cremefarben marmoriert, bis 20 cm); *G. phaeum*: Blauviolett ('Lily Lovell'), Braunviolett ('Samobor', mit dekorativ braun geflecktem Laub), beide bis 60 cm; *G. sanguineum* (Blutstorchschnabel): Rosarot ('Ankum's Pride', bis 20 cm), Rot ('Elsbeth', bis 30 cm), Weiß ('Album', bis 30 cm), Violettrot ('Max Frei', bis 20 cm); *G. sylvaticum* (Waldstorchschnabel): Weiß, bis 50 cm.
Besonderes: Alle Sorten vertragen Trockenheit besser als zu feuchte Böden.

Helenium

Sonnenbraut

Blütezeit: VIII – IX.
Blütenfarbe: Gelb, Orangerot, Rot, Rotbraun.
Höhe: Je nach Sorte 70 – 150 cm.
Standort: Vollsonnig.

Ganz links: Kaukasus-Storchschnabel
Links: Sonnenbraut

Arten und Sorten: Von *Helenium* sind fast nur Hybridzüchtungen im Handel erhältlich. *H.*-Hybriden: 'Baudirektor Linne' (Braunrot, bis 120 cm), 'Goldrausch' (Goldgelb mit brauner Mitte, bis 150 cm), 'Indianersommer' (Bronzerot, bis 120 cm), 'Moerheim Beauty' (Braunrot, bis 70 cm), 'Waltraut' (Kupfer und Gelb, großblumig, bis 80 cm).
Besonderes: Dankbare Sommerstauden, die schnell große Horste bilden. Hohe Sorten brauchen eine Stütze.

Helianthemum

Sonnenröschen

Blütezeit: VI – VII.
Blütenfarbe: Weiß, Gelb, Orange, Rot, Rosa.
Höhe: 15 – 20 cm, selten höher.
Standort: Vollsonnig in gut durchlässiger Erde.
Arten und Sorten: Von *Helianthemum* sind bis auf wenige Wildformen fast nur Hybridzüchtungen im Handel. *H.*-Hybriden: 'Amy Baring' (Aprikosenfarben, kompaktwüchsig, grünlaubig, bis 15 cm), 'Ben Alder' (Orangerot, grünlaubig, bis 20 cm), 'Boughton Primrose' (Gelb, gefüllte Blüten, grünlaubig, bis 30 cm), 'Frau M. Bachthaler' (Karminrot, graulaubig, bis 20 cm), 'Elfenbeinglanz' (Cremefarben, bis 20 cm), 'Whisley White' (Reinweiß, grünlaubig, bis 30 cm); *H. leptopetalum* 'John Layon' (Orange, grünlaubig, bis 20 cm); *H. lunulatum* (Gelb, graulaubig, bis 15 cm).
Besonderes: Als Halbsträucher verholzen Sonnenröschen mit den Jahren. Werden sie sparrig im Wuchs, hilft ein Rückschnitt nach der Blüte.

Rechts: Sonnenblume

Helianthus

Sonnenblume

Blütezeit: Je nach Art und Sorte VIII – X.
Blütenfarbe: Hellgelb, Goldgelb, auch halbgefüllte und gefüllte Blüten.
Höhe: Je nach Art und Sorte 120 – 250 cm.
Standort: Vollsonnig in jedem normalen Gartenboden.
Arten und Sorten: *Helianthus atrorubens:* groß, Goldgelb, stark wachsend, bis 180 cm, die Sorte 'Monarch' wird bis 200 cm hoch. *H. decapetalus:* große, einfache Blütenköpfe, zitronengelb, bis 130 cm. *H. microcephalus:* standfeste Büsche mit kleinen, goldgelben Blüten, bis 160 cm; die Sorte 'Lemon Queen' hat zitronengelbe Blüten. *H.* x *multiflorus:* Kreuzung aus der einjährigen Sonnenblume *H. annuus* und der Staude *H. decapetalus*; Gruppen bildende, reich blühende Staude mit bis zu 12 cm breiten, goldgelben, bei manchen Sorten halbgefüllten bis gefüllten Blüten; die einfach blühende Sorte 'Capenoch Star' ist besonders blühfreudig, 'Loddon Gold' und 'Soleil d'Or' haben gefüllte Blüten; bis 150 cm. *H. salicifolius:* weidenblättrige Sonnenblume; Gruppen bildende, riesenwüchsige Rhizomstaude mit besonders schmalen Blättern; spät, erst im Oktober, erscheinen Bündel kleiner, goldgelber Blüten, bis 250 cm. *H. tuberosus:* Topinambur; Rhizome bildende, stark wuchernde und sehr spät im Jahr blühende Riesenstaude, die bis 300 cm hoch wird. Die nußartig

Ganz links: Sonnenröschen
Links: Taglilie

schmeckenden, inulinhaltigen Rhizome können im Winter ausgegraben und roh oder gekocht verzehrt werden.

Besonderes: Staudensonnenblumen sind ausdauernde Verwandte der einjährigen Sonnenblume (*H. annuus*). Sie bilden mit den Jahren dichte Horste, die wegen ihrer langen Blütezeit im Hoch- und Spätsommer üppige Schnittblumen liefern. Fast alle Arten bilden Ausläufer und neigen zum Wuchern (Ausnahme: *H. decapetalus* und ihre Hybriden).

Hemerocallis

Taglilie

Blütezeit: Je nach Sorte VI – IX.
Blütenfarbe: Weiß, Creme, Gelb, Orange, Rot, Braunrot, Purpur.
Höhe: Je nach Sorte 50 – 120 cm.
Standort: Sonnig bis halbschattig in nährstoffreichem, gut durchlässigem, aber nicht zu trockenem Boden.
Arten und Sorten: *H. aurantiaca* (Goldgelb, 70 cm, Blütezeit: VI); *H. citrina* (Gelb, 120 cm, Blütezeit: VII – VIII); *H. dumortieri* (Orangegelb, 50 – 60 cm, Blütezeit: VI – VII); *H. fulva* (Orangerot, auch gefüllt: 'Flore Pleno', 100 cm, Blütezeit: VII – VIII); *H. lilioasphodelus*, syn. *H. flava* (Gelb, 80 – 100 cm, Blütezeit: VI – VII); *H. middendorffii* (Orangegelb, 50 – 90 cm, Blütezeit: V – VI); *H. thunbergii* (Gelbgrün, 110 cm, Blütezeit: VII – VIII). *H.*-Hybriden: 'Ann Kelley' (runde, tiefrosa Blüten; 60 – 70 cm; Blütezeit: VII – VIII), 'Corky' (Hellgelb; 90 cm; Blütezeit: VII), 'Golden Chimes' (gelbe Blüten mit rotbraunen Rückseiten; bis 90 cm; Blütezeit: VI – VII), 'Ice Castles' (runde, elfenbeinfarbene Blüten mit gelbem Schlund; 40 – 50 cm; Blütezeit: VII – VIII), 'Lady Fingers' (spinnenförmige, blassgelbe Blüten mit grünem Schlund; 80 cm; Blütezeit: VII – VIII), 'Prairie Blue Eyes' (sternförmige, lavendelblaue Blüten, gelber Schlund; 70 cm; Blütezeit: VII – VIII), 'Red Cups' (samtig Rot, orangefarbener Schlund; 80 cm; Blütezeit: VII– VIII), 'Scarlet Orbit' (runde, nachtblühende, leuchtend rote Blüten; 50 cm; Blütezeit: VII – VIII).
Besonderes: Die zu den Liliengewächsen gehörenden Taglilien sind Horst bildende Stauden mit kurzem Wurzelstock und fleischigen Wurzeln. Anders als bei den meisten Stauden sollte man sie möglichst selten stören. Ein Umpflanzen oder Teilen bestrafen sie damit, dass sie erstmal ein bis zwei Jahre mit dem Blühen aufhören. Die Blätter sind schmal, die trichterförmigen Blüten sitzen an einem schlanken, oft verzweigten Blütenschaft. Jede Blüte hält nur einen Tag, aber da die Blütenschäfte mehrere Blüten tragen, die sich nacheinander öffnen, hat man dennoch lange Freude an den Taglilien. Durch Züchtung wurden verschiedene Blütezeiten bei den einzelnen Sor-

ten erreicht, sodass durch eine geschickte Sortenkombination die Blütezeit vom späten Fühjahr (Mai) bis zum Spätsommer (September) ausgedehnt werden kann. Viele Sorten sind außerdem remontierend, wenn sie rechtzeitig nach der Blüte zurückgeschnitten werden. Die Hauptblütezeit reicht jedoch von Juli bis August.

Hosta
Funkie, Herzlilie

Blütezeit: VII – VIII, *H. lancifolia*, *H. sieboldii*, *H. undulata* auch VIII – IX.
Blütenfarbe: Weiß, fliederfarben, Violettblau, Rosa.
Höhe: Je nach Sorte 20 – 75 cm.
Standort: Halbschattig bis schattig in feuchten, aber nicht staunassen Böden.
Arten und Sorten: *H. fortunei* (Graublattfunkie): Violett blühend, die Sorte 'Aureomarginata' (grüne Goldrandfunkie) hat bereifte Blätter mit gelbem Rand, die Sorte 'Aureoalbopicta' gelbe Blätter mit grünem Rand, alle bis 60 cm; *H. lancifolia* (Lanzenfunkie): violettblau blühend, glänzend grüne Blätter, bis 50 cm; *H. plantaginea* (Lilienfunkie): weiß blühend, hellgrüne Blätter, bis 60 cm; *H. undulata* 'Univittata' (Schneefederfunkie): hellviolett blühend, gewellte, weiß gezeichnete Blätter, bis 60 cm; *H. ventricosa* (Glockenfunkie): violett blühend, glänzend dunkelgrüne Blätter, bis 50 cm. Neben den Arten mit ihren Sorten gibt es noch unzählige Hybridzüchtungen, oft mit interessant gefärbtem und auffallendem großblättrigem Laub.
Besonderes: Funkien sind ideale Blattschmuckstauden für schattige Standorte mit zum Teil spektakulärer Herbstfärbung. Im Winter müssen sie in rauen Lagen durch eine Mulchschicht und einen übergestülpten Topf vor dem Erfrieren geschützt werden. Der Austrieb ist extrem schneckengefährdet.

Hyacinthus orientalis
Hyazinthe

Blütezeit: III – V.
Blütenfarbe: Weiß, Blau, Rosa, Rot.
Höhe: 20 – 30 cm.
Standort: Sonnig bis halbschattig in gut durchlässigem Boden.
Arten und Sorten: *H. orientalis* 'Carnegie' (Weiß); 'Fondant' (Rosa) (siehe Abb.); 'Blue Jacket' (Blau); 'Jan Bos' (Rot) u. a.
Besonderes: Voll frostharte Zwiebelstaude. Die Blüten verströmen einen starken Duft.

Rechts: Funkie
Ganz rechts: Hyazinthe

Links: Schwertlilie

Iris
Schwertlilie

Zu den Schwertlilien gehören sowohl Zwiebel als auch Rhizom bildende Arten. Allen gemeinsam ist der schlanke, aufrechte Wuchs mit schwertförmigen Blättern und die typische Blüte aus Hängeblättern (Sepalen), Narbenlappen und aufrecht stehenden Domblättern (Petalen). Blütezeit der meisten Arten ist von Frühjahr bis zum Sommer. Größere Arten, besonders die prachtvollen Bartiris (*Iris germanica*) eignen sich gut für Staudenbeete, während die niedrigen Arten im Steingarten besser zur Geltung kommen. Manche Arten, wie die Sumpfschwertlilie und die Wiesenschwertlilie wirken besonders bei Ufer- und Wassermotiven attraktiv. Um in die Vielfalt der Iris-Arten, Sorten und Züchtungen eine gewisse Übersichtlichkeit zu bringen, wurden sie in Gruppen eingeteilt. Zwei Hauptgruppen bilden die Zwiebel- und die Rhizomiris, die jeweils weiter untergliedert sind.

Zwiebeliris

(Reticulata-, Juno- und Xiphium-Iris)

Standort: Vollsonnig in gut dränierter, neutraler bis leicht alkalischer Erde.
Arten und Sorten: *I. bucharica* (Weiß-Gelb, 20 – 40 cm hoch, Blütezeit: III – IV); *I. danfordiae* (Gelb, bis 15 cm hoch, Blütezeit: III – IV); *I. histrioides* (Tiefblau, weiß und gelb gezeichnet, bis 15 cm hoch, Blütezeit: II – III).
Besonderes: Die Stauden werfen ihre Blätter jährlich ab und machen eine Sommerruhe. Die Blüten sind bartlos und erscheinen je nach Art vom Spätwinter bis zum Hochsommer.

Rhizomiris

Die Rhizome wachsen knapp unter der Erdoberfläche und schauen zum Teil sogar aus dem Boden heraus. Vergraben Sie sie nicht zu tief, damit sie nicht faulen. Jedes Jahr bilden die Rhizomiris neue Seitentriebe und können sich auf diese Weise unendlich ausdehnen. Alte Stauden müssen geteilt werden, damit sie nicht von der Mitte her verkahlen. Die wichtigste Gruppe ist die der Bartiris, von denen wiederum die Bartiris-Hybriden für den Gärtner besonders attraktiv sind. Bartlose Rhizom-Iris sind z. T. für Sumpfbeete geeignet.

Bartiris-Hybriden

Die Kultivare sind Hybriden aus *Iris germanica*, *I. chamaeiris*, *I. pumila* und anderen Arten.
Blütezeit: Mitte Frühjahr bis Frühsommer.
Blütenfarbe: Extrem vielfältig; Blütengröße: 2,5 – 20 cm.
Höhe: 5 – 50 cm.

Rechts: Bartiris-Hybride
Ganz rechts: Bartlose Rhizom-Iris

Standort: Sonnig mit durchlässigem Boden, aber in der Wachstumsphase nicht zu trocken. Die Oberseite der Rhizome darf etwas aus der Erde hervorschauen.
Arten und Sorten: Man teilt Bartiris-Hybriden in drei Hauptgruppen ein, zwischen denen es Übergänge gibt:

- Niedrige Bartiris (*Barbata-Nana*-Gruppe): bis ca. 20 cm hoch; Blütezeit: V – VI
- Halbhohe Bartiris (*Barbata-Media*-Gruppe): bis ca. 70 cm hoch; Blütezeit: V – VI
- Hohe Bartiris (*Barbata-Elatior*-Gruppe): bis ca. 150 cm hoch; Blütezeit: V – VI

Das Sortiment der Züchter umfasst inzwischen mehrere tausend Sorten in nahezu allen Blütenfarben außer Schwarz. Da es schwierig ist, Sortenempfehlungen zu geben, sei hier auf die Kataloge der Züchter verwiesen.

Bartlose Rhizom-Iris

Standort: Die Sumpfiris (*Iris laevigata, I. pseudacorus, I. kaempferi*) möchten feuchten, sauren Boden in Sonne oder Halbschatten, die Steppeniris (*I. spuria, I. unguiculares*) gut dränierten Boden in voller Sonne.
Arten und Sorten: *I. sibirica* (Sibirische Iris, Wiesenschwertlilie): Höhe: 30 – 150 cm; mehrere Blüten pro Trieb; Blütengröße: 7 – 13 cm, Farbe: Weiß oder Blau bis Violett mit gelber Zeichnung auf den Hängeblättern; Blütezeit: Mitte bis Ende Frühjahr, zahlreiche Hybridsorten; *I. spuria* (Steppeniris): Höhe: 20 – 200 cm; mehrere Blüten pro Trieb; Blütengröße: 7 – 15 cm; Blütezeit: Spätes Frühjahr bis Frühsommer, Farbe: vielfältig, viele Hybridsorten; *I. laevigata* (Sumpfiris): Höhe: 30 – 90 cm; mehrere Blüten pro Trieb; Blütengröße: 6 – 25 cm; Blütezeit: spätes Frühjahr bis Frühsommer; *I. pseudacorus* (Europäische Sumpfschwertlilie): Höhe: bis 150 cm, Gelb, auch Weiß ('Alba'), Blütezeit: Juni; *I. kaempferi*, syn. *I. ensata* (Japanische Sumpfschwertlilie): Höhe: bis 90 cm, Blau, Violett oder Weiß, Blütezeit: Juni/ Juli; *I. unguicularis*, syn. *I. stylosa*: grasartige, immergrüne Blätter, Blauviolett, auch Weiß ('Alba'), Höhe: bis 30 cm, Blütezeit: II – IV.

Kniphofia
Fackellilie

Blütezeit: VII – IX.
Blütenfarbe: Gelb, Orange, Rot und zweifarbig.
Höhe: 50 – 100 cm.
Standort: Vollsonnig in gut durchlässiger Erde.
Arten und Sorten: *K. citrina* (Hellgelb, bis 80 cm); *K. galpinii* (zierlich, mit schmalen Blättern und orangegelben

Blütenkerzen) (siehe Abb.); *K.-Hybriden*: 'Ada' (Orange, bis 90 cm); 'Buttercup' (Gelb, bis 75 cm); 'Royal Standard' (zweifarbig Hellgelb und Feuerrot, bis 100 cm).
Besonderes: Junge Pflanzen brauchen einen Winterschutz.

Lavandula
Lavendel

Blütezeit: VI – VII.
Blütenfarbe: Blau, Violett, Rosa, Weiß.
Höhe: 30 – 40 cm.
Standort: Vollsonnig in magerem, gut durchlässigem Boden.
Arten und Sorten: *L. angustifolia* (Lavendel): 'Grappenhall' (Blau, stark wachsend, bis 60 cm); 'Alba' (Weiß, bis 40 cm); 'Hidcote Blue' (Violett, bis 50 cm); 'Hidcote Pink' (Rosa, bis 40 cm); 'Munstead' (Hellblau, bis 40 cm); *L. stoechas* ssp. *stoechas* (Schopflavendel): Violettblau, aromatisches Laub, nicht so winterhart wie *L. angustifolia*.
Besonderes: Verholzende Halbsträucher, die nach der Blüte zurückgeschnitten werden müssen, damit sie nicht sparrig werden. Sie treiben aus dem alten Holz nicht wieder aus.

Ganz links: Fackellilie
Links unten: Lavendel

Rechts: Prachtscharte
Ganz rechts: Kreuzkraut

Liatris spicata
Prachtscharte

Blütezeit: VII – IX.
Blütenfarbe: Violett und Weiß.
Höhe: Bis 90 cm ('Kobold': bis 40 cm).
Standort: Sonnig in gut durchlässigem Boden.
Arten und Sorten: *L. spicata* 'Floristan Violett' (Violett); 'Floristan Weiß' und 'Snow Queen' (Weiß); 'Kobold' (Violett).
Besonderes: Verträgt keine Staunässe und muss vor Wühlmäusen geschützt werden.

Ligularia
Kreuzkraut, Greiskraut

Blütezeit: VII – VIII/IX.
Blütenfarbe: Gelb.
Höhe: Je nach Art 100 – 200 cm.
Standort: Halbschattig oder schattig, auch sonnig in tiefgründigen, feuchten Böden.
Arten und Sorten: *L. dentata* 'Desdemona': Orangegelb, purpurfarbenes Laub, bis 100 cm (siehe Abb.); *L.*-Hybride 'The Rocket': gelbe, üppige Blütenrispen und fingerförmig geteiltes Laub, bis 180 cm; *L.* x *palmatiloba*: gelbe Blütenähren, stark zerteilte Blätter, bis 180 cm; *L. przewalskii* (Mongolisches Greiskraut): hellgelbe Blütenähren, feingeschlitztes Laub, bis 130 cm; *L. stenocephala*: gelbe Blütenrispen, herzförmige Blätter, bis 120 cm.
Besonderes: Alle Kreuzkräuter brauchen besonders an sonnigen Standorten viel Feuchtigkeit, damit die großen Blätter an heißen Tagen nicht welken. Schöne Blattschmuckstauden für Teichmotive.

Lilium
Lilie

Ausdauernde Zwiebelpflanzen, von denen die meisten voll frosthart sind. Manche Arten sind allerdings so heikel in der Pflege, dass sie nicht uneingeschränkt für das Staudenbeet empfohlen werden können. Die geschuppten Zwiebeln sind sehr empfindlich gegen Austrocknung und sollten daher nie längere Zeit ungeschützt gelagert

werden. Die meisten Arten mögen sonnige Standorte und gut dränierte, neutrale, nährstoffreiche Böden. Bei kritischen Bodenverhältnissen können die Lilienzwiebeln auch in Töpfen oder Kübeln kultiviert und in diesen ins Staudenbeet gesetzt werden. Die richtige Pflanzzeit für die Zwiebeln ist der Herbst. Wer es versäumt hat, kann aber auch im zeitigen Frühjahr vor dem Austrieb noch pflanzen. Da Lilienzwiebeln gern von Wühlmäusen vernagt werden, empfiehlt es sich, sie erst in ein ausreichend großes, nach oben offenes Körbchen aus engmaschigem Draht und dann erst in die Erde zu setzen. Neben den Arten sind vor allem die Hybridzüchtungen für den Staudengarten von Bedeutung. Man unterscheidet hierbei verschiedene Hybridgruppen. Eine Sortenempfehlung wird aufgrund der zahlreichen Sorten nicht gegeben. Es sei an dieser Stelle auf die Kataloge der auf Lilien spezialisierten Staudenzüchter verwiesen.

Eine Auswahl nicht-hybrider, botanischer Arten: *L. bulbiferum* (Feuerlilie): Orange, bis 100 cm, Blütezeit: VI – VII; *L. candidum* (Madonnenlilie): Weiß, bis 150 cm, Blütezeit: VI – VII; *L. davidii* var. *wilmottiae* (Davidslilie): Orange, Braun, getupft, bis 200 cm, Blütezeit: VII; *L. lancifolium*, syn. *L. tigrinum* (Tigerlilie): Orangerot, schwärzlich getupft, bis 150 cm, Blütezeit: VI – VIII (siehe Abb. links); *L. martagon* (Türkenbundlilie): Rosapurpur, auch Weiß ('Album'), bis 150 cm, Blütezeit: VI, bevorzugt Halbschatten; *L. regale* (Königslilie): Weiß, außen Rosa, auch Goldgelb ('Royal Gold'), bis 150 cm, Blütezeit: VI – VII.

Lupinus
Lupine

Blütezeit: V – VII (remontierend).
Blütenfarbe: Weiß, Gelb, Orange, Rot, Blau, Violett, auch Gelb (*L.-Russel*-Hybriden).
Höhe: 80 – 120 cm.
Standort: Sonnig bis halbschattig.
Arten und Sorten: *L. arboreus* (Strauchlupine): Blau/Gelb, auch Weiß ('Snow Queen') und Lila ('Mauve Queen'), bis 200 cm; *L.-Polyphyllus*- und *L.-Russel*-Hybriden: 'Kastellan' (Blau), 'Fräulein' (Weiß), 'Schloßfrau' (Rosa) (siehe Abb.), 'Edelknabe' (Rot), 'Kronleuch-

Links: Lilie
Links unten: Lupine

ter' (Gelb), 'Gallery-Mischung' (verschiedene Farben, bis 60 cm), 'Karneval' (verschiedene Farben, großblumig, bis 100 cm).
Besonderes: Nach der ersten Blüte zurückschneiden, um einen zweiten Flor anzuregen.

Lysimachia
Weiderich, Felberich, Pfennigkraut

Blütezeit: VI – VIII/IX.
Blütenfarbe: Gelb, Weiß.
Höhe: 70 – 100 cm, *L. nummularia*: 5 cm.
Standort: Sonnig bis halbschattig oder schattig auf allen nicht zu trockenen Böden.
Arten und Sorten: *L. ciliata*: Hellgelb, schöne Herbstfärbung, die Sorte 'Firecracker' hat rotes Laub, bis 80 cm; *L. clethroides* (Schneefelberich): Weiß, schöne Herbstfärbung, bis 70 cm; *L. ephemerum*: Weiß, graugrünes Laub, bis 100 cm; *L. nummularia* (Pfennigkraut): Bodendecker mit gelben Blüten und frischgrünem Laub, die Sorte 'Aurea' hat goldgelbes Laub, bis 5 cm; *L. punctata* (Goldfelberich, Gilbweiderich): gelbe Blütensterne an langen Rispen, bis 90 cm.
Besonderes: Alle Felbericharten neigen zum Wuchern und breiten sich mit unterirdischen Ausläufern mitunter aggressiv aus.

Malva
Malve

Blütezeit: VI – IX.
Blütenfarbe: Rosa, Rot, Weiß.
Höhe: 60 – 70 cm.
Standort: Vollsonnig.
Arten und Sorten: *M. alcea* (Stockrose, Rosenpappel, Stockmalve): kurzlebige, rosa blühende Staude, bis 70 cm, Zuchtformen auch vielfarbig blühend und bis zu 200 cm hoch (siehe Abb. unten); *M. moschata* (Moschusmalve): Hellrosa, auch Weiß ('Alba'), 60 – 80 cm hoch.
Besonderes: Malven sind besonders anfällig für Rostpilze. Befallenes Laub über den Restmüll entsorgen.

Rechts: Weiderich
Ganz rechts: Stockrose

Links oben: Indianernessel
Links unten: Katzenminze

Monarda
Indianernessel

Blütezeit: VI – VIII.
Blütenfarbe: Weiß, Orangerot, Rosa, Rot, Purpur.
Höhe: 100 – 150 cm.
Standort: Sonnig bis halbschattig in nahrhaftem, frischem Boden.
Arten und Sorten: *M. didyma* 'Cambridge Scarlet' (Scharlachrot, bis 100 cm); 'Squaw' (Scharlachrot, bis 120 cm) (siehe Abb.); *M. Fistulosa*-Hybriden 'Beauty of Cobham' (Lilarosa, dunkles Laub, bis 100 cm); *M.*-Hybriden 'Kardinal' (Karminrot, bis 100 cm); 'Präriebrand' (Lachsrot, bis 120 cm); 'Prärienacht' (Purpur, bis 150 cm).
Besonderes: Bildet mit der Zeit große Büsche.

Nepeta
Katzenminze

Blütezeit: V – IX (remontierend).
Blütenfarbe: Blauviolett, Weiß, Hellgelb.
Höhe: 25 – 60 cm.
Standort: Sonnig.
Arten und Sorten: *N.* x *faassenii* 'Superba' (Blau, großblumig, bis 30 cm); 'Six Hills Giant' (Blau, bis 50 cm); 'Snowflake' (Weiß, bis 30 cm); 'Walker's Low' (Leuchtend Blau, bis 60 cm); *N. govaniana* (Hellgelb, auch für Halbschatten, bis 90 cm); *N. sibirica* 'Souvenir de André Chaudron' (Blau, bis 40 cm); *N. subsessilis* (Blau, bis 40 cm).
Besonderes: Schöne und pflegeleichte Staude für Rabatteneinfassung und als Solitärstaude in Steingärten. Der Rückschnitt erfolgt nach der ersten Blüte und regt zum Nachflor an.

Rechts: Narzisse
Ganz rechts: Pfingstrose

Narcissus
Narzisse

Blütezeit: III – V.
Blütenfarbe: Weiß, Gelb, Orange und zweifarbig.
Höhe: Je nach Sorte zwischen 10 und 40 cm.
Standort: Sonnig bis halbschattig.
Arten und Sorten: Zahlreiche Kreuzungen und züchterische Veränderungen haben eine große Vielfalt an Narzissenformen hervorgebracht. Eine international anerkannte Klassifizierung wurde in England entwickelt, um die verschiedenen Blütenformen in zehn Gruppen zusammenzufassen. Das Sortiment ist ständigen Weiterentwicklungen und Änderungen unterworfen. Die Kataloge der Zwiebelzüchter bieten eine reiche Auswahl an Sorten.
Wild vorkommenden Arten und natürliche Hybriden: z. B. Trompetennarzisse oder Osterglocken (*Narcissus pseudonarcissus*), Reifrocknarzisse (*Corbularia bulbocodium*), Tazetten (*Narcissus tazetta*) u.a. Manche davon sind nicht frosthart.

Paeonia
Pfingstrose

Blütezeit: V – VI/VII.
Blütenfarbe: Weiß, Rosa, Rot, Gelb.
Höhe: 70 – 110 cm.
Standort: Sonnig.
Arten und Sorten: *P. lactiflora*-Hybriden: 'Jan van Leeuwen' (Weiß, ungefüllt, bis 80 cm), 'Coral Fay' (Karminrot, ungefüllt, bis 80 cm), 'Fancy Nancy' (Lilarosa, ungefüllt, bis 90 cm), 'Rubinschale' (Rubinrot, ungefüllt, bis 80 cm), 'Gardenia' (Weiß, gefüllt, bis 90 cm), 'Albert Crousse' (Zartrosa, flach gefüllt, bis 95 cm), 'Noemi Demay' (Zartrosa, gefüllt, bis 60 cm), 'Red Giant' (Karminrot, gefüllt, bis 110 cm); *P. mlokosewitschii* (Gelbe Pfingstrose) (ungefüllt, grau bereiftes Laub, 70 – 80 cm); *P. officinalis* (Bauernpfingstrose) 'Rubra Plena' (rot, gefüllt, bis 80 cm), 'Alba Plena' (erst Zartrosa, dann Weiß, gefüllt, bis 80 cm); *P. peregrina* (Rote Wildform aus Südeuropa, bis 70 cm); *P. tenuifolia* 'Plena' (Rot, gefüllt, fein gefiedertes Laub, bis 60 cm).

Besonderes: Pfingstrosen möglichst nur im Herbst pflanzen. Die Stauden stehen gern über Jahre am selben Ort. Viele Sorten haben einen zarten bis intensiven Duft.

Papaver
Mohn

Blütezeit: V – VI, *P. nudicaule*: VI – IX.
Blütenfarbe: Weiß, Rot, Orange, Rosa, auch Gelb (*P. nudicaule, P. alpinum*).
Höhe: *P. nudicaule*: 30 – 40 cm, *P. orientalis*: bis 150 cm.
Standort: Sonnig.
Arten und Sorten: *P. alpinum* (Alpenmohn): Weiß, Gelb und Orange, bis 10 cm; *P. nudicaule*, syn. *P. croceum* (Islandmohn): 'Illumination' (Mischung gelber, weißer und oranger Blüten, bis 40 cm hoch), 'Gartenzwerg' (Mischung, bis 20 cm); *P. orientale* (Orientalischer Mohn, Türkenmohn): 'Ali Baba' (Rot, bis 80 cm), 'Beauty of Livermere' (Scharlachrot mit gewellten Rändern, bis 90 cm), 'Juliane' (Zartrosa, bis 80 cm), 'Perry's White' (Weiß, bis 80 cm), 'Polka' (Weiß mit orangem Rand, bis 80 cm), 'Türkenlouis' (Rot, stark gefranste Blüten, bis 80 cm) (siehe Abb.).
Besonderes: Die Blätter sterben nach der Blüte ab und erscheinen im Frühherbst wieder als Überwinterungsrosette. Türkenmohn lässt sich im Allgemeinen schlecht verpflanzen.

Penstemon
Bartfaden

Blütezeit: V/VI – VII/VII.
Blütenfarbe: Weiß, Rot, Purpur, auch Gelb (*P. pinifolius*).
Höhe: Je nach Sorte 15 – 100 cm.
Standort: Sonnig auf gut durchlässigem Boden.
Arten und Sorten: *P. barbatus* 'Praecox Nanus' (Rot, Rosa, Violett, bis 50 cm); *P. digitalis* 'Husker's Red Strain' (Weiß, purpurfarbenes Laub, bis 100 cm); *P. hirsutus* 'Pygmaeus' (Violett mit Weiß, bis 15 cm); *P.*-Hybriden: 'Saskatoon' (Verschiedene Blautöne, bis 40 cm), 'Züriblau' (Reinblau, bis 30 cm); *P. pinifolius* (Orangerot, die Sorte 'Mesea Yellow' auch Gelb, nadelartige Blätter, bis 25 cm); *P. utahensis* (Karminrot, bis 80 cm).
Besonderes: Bartfaden braucht kalkhaltigen Boden und in rauhen Lagen Winterschutz.

Ganz links: Mohn 'Türkenlouis'
Links: Bartfaden

Rechts: Knöterich 'Superbum'
Ganz rechts: Phlox

Persicaria, syn. Polygonum

Knöterich

Blütezeit: *P. bistorta*: V – VIII, *P. affinis, P. amplexicaule* und *P. virginiana*: VIII – IX.
Blütenfarbe: Rosa, rötlich.
Höhe: Je nach Art 25 – 100 cm.
Standort: Sonnig bis halbschattig in nicht zu trockenen Böden.
Arten und Sorten: *P. affinis* 'Superbum' (Rosa, bis 25 cm); *P. amplexicaule* (Rot, bis 100 cm); *P. bistorta* (Wiesenknöterich) (Rosarot, die Sorte 'Superbum' wuchert nicht, bis 70 cm) (siehe Abb. oben); *P. virginiana* (rötlich, bis 80 cm).
Besonderes: Niedrige Sorten als Bodendecker, höhere Arten als Begleiter bei Wassermotiven.

Phlox

Phlox, Flammenblume

Blütezeit: IV – V und IX (remontierend).
Blütenfarbe: Weiß, Rosa, Rot, Purpur, Blauviolett, auch zweifarbig.
Höhe: Niedrige Arten: 5 – 40 cm; Hohe Arten: 80 – 120 cm.
Standort: Sonnig bis halbschattig.
Arten und Sorten: Niedrige Arten: *P. divaricata* (Lavendelblau, bis 40 cm, 'Dirigi Ice' ist niedriger, bis 25 cm), *P. Douglasii*-Hybriden: 'Crackerjack' (Karminrot, bis 5 cm), 'Rose Queen' (Helllilarosa, bis 10 cm); *P. subulata*: 'G. F. Wilson' (Wasserblau, stark wachsend, bis 15 cm), 'Scarlet Flame' (Scharlachrot, bis 15 cm), 'Violet Seedling' (Rotviolett, bis 15 cm), 'White Delight' (Weiß, starkwüchsig, bis 15 cm). Hohe Arten: *P.-Maculata*-Hybriden: 'Mrs. Lingard' (Reinweiß, bis 80 cm), 'Omega' (Weiß mit rotem Auge), 'Rosalinde' (Karminrosa, bis 100 cm), 'Alpha' (Lilarosa, bis 100 cm); *P.-Paniculata*-Hybriden: 'Kirmesländer' (Weiß mit rotem Auge, bis 120 cm), 'Orange' (Lachsorangerot, bis 80 cm), 'Wilhelm Kesselring' (Violett mit weißem Auge, bis 80 cm) (siehe Abb. oben).
Besonderes: Die abgewelkten Blütenstände auskneifen, um so eine Nachblüte zu erreichen. Die Blütezeit einer Sorte kann auch dadurch verlängert werden, in dem im Juni ein Drittel der jungen Triebe gestutzt wird. Phlox ist besonders anfällig für Echten Mehltau. Befallene Pflanzenteile entfernen und über den Restmüll entsorgen oder verbrennen. Niedrige Arten (»Teppichphlox, Moosphlox«) sind gute Bodendecker.

Links oben: Glockenblume
Links unten: Fingerkraut

Potentilla
Fingerkraut

Blütezeit: V/VI – VIII.
Blütenfarbe: Weiß, Gelb, Rot.
Höhe: Je nach Sorte 5 – 45 cm.
Standort: Vollsonnig in gut durchlässigem Boden.
Arten und Sorten: *P. alba* (Weißes Fingerkraut) (Weiß, niederliegende Triebe, bis 25 cm); *P. argentea* var. *calabra* (Silberfingerkraut) (Gelb, silbergraues Laub, bis 15 cm); *P. atrosanguinea* 'Gibson's Scarlet' (Scharlachrot, lang blühend, bis 45 cm); *P. aurea* (Goldfingerkraut) 'Goldklumpen' (Goldgelb, silbrig behaarte Blätter, bis 15 cm); *P. crantzii* 'Goldrausch' (Goldgelb, remontierend, bis 10 cm); *P. megalantha* (Goldgelb, großblütig, behaarte Blätter, bis 20 cm); *P. nepalensis* 'Ron Mc. Beath' (Karminrosa, bis 30 cm); *P. neumanniana*, syn. *P. verna* (Frühlingsfingerkraut): 'Nana' (Gelb) (siehe Abb.), 'Orange Form' (Orange), langblühend, bodendeckend, bis 5 cm); *P. recta* (Hohes Fingerkraut) (Gelb, bis 60 cm).
Besonderes: Alle Sorten eignen sich gut für Steingärten und naturnahe Anlagen.

Physostegia virginiana
Gelenkblume

Blütezeit: VII – IX.
Blütenfarbe: Rosalila, auch Weiß ('Summersnow').
Höhe: 60 – 100 cm.
Standort: Sonnig bis halbschattig in nicht zu trockenem Boden.
Arten und Sorten: *P. virginiana* 'Bouquet Rose', Violettrosa, bis 70 cm; *P. v.* 'Summersnow', Schneeweiß, früh blühend, bis 80 cm.

Rechts oben: Primel
Rechts unten: Küchenschelle 'Rote Glocke'

Primula
Primel

Blütezeit: *P. rosea*, *P. vulgaris* und *P. verna*: III – IV, die meisten anderen: VI – VI.
Blütenfarbe: Alle Farben, vorwiegend Gelb- und Rosatöne.
Höhe: Je nach Sorte 5 – 50 cm.
Standort: Halbschattig bis schattig in feuchten, frischen Böden.
Arten und Sorten: *P. beesiana* (Kandelaberprimel): Lilapurpur, 60 – 100 cm (siehe Abb. oben); *P.-Bullesiana*-Hybriden (Terrakottaprimel): Rot, Rosa, Violett, Blau, Gelb, bis 60 cm; *P. bulleyana* (Kandelaberprimel): Orangegelb bis rötlich Orange, 50 – 60 cm; *P. denticulata* (Kugelprimel): Weiß ('Alba'), Rot ('Rubra') u.a., kugelförmige Blütendolden, bis 30 cm; *P. elatior* (Hohe Schlüsselblume): Gelb, bei Hybridsorten auch Farbmischungen, bis 30 cm; *P. farinosa* (Mehlprimel): Rosa, Lila, Weiß, verträgt Sonne, bis 20 cm; *P. rosea* (Rosenprimel): Rosarot, bis 20 cm; *P. veris* (Wiesenschlüsselblume): Gelb, bis 25 cm; *P. vulgaris*, syn. *P. acaulis* (Kissenprimel): Blassgelb, 15 – 20 cm; *P.*-Hybriden (Gartenprimeln): nahezu alle Farben, auch zweifarbige Blüten, 15 – 25 cm.
Besonderes: Bis auf wenige Arten sind alle Primeln ausdauernde, krautige Pflanzen und gehören damit zu den Stauden. Manche sind allerdings recht kurzlebig und müssen oft nachgepflanzt werden. Außer den Arten gibt es zahlreiche Hybridzüchtungen.

Pulsatilla vulgaris
Küchenschelle

Blütezeit: III – IV.
Blütenfarbe: Weiß, Violett, Rot.
Höhe: 25 – 30 cm.
Standort: Sonnig auf kalkigen Böden.
Arten und Sorten: *P. alpina* (Alpen-Küchenschelle) Weiß, auch Gelb ('Sulphurea'); *P. vulgaris*: Violett, Sorten: 'Alba' (Weiß), 'Rote Glocke' (Rot) (siehe Abb. unten), 'Rosa Töne' (Rosa), *P. vulgaris* ssp. *grandis*: größere Blüten, bis 30 cm.
Besonderes: Sehr bodentolerant, gehört in jeden Steingarten.

Ganz links: Schaublatt
Links: Kalifornischer Baummohn

Rodgersia
Schaublatt

Blütezeit: VI – VII.
Blütenfarbe: Weiß, Cremeweiß, auch Rosaweiß (*R. henrici*).
Höhe: 80 – 150 cm.
Standort: Halbschattig bis schattig in humosem, nicht zu trockenem Boden.
Arten und Sorten: *R. aesculifolia* (kastanienblättrig, bis 100 cm); *R. henrici* (kastanienblättrig, hellrosa Blüten, bis 80 cm); *R. pinnata* (dunkel glänzendes, gefingertes Laub, rötlich im Austrieb, überhängende Blütenrispen, bis 120 cm); *R. podophylla* ('Rotlaub' hat im Austrieb rötliche, tief eingesägte, handförmige, 'Smaragd' smaragdgrüne Blätter, beide bis 150 cm); *R. sambucifolia*: reinweiße Blüten und behaarte, gefiederte Blätter, bis 100 cm.
Besonderes: Wertvolle Blattschmuckstauden für große Anlagen, bevorzugt unter Bäumen oder im halbschattigen Hintergrund. Schaublätter brauchen einige Jahre, bis sie ihre volle Größe erreicht haben und ihre imposante Wirkung entfalten.

Romneya coulteri
Kalifornischer Baummohn

Blütezeit: VII – IX.
Blütenfarbe: Weiß mit gelber Mitte.
Höhe: 100 – 250 cm.
Standort: Vollsonnig in gut durchlässigem Boden.
Besonderes: Imposante Solitärpflanze mit großen Blüten. Im Winter bis zum Grund zurückschneiden, Winterschutz. Alte Pflanzen nicht versetzen.

Rudbeckia
Sonnenhut

Blütezeit: VII – IX, *R. laciniata*: IX – X.
Blütenfarbe: Gelb, Goldgelb.
Höhe: Je nach Sorte 60 – 200 cm.
Standort: Vollsonnig.
Arten und Sorten: *R. fulgida* var. *deamii* (Goldgelb, sehr reichblütig, verträgt Trockenheit, bis 80 cm); *R. fulgida* var. *sullivantii* 'Goldsturm' (Goldgelb, lange Blüte-

Rechts: Sonnenhut
Ganz rechts: Salbei

zeit, bis 60 cm) (siehe Abb.); *R. laciniata* (Gelb, auch gefüllt: ‚Goldkugel', 150 – 180 cm); *R. maxima* (Gelb, für feuchte Standorte, bis 200 cm); *R. nitida* 'Herbstsonne' (Gelb mit grünem Knopf, bis 200 cm); *R. submentosa* (Gelb mit brauner Mitte, bis 130 cm); *R. triloba* (Gelb, kleinblütig, bis 120 cm).
Besonderes: Schöne Rabattenstauden für vollsonnige, aber nicht zu trockene Standorte.

Salvia
Salbei

Blütezeit: V/VI – VII/VIII und IX (manche Sorten remontierend).
Blütenfarbe: Weiß, Blau, Violett, Rosa, Rot.
Höhe: Je nach Sorte 30 – 120 cm.
Standort: Sonnig.
Arten und Sorten: *S. argentea* (Weiß, silberweiß behaarte Blätter, kurzlebig, Blütezeit: VII, bis 120 cm); *S. lavandulifolia* (Blau, wintergrün, Blütezeit: VI – VII, bis 40 cm); *S. nemorosa* (Steppensalbei): 'Adrian', syn. 'Schneehügel' (Weiß, bis 50 cm), 'Ostfriesland' (Blaulila, bis 50 cm) (siehe Abb.), 'Rosenwein' (Rosarot, bis 40 cm); *S. officinalis* (Küchensalbei): 'Alba' (Weiß, bis 50 cm), 'Berggarten' (Blauviolett, breite, graue Blätter, bis 50 cm), 'Purpurascens' (Lila, rötliches Laub, bis 50 cm), 'Tricolor' (Blaulila, dreifarbiges Laub, graugrün-gelblich-rosa, bis 40 cm), 'Variegata' (Blaulila, panaschiertes Laub, bis 40 cm); *S. pratensis* (Wiesensalbei) (Wildform, Blau, bis 100 cm); *S. sclarea* (Muskatellersalbei): Lilaweiß, kurzlebig, bis 100 cm; *S. verticillata* 'Purple Rain': Violettblau, lange Blütezeit, dafür nicht remontierend, bis 70 cm.
Besonderes: Alle Salbeiarten lieben eher kalkige Böden, sind aber sonst relativ anspruchslos.

Saxifraga
Steinbrech

Eine der größten Pflanzengattungen mit zahlreichen Stauden oder Halbsträuchern, insgesamt über 300 Arten und viele Hybriden, meist Polster bildend und immergrün, die aufgrund ihrer Herkunft aus dem Gebirge vor allem in den Steingarten gehören. Steinbreche sind äußerst vielgestaltig, haben teilweise ganz unterschiedliche Ansprüche und werden daher in verschiedene Sektionen eingeteilt:

- Vorfrühlingssteinbreche (*Porophyllum*)
- Silberrosetten-Steinbreche, Kalkkrustensteinbreche (*Euaizoonia*)
- Moos-Steinbreche (*Dactyloides*)
- Blattrosetten-Steinbreche (*Robertsoniana*)
- Diptera

Der Einfachheit halber werden hier Arten und Sorten für sonnige und solche für schattige Standorte unabhängig von der jeweiligen Sektionszugehörigkeit aufgeführt.

Arten und Sorten für sonnige Standorte (alle im Frühsommer blühend): *S. callosa*, syn. *S. lingulata* (Kalkkrustensteinbrech): weiße Blütenrispen, Rosetten bildend, bis 30 cm; *S. cochlearis*: weiße Blütenrispen, kleine Rosetten, bis 20 cm; *S. cotyledon* (Pracht-Steinbrech) 'Southside Seedling': weiße, rot gepunktete Blütendolden, große Blattrosetten, bis 25 cm; *S hostii*: weiße Blütenrispen, mächtige Blattrosetten, bis 40 cm; *S. paniculata* (Traubensteinbrech): rosa Blütenrispen, Matten bildende Rosetten (siehe Abb.), bis 20 cm, die Variante 'Winterfeuer' bis 40 cm mit schöner roter Herbstfärbung.

Arten und Sorten für halbschattige bis schattige Standorte: *S. aizoides* (Fetthennen-Steinbrech): rot gefleckte dunkelorange Blüten im Sommer, Matten bildende Rosetten, bis 15 cm; *S. Arendsii*-Hybriden (Moossteinbreche): immergrüne, moosartige Polster bildend, blühen im Frühling, bis 15 cm hoch; Sorten: 'Ingeborg' (Dunkelrot), 'Purpurteppich' (Dunkelweinrot), 'Schneeteppich (Weiß); *S. burseriana* (Stachelblättriger Kabschia-Steinbrech): weiße Blütensprosse im Frühling, Rosetten bildend, bis 5 cm; *S. cortusifolia* var. *fortunei* (Herbststeinbrech): weiße Blütenrispen im Herbst, lockere Rosetten, bis 30 cm; *S. cuneifolia* 'Ingwersen' (Keilblättriger Steinbrech): weiße Blütenrispen im Frühsommer, Matten bildende Rosetten, für saure Böden, bis 20 cm; *S. trifurcata* (Gabelsteinbrech): weiße Blüten über moosartigem Polster im Frühsommer, bis 15 cm; *S. umbrosa* syn. *S. primuloides* (Porzellanblümchen): weiße Blütenrispen im Frühsommer, dunkelgrüne Blattrosetten, bis 30 cm.

Scilla

Blausternchen, Hasenglöckchen

Blütezeit: III – IV, *S. non-scripta*: VI – V.
Blütenfarbe: Weiß, Blau, Rosa.
Höhe: 15 – 20 cm.
Standort: Sonnig bis halbschattig.
Arten und Sorten: *S. bifolia*: Blau, auch Rosa ('Rosea'), bis 15 cm; *S. non-scripta*, syn. *Hyacinthoides*

Ganz links: Steinbrech
Links: Blausternchen

non-scripta (Hasenglöckchen): Mittelblau bis Weiß, bis 20 cm; *S. sibirica* (Sibirisches Blausternchen): Weiß (‘Alba’) oder Dunkelblau (‘Atrocoerulea’, syn. ‘Spring Beauty’), bis 20 cm.
Besonderes: Kleine, voll frostharte Zwiebelstauden, die sich zum Teil selbst aussäen.

Sedum

Fetthenne, Mauerpfeffer

Sukkulente (dickblättrige), immergrüne Stauden mit sehr unterschiedlichen Wuchsformen. Die meisten Arten stammen aus dem Gebirge und sind daher für den Steingarten geeignet, aber auch hohe Arten für das Staudenbeet (hier gehören sie in den Vordergrund der Rabatten) werden kultiviert. Im Frühsommer und Sommer bilden die Stauden doldenförmige Blütenrispen. Alle bevorzugen einen sonnigen Standort und sehr magere, auch steinige Böden. Die Blumenfetthenne (*S. telephium*) kommt auch mit normaler Gartenerde problemlos zurecht.
Arten und Sorten: *S. acre* (Scharfer Mauerpfeffer): gelbe Blütchen im Frühsommer, Matten bildend, 5 – 10 cm; *S. album* (Weißer Mauerpfeffer): weiße Blütchen im Frühsommer, 5 – 15 cm (siehe Abb.), die Sorte ‘Coral Carpet’ bekommt im Herbst und Winter korallenrote Blätter; *S. anacampseros* (Walzen-Mauerpfeffer): braunpurpurne Blüten im Sommer, niederliegende, rötliche Triebe, bis 15 cm; *S. floriferum* ‘Weihenstephaner Gold’: gelbe Blütensterne im Sommer, Matten bildend, 5 – 15 cm; *S. reflexum*, syn. *S. rupestre* (Tripmadam): gelbe Blütendolden im Sommer, nieder liegende, graublaue Triebe, 5 – 15 cm; *S. sexangulare* (Milder Mauerpfeffer): gelbe Blütchen im Frühsommer, Matten bildend, 5 – 10 cm; *S. spectabile* (Hohe Fetthenne): ‘Carmen’ (dunkelrosa Blütendolden im Spätsommer, bis 40 cm), ‘Stardust’ (weiße Blütendolden im Herbst, bis 30 cm); *S. spurium*: Bodendecker, kaum blühend, ‘Fuldaglut’ hat dunkelrote Blätter, 10 – 15 cm; *S. telephium* (Blumenfetthenne): ‘Herbstfreude’ (rostrote Blütendolden im Herbst, bis 50 cm) ‘Matrona’ (rosa Blütendolden im Sommer/Spätsommer, rötliches Laub, bis 60 cm).

Sempervivum

Hauswurz, Dachwurz

Die immergrünen, Rosetten bildenden Hauswurz-Arten gehören zu den robustesten Steingartenstauden. Die Blätter sind durchweg sukkulent (dickfleischig). Sie lie-

Rechts: Fetthenne
Ganz rechts: Hauswurz

Links: Goldrute

ben einen sonnigen Standort in sehr mageren, durchlässigen Böden und gedeihen auch auf Mauern, Schiefer- und Ziegeldächern. Sie dürfen vor allem im Winter nicht zu viel Feuchtigkeit bekommen. Die Blattfärbung variiert je nach Standort und Jahreszeit. Im Laufe des Sommers bilden sie an 15 – 20 cm langen Trugdolden aparte, sternförmige Blüten. Nach der Blüte stirbt die Hauptrosette ab. Die Pflanze bildet jedoch zahlreiche Nebenrosetten, die für einen Weiterbestand sorgen. Ganz ähnlich sehen die Jovibarba-Arten aus, die früher zur Gattung *Sempervivum* gezählt wurden.

Arten und Sorten: *S. arachnoideum* (Spinnweb-Hauswurz): rosa Blüten im Frühsommer, dichte Rosetten, von feinen Fäden spinnwebartig überzogen, 8 – 10 cm (siehe Abb. auf vorheriger Seite); *S. grandiflorum* (Dachwurz): gelbgrüne Blüten im Frühsommer, große Blattrosetten, bis 10 cm; *S.*-Hybriden: unzählige Variationen, die nur zum Teil benannt sind, z. B. 'Excelsior' (Frischgrün, bewimpert), 'Galahad' (sehr große, weinrote Rosetten), 'Kramers Spinnrad' (kleine grüne, übersponnene Rosetten) oder 'Seerosenstern' (helles Graugrün mit roten Spitzen, besonders groß); *S. montanum*, syn. *S. helveticum* (Berg-Hauswurz): purpurrote Blüten im Sommer, offene, dunkelgrüne, Rasen bildende Rosetten, 8 – 10 cm; *S. tectorum* (Echte Hauswurz): Purpurrote Blüten im Sommer, sehr große, bis zu 20 cm breite Rosetten, Blütenrispen bis 30 cm hoch.

Solidago

Goldrute

Blütezeit: VII – X.
Blütenfarbe: Gelb.
Höhe: Je nach Sorte 50 – 120 cm.
Standort: Vollsonnig.
Arten und Sorten: *S. caesia*: Goldgelb, bis 60 cm; *S. flagellicaulis*: Gelb, bis 80 cm; *S.*-Hybriden: 'Golden Gate' (Hellgelb, bis 50 cm), 'Goldenmosa' (Goldgelb mit spitzkegeligen Rispen, bis 70 cm), 'Strahlenkrone' (Goldgelb, flache Blütenbüsche, bis 60 cm); *S. rugosa* 'Sparkler' (Gelb, zierliche Rispen, bis 100 cm); *S. sempervirens* 'Goldene Wellen': riesige, goldgelbe Blüten, Mehltauresistent, bis 120 cm.
Besonderes: Die meisten Arten sind raue, aggressiv wuchernde Pflanzen, die in Schach gehalten werden müssen, damit sie ihre Nachbarn nicht bedrängen. Gute Schnittblumen.

Stachys

Ziest

Blütezeit: VI – VII.
Blütenfarbe: Hellrosa, Purpur, Lila.
Höhe: Je nach Art und Sorte 15 – 60 cm.
Standort: Sonnig bis halbschattig in normalem Gartenboden. *S. byzantina* verträgt vollsonnige Standorte mit grusiger, magerer Erde.
Arten und Sorten: *Stachys byzantina* (Wollziest, Eselsohren): Matten bildende, immergrüne Staude mit wollig weiß behaarten Blättern und aufrechten, rosa-violetten

Rechts oben: Ziest
Rechts unten: Dreimasterblume

Blütensprossen, bis 45 cm hoch; *S. b.* 'Big Ears': bis 25 cm lange, filzige Blätter und violette Blüten; *S. b.* 'Cotton Boll', syn. 'Sheila McQueen': kugelige, an Baumwolle erinnernde Blüten; *S. b.* 'Primrose Heron': gelblichgraue Blätter; *S. b.* 'Silver Carpet': blüht kaum und sieht immer ordentlich aus; *S. grandiflora:* wirkt wie eine riesige Taubnessel, purpurrosa Blüten, bis 60 cm hoch.; *S. lavandulifolia:* schmale, behaarte, graugrüne Blätter, violette Blüten, 15 bis 30 cm hoch; *S. macrantha:* dunkelgrüne Blätter, auffällige, purpurrosa Blüten, 60 cm hoch; *S. m.* 'Superba': dunkelpurpurne, die niedrige Sorte 'Rosa Compacta' hat hellrosa Blüten; *S. monnieri:* leuchtend dunkelrosa Blüten, bis 30 cm, die lilafarbene Sorte 'Hummeloo' wird bis 60 cm hoch.

Besonderes: *S. byzantina* ist ein wertvoller Bodendecker für sonnige Standorte, aber leider anfällig für Echten Mehltau. Bei lang andauernder feuchter Witterung können die am Boden liegenden Blätter zu faulen beginnen. Nach der Blüte sehen die Pflanzen etwas unordentlich aus, weshalb man die Blütenstände baldmöglichst ausschneidet. Reich blühende Sorten wie *S. macrantha* setzen leuchtende Farbakzente im Staudenbeet. *S. germanicus* (Deutsche Ziest) ist eine attraktive Wildstaude für naturnahe Gestaltungen.

Tradescantia
Dreimasterblume

Blütezeit: VI – IX, *T. brevicaulis*: VI – VII.
Blütenfarbe: Weiß, Rot, Hellblau, Blau, Violett.
Höhe: 40 – 50 cm, *T. brevicaulis*: bis 30 cm.
Standort: Sonnig bis halbschattig in frischen, feuchten Böden.
Arten und Sorten: *T. x Andersoniana*-Hybriden: 'Concord Grape' (Karminrot), 'Gisela' (Reinweiß), 'Leonora' (Tiefviolett), 'I. C. Weguelin' (Himmelblau), 'Zwanenburg Blue' (Tiefblau); *T. brevicaulis* (Karminrot, kleiner und zierlicher als die *x Andersoniana*-Hybriden, bis 30 cm).
Besonderes: Werden die Stauden nach der ersten Blüte zurückgeschnitten, gibt es einen Nachflor, der den ganzen Sommer über anhält.

Tulipa

Tulpe

Vielfältige, arten- und sortenreiche, Zwiebel bildende Stauden, die meistens einblütige Stängel und wenig Blätter hervorbringen. Alle Arten und Sorten (mehrere tausend!) sind winterhart und blühen im Frühjahr. Züchterische Fantasie und Anstrengung brachten eine inzwischen kaum noch zu überschauende Variationsbreite an Blütenformen und -farben hervor. Um etwas Ordnung in die verwirrende Vielfalt der Gartentulpen zu bringen, werden sie international einheitlich in 15 verschiedene Klassen eingeteilt. Außerdem werden zwei große Gruppen unterschieden, die der Wildtulpen und die der Gartentulpen. Die Wildtulpenarten und ihre Hybriden finden seltener Verwendung im Garten als die gezüchteten Sorten, haben jedoch durchaus ihren Reiz – beispielsweise im Steingarten oder als Liebhaberpflanze. Bei den Gartentulpen ändert sich das Angebot praktisch mit jeder Saison. Wir empfehlen zur Sortenwahl die Kataloge der Züchter. Da die Sortennamen international verbindlich festgeschrieben sind, können Sie sie unverwechselbar bei jedem Händler erhalten, falls sie noch im Sortiment sind.

Arten und Sorten: Einfache frühe Tulpen, Gefüllte frühe Tulpen, Triumph-Tulpen, Darwin-Hybrid-Tulpen, Einfache späte (Cottage- oder Breedertulpen) Tulpen, Lilienblütige Tulpen (siehe Abbildung links oben), Gefranste (Chrispa-) Tulpen, Viridiflora-Tulpen, Rembrandt- oder Bizarre Tulpen, Papagei-Tulpen, Gefüllte späte (päonienförmige) Tulpen, Kaufmanniana- (Seerosen-) Tulpen, Fosteriana-Tulpen, Greigii-Hybrid-Tulpen. Gemischte Tulpen (Hybriden und Arten, aber auch Wildtulpen, die in keine der anderen Gruppen eingeordnet werden können).

Wildtulpenarten (Auswahl): *T. clusiana*, syn. *T. aitchisonii* (Damentulpe): innen Weiß, außen Dunkelrosa, 15 – 30 cm); *T. humilis*: Rosapurpur, außen grün überlaufen, 5 – 15 cm; *T. kolpakowskiana*: Gelb, außen rotorange oder olivgrüne Muster, 10 – 15 cm; *T. praestans*: Orangerot, 30 – 50 cm; *T. pulchella*: Hellrot/Purpur oder Purpur/Creme ('Persian Pearl'), 15 – 30 cm; *T. saxatalis*, syn. *T. bakeri*: Rosaviolett, 15 – 25 cm; *T. sylvestris* (Weinbergstulpe, Waldtulpe): Gelb, 20 – 45 cm; *T. tarda*: Weiß/Gelb, Grün überhaucht, bis 15 cm (siehe Abb. rechts oben).

Rechts oben: Königskerze
Rechts unten: Ehrenpreis

Verbascum
Königskerze

Blütezeit: VI – VII, *V.*-Hybriden: V – VI/VII.
Blütenfarbe: Hellgelb, Weiß, Lilarosa, Rosabraun.
Höhe: Je nach Art und Sorte 60 – 200 cm.
Standort: Vollsonnig in jedem nicht feuchten Boden.
Arten und Sorten: *V. bombyciferum*, syn. *V. lagurus, V. broussa*: Gelb, bis 180 cm; *V. chaixii* (Österreichische Königskerze): Gelb, auch Weiß ('Album'), bis 90 – 150 cm; *V.*-Hybriden: 'Cotswold King' (Gelb/Weiß, großblumig, bis 130 cm), 'Pink Domino' (Lilarosa, bis 100 cm), 'Royal Highlight' (Rosa, 60 – 80 cm); *V. nigrum* (Schwarze Königskerze): Hellgelb, verzweigte Blütenkerze, bis 100 cm; *V. olympicum*: Gelb, kandelaberartige Blütenkerzen, kurzlebig, bis 200 cm; *V. wiedemannianum*: Purpurviolett, weißwollige Blätter, bis 100 cm.
Besonderes: Aus einer breiten Blattrosette entwickelt sich eine hoch aufragende Blütenkerze. Magere, kalkhaltige Böden machen die hohen Stauden standfester.

Veronica
Ehrenpreis, Veronika

Blütezeit: Je nach Art und Sorte V – IX.
Blütenfarbe: Blau, Violett, Rosa, Weiß.
Höhe: Boden deckende Arten 5 – 10 cm, höhere Arten 30 bis 80 cm, *V. virginica* sogar bis 140 cm.
Standort: Vollsonnig in gut durchlässigen, eher trockenen Böden. *V. beccabunga* im sumpfigen Uferbereich.
Arten und Sorten: Kriechende Arten: *V. beccabunga* (Bachbunge): immergrüne, niederliegende Staude der Gewässerränder, blaue Blüten, bis 10 cm hoch; *V. peduncularis:* dunkelblau mit weißem Zentrum, bis 10 cm; *V. prostrata:* leuchtend blau, 10 cm; *V. spicata* 'Blauteppich': blau, bis 20 cm. Höhere Arten: *V. austria-*

ca ssp. *teucrium* 'Knallblau': leuchtend enzianblau, 30 cm; *V. longifolia:* 80 cm; die Sorte 'Blauriesin' hat blaue, 'Schneeriesin' reinweiße Blüten; *V. spicata* 'Rotfuchs': Rosarot, 30 cm; *V. virginica:* bis 140 cm, die Sorte 'Diana' hat weiße, 'Lavendelturm' hellblau-lilafarbene Blüten.
Besonderes: Die Vielfalt der Veronica-Arten und -Sorten macht diese Staudengattung besonders wertvoll für alle Arten von Ziergärten. Die polsterartig und kriechend wachsenden Arten sind eine Bereicherung jedes Steingartens, während die höheren Arten mit ihren leuchtenden Blau- und Violetttönen in gemischten Rabatten aparte Akzente setzen. Die senkrecht aufragenden Blütenkerzen betonen die Vertikale im Staudenbeet. Leider sind manche Arten bei feuchter Witterung anfällig für Echten und Falschen Mehltau.

Gräser

Neben den farbig blühenden Stauden bilden die Gräser einen wichtigen Bestandteil der Beetgestaltung. Winterharte Gräser stammen aus allen Erdteilen. Sie lockern auf und schaffen oft den Übergang zwischen verschiedenen Staudengruppen oder Gehölzen. Nicht nur für normale bis trockene Staudenbeete sind Gräser interessant, sondern auch und besonders für Wassermotive und den Sumpfbereich. Rohrkolbengewächse sind hier klassische Begleitstauden. Manche Grasarten haben attraktive bunte Farben, bei anderen ist die Herbstfärbung besonders schön und wieder andere beeindrucken durch ihre Samenstände, ihre Ähren und Grannen. Zu Stauden mit großen, runden Blättern bilden Gräser einen anmutigen und eleganten Kontrast, indem sie den kompakten Eindruck der Blattpflanzen auflockern. Man sollte die Gräser jedoch mit Bedacht auswählen, denn manche Arten säen sich überreichlich aus und werden zu einer Plage im Garten. Andere, wie etwa das Pampasgras (*Cortaderia selloana*) dominieren das Beet und gehören nur in große Anlagen.

Diamantgras
Achnatherum brachytricum,
syn. *A. arundinaceum*
Horstig wachsendes, zwischen 50 und 120 (Blüte) cm hohes Schmuckgras für trockene Böden in vollsonniger Lage. Die im Herbst (September/Oktober) erscheinenden Blüten sind rosagrau.

Silberährengras
Achnatherum calamagrostis*, syn. L*asiagrostis calamagrostis, Stipa calamagrostis
Horstiges, dichtrasiges Schmuckgras ohne Ausläufer, das 60 bis 100 (Blüte) cm hoch wird. Für trockene, kalkhaltige Böden in sonniger Lage geeignet. Die vom Sommer bis zum Herbst (Juni – Oktober) erscheinenden Blüten sind silbrig weiß, im Herbst gelblich braun.

Pampagras

Japansegge

Bartgras *Andropogon scoparius*
Für vollsonnige, trockene Standorte geeignetes, 30 bis 50 (Blüte) cm hohes, locker horstiges Gras mit blaugrünen, im Herbst rötlich braunen Blättern. Im August erscheinen silbrige Traubenähren.

Japansegge *Carex morrowii*
Besonders für schattige Standorte und viele Böden geeignete, immergrüne Seggenart mit bis zu 40 cm hohen Horsten. Die Sorte 'Variegata' hat weiß gestreifte Blätter.

Rasenschmiele *Deschampsia cespitosa*, syn. *Aira cespitosa*
Europäisches Wildgras für feuchte, saure und schwere Böden, sogar bei Staunässe und für sonnige bis halbschattige Standorte geeignet. Viele Zuchtsorten. Die dichten Horste wuchern nicht. Im Juni – Juli erscheinen bis zu 150 cm hohe, lockere Blütenrispen, die dann im Herbst strohgelb werden. Diese Blütenpyramide hält bis zum Winter.

Riesenschwingel *Festuca gigantea*
Europäisches Wildgras vor allem für halbschattige bis schattige Standorte und humose, sandig-humose, feuchte und sogar staunasse Böden. Die hohen, sommergrünen Horste ohne Ausläufer können in lichten Rabatten den Stauden starke Konkurrenz machen. Blütezeit: Juli – August.

Blauschwingel *Festuca glauca*
Dichte Polster von 10 bis 30 cm Höhe bildendes, sehr trockenheitsresistentes Gras mit vielen Zuchtsorten für sonnige Standorte und magere Böden. Auffällig sind die schmalen, blaugrünen Blätter. Die im Frühsommer (Juni/Juli) erscheinenden Blütenähren variieren in der Farbe je nach Sorte.

Gebänderter Wasserschwaden *Glyceria maxima* var. *variegata*
Das Laub abwerfendes Schmuckgras eignet sich für feuchte Böden, Sumpf- und Flachwasserbereiche. Es

liebt sonnige Standorte und zeigt im Juni/Juli grüne Ähren. Höhe: bis 80 cm.

Chinaschilf *Miscanthus sinensis*

Hohes, eindrucksvolle Horste bildendes Schilfgras, das gut zu Wassermotiven passt, aber keine Staunässe verträgt. Für sonnige Standorte und tiefgründige Böden, auch als Solitärpflanze. Viele Zuchtsorten. Die Halme werden zwischen 150 und 200 cm hoch, die silbrig weißen Blütenrispen erscheinen im Spätsommer bis Herbst (August – Oktober) und eignen sich gut für den Schnitt.

Federborstengras, Lampenputzergras *Pennisetum alopecuroides*, syn. *P. compressum*, *P. japonicum*

Dichte Horste von 30 bis 80 (Blüte) cm Höhe bildendes Schmuckgras für sonnige Standorte mit durchlässiger, im Sommer nicht zu trockener Erde. Viele Zuchtsorten. Das elegante Laub ist spitz zulaufend, hängt über und ist auch im Winter dekorativ, die Flaschenreinigern ähnelnden, lang gestielten Blütenähren erscheinen im September/Oktober.

Buntes Glanzgras, Rohrglanzgras, Bandgras oder Brautgras *Phalaris arundinacea*

Für sonnige bis halbschattige Standorte und feuchte bis normale, nährstoffreiche Böden geeignetes Schmuckgras mit Rhizomen, das zum Wuchern neigt. Höhe: 50 – 100 (Blüte) cm. Die im Juni/Juli erscheinenden, ährenförmigen Rispenblüten und weiß gestreiften Blätter eignen sich gut für den Schnitt. Zahlreiche Zuchtsorten.

Schilfrohr *Phragmites australis* 'Variegatus'

Stark wüchsiges Schilfrohr mit hell gestreiften Blättern, wegen des Ausbreitungsdranges weder für Folienteiche noch für kleine Anlagen geeignet. Liebt sonnige Standorte und wird bis 180 cm hoch. Die schwachvioletten Blüten erscheinen im Frühsommer.

Zwergbambus *Pleioblastus fortunei*, syn. *Arundinaria fortunei*

Winterharter, zwergwüchsiger Bambus mit unterseitig fein behaarten Blättern. Die Sorte 'Variegatus' besitzt hell panaschierte Blätter.
Höhe: bis zu 75 cm hoch. Bevorzugt humusreiche, feuchte, aber durchlässige Böden in sonniger bis halbschattiger Lage.

Zwergrohrkolben

Hechtblaues Rispengras *Poa glauca*

Für Steingärten gut geeignetes, Horst bildendes Ziergras mit blaugrauen Halmen für sonnige bis halbschattige Standorte und leichte, wasserdurchlässige Böden. Die Blütenähren (im Sommer) sollten vor der Reife zur Verhinderung einer Selbstaussaat entfernt werden. Höhe: 30 – 40 cm.

Reiherfedergras *Stipa barbata*
Für sonnige, trockene Standorte mit kalkhaltigem Boden geeignetes Schmuckgras mit langen, schmalen Blättern. Höhe: 30 bis 80 (Blüte) cm. Die attraktiven, silberweiß behaarten Blütenrispen mit fedrigen Grannen erscheinen im Juli/August.

Laxmanns Rohrkolben *Typha laxmannii*
Winterharte Sumpfpflanze mit kriechendem Rhizom für den Uferbereich. Die bis 150 cm hohen Blätter sind halbrund, schmal und überragen den braunen Blütenkolben. Blütezeit: Juli/August. Der männliche Blütenkolben ist deutlich größer als der weibliche.

Zwergrohrkolben *Typha minima*
Sumpfpflanze mit ähnlichen Ansprüchen wie Laxmanns Rohrkolben, aber nicht so hoch (maximal 75 cm) und daher auch sehr gut für kleine Gärten geeignet. Die weiblichen Blütenkolben sind eher eiförmig und erscheinen im Juni/Juli.

Farne

Als Strukturpflanzen sind Farne für den Staudengarten ebenso unverzichtbar wie Gräser. Die meisten Farne sind Waldpflanzen und schätzen daher entsprechende Wuchsbedingungen: Halbschattige bis schattige Standorte sind ideal. Ob der Boden eher sauer oder alkalisch ist, spielt für Farne keine besondere Rolle, wichtig dagegen sind ein ausreichendes Nährstoffangebot und ein humoser, durchlässiger Grund, der stets etwas feucht sein muss. Auch die Luftfeuchtigkeit sollte ausreichend sein. Je heller ein Standort ist, desto mehr muss man auf die Feuchtigkeit achten, damit die empfindlichen Wedel nicht austrocknen. Wenn das Laub der nicht immergrünen Farnarten im Herbst oder nach dem ersten Frost braun und unansehnlich wird, darf man es dennoch nicht entfernen. Es schützt die empfindlichen Triebknospen, aus denen der Farn im nächsten Frühjahr mit neuer Kraft seine Wedel entfaltet. Durch die Ansprüche an den Standort sind Farne die idealen Begleitstauden für den schattigen Garten oder ein dunkles Eckchen. Achten Sie beim Kombinieren mit anderen Schattenpflanzen darauf, dass sie keine Konkurrenten der Farne werden. Manche Blattstauden passen besser, manche weniger gut zusammen. Farne und Funkien beispielsweise sollten nicht zu nah beieinander stehen, da sie sich nicht nur, was die Nährstoffe angeht, Konkurrenz machen, sondern auch optisch miteinander nicht gut harmonieren. Besser geeignet sind Blattschmuckstauden mit schmalen oder gezähnten Blättern wie z. B. Schaublatt (*Rodgersia*), Gräser oder frühe, niedrige Zwiebelblüher, die dann einziehen, wenn die Farne austreiben.

Farne gehören zu den ältesten Pflanzen, die festes Land besiedelten. Sie bilden Rhizome, oft sogar ein Rhizomgeflecht statt normaler Wurzeln. Damit breiten sie sich über Ausläufer aus, so dass an geeigneten Standorten ganze Farnkolonien oder kleine Wäldchen entstehen können. Anders als die anderen Pflanzen bilden Farne keine Blüten und daher auch keine Samen, sie pflanzen sich über Sporen fort. Diese sind staubfein und sitzen in Sporenbehältern an der Unterseite der fruchtbaren Wedel. Manche der Wedel sind auch steril und tragen keine Sporen. Die generative (geschlechtliche) Vermehrung verlangt viel Fingerspitzengefühl und Erfahrung. Besorgen Sie sich also besser in ihrer Staudengärtnerei bewurzelte Farnpflanzen, das ist einfacher als die Selbstanzucht. Durch Rhizomausläufer bilden sich mit der Zeit von ganz allein Horste und Ableger.

Nachfolgend eine kleine Auswahl von Farnen, die sich für den Staudengarten eignen:

Pfauenradfarn *Adiantum pedatum*
Breit fächerförmige, fiedrig zerteilte Wedel mit schwarz glänzenden Stielen, färbt sich im Spätsommer goldgelb. Kurzes, flach kriechendes Rhizom. Höhe: bis 60 cm. Standort: lichter Schatten, frisch-humose Böden, auch im Uferbereich.

Ganz links: Pfauenradfarn
Links: Wald-Frauenfarn

Wald-Frauenfarn *Athyrium filix-femina*
Zwei- bis dreifach gefiederte, hellgrüne Wedel, bei verschiedenen Zuchtformen auch andersgestaltig (z. B. bei der Sorte *A. filix-femina* 'Corymbiferum', dem Troddelfrauenfarn, mit Kammbildung an den Fiedern). Sommergrün mit kurzem Rhizom. Höhe: 100 bis 150 cm. Standort: schattig bis halbschattig, frische, feuchte Böden.

Rippenfarn *Blechnum spicant*
Winterharter, wintergrüner Farn, der sowohl sterile als auch fruchtbare Wedel besitzt. Die länglichen sterilen Wedel sind dunkelgrün, ledrig und einfach gefiedert, die fruchtbaren Wedel dagegen büschelartig aufrecht stehend aus der Mitte wachsend. Sie entwickeln sich später als die sterilen und trocknen nach der Sporenreife ein. Höhe: die fruchtbaren Wedel werden bis zu 75 cm hoch. Standort: vollschattig auf feuchten, sauren Böden.

Wurmfarn *Dryopterix filix-mas*
Winterfester, wintergrüner Farn mit fruchtbaren und sterilen Wedeln. Die sterilen Wedel sind wintergrün, während die fruchtbaren nach der Sporenreife absterben. Neben dem heimischen Wurmfarn sind zahlreiche Formen bekannt. Höhe: die fruchtbaren Wedel werden bis zu 140 cm hoch. Standort: halbschattig bis schattig auf nährstoffreichem, humosem und feuchtem Boden. Ist genügend Feuchtigkeit vorhanden, gedeiht er auch in sonnigeren Lagen.

Straußfarn, Trichterfarn *Matteuccia struthiopteris*
Winterfester, wintergrüner Farn mit sowohl fruchtbaren als auch sterilen Wedeln. Die sterilen Wedel stehen schräg aufrecht (Trichter), sind dunkelgrün, einfach gefiedert und sterben im Winter ab. Die fruchtbaren Wedel werden im Inneren des Trichters gebildet, sind kürzer und schmaler und überdauern den Winter. Im trockenen Herbst vergilben die Wedel sehr früh. Unterirdische, schwarze Ausläufer sorgen für eine großflächige, manchmal aggressive Ausbreitung der Pflanze. Höhe: 80 bis 100 cm. Standort: halbschattig bis schattig auf fast allen ausreichend feuchten Böden, allerdings keine Staunässe.

Rechts oben: Perlfarn
Rechts unten: Tüpfelfarn

Perlfarn *Onoclea sensibilis*
Doppelt gefiederte, langstielige, sommergrüne, sterile Wedel. Die fruchtbaren, wintergrünen Wedel erscheinen erst im Sommer, werden nur maximal 50 cm hoch und sind mit braunen Sporenkapseln besetzt. Da *Onoclea sensibilis* sehr stark wuchert, eignet er sich als Bodendeckstaude. Höhe: 50 bis 90 cm. Standort: halbschattige und schattige Lagen mit feuchten, humosen Böden. In rauen Lagen empfiehlt sich im Winter eine Abdeckung mit Laub.

Königsfarn *Osmunda regalis*
Sommergrüner Farn mit doppelt gefiederten, im oberen Drittel Sporen tragenden Wedeln, die sich im Herbst schön färben. Manche Formen variieren in Größe und Farbe, z. B. *O. regalis* 'Purpurascens', die starkwüchsig ist und rötliche Blattstiele hat. Höhe: 100 bis 180 cm. Standort: feuchte, saure Böden im lichten Schatten.

Hirschzunge *Phyllitis scolopendrium*, syn. *Scolopendrium vulgare*
Die ungeteilten, ganzrandigen, glänzend grünen Bätter sind zungenförmig und wintergrün. Es gibt auch Sorten mit gewellten, gekräuselten (*P. scolopendrium* 'Crispum') und ausgefransten Blättern. Höhe: bis 40 cm. Standort: halbschattig bis vollschattig auf feuchten, frischen Böden. Die Hirschzunge ist kalkverträglich und wächst auch an feuchten, schattigen Mauern, Felsen und in Brunnenschächten.

Tüpfelfarn, Engelsüß *Polypodium vulgare*
Dunkelgrüne, ledrige, einfach gefiederte Wedel, die wintergrün sind. Das kriechende, hellbraune Rhizom ist geschuppt. Sehr anpassungsfähige Farnart mit einigen in Wedelform und Größe variierenden Sorten. Wächst auch in absonnigen Mauerfugen und im Steingarten. Höhe: bis 30 cm, in Gewässernähe bis 60 cm. Standort: halbschattig bis schattig auf kalkarmen, humosen, feuchten Böden.

Buchenfarn *Thelypteris phegopteris*, syn. *Phegopteris connectilis*
Laub abwerfender Farn mit gestielten, etwa 30 cm langen, gefiederten Wedeln. Höhe: 30 cm. Für feuchte, schattige Standorte, auch für dauerfeuchte Böden.

Rezepte für sanfte Spritzmittel

Ackerschachtelhalmbrühe

150 g getrockneten (aus der Apotheke) oder 1 kg frischen Ackerschachtelhalm (*Equisetum arvense*) in 10 l Wasser einen Tag lang ziehen lassen, am nächsten Tag aufkochen und etwa eine halbe Stunde lang sanft köcheln lassen. Nach dem Erkalten abfiltern. Zum Spritzen im Verhältnis 1 : 5 verdünnen, eventuell mit 0,5 bis 1 % Wasserglas versetzen.

Wurmfarnbrühe

100 g getrocknetes (aus der Apotheke) oder 1 kg frisches Kraut des Wurmfarnes (*Dryopteris filix-mas*) in 10 l Wasser einen Tag lang ziehen lassen, am nächsten Tag aufkochen und etwa eine halbe Stunde lang sanft köcheln lassen. Nach dem Erkalten abfiltern. Zum Spritzen im Verhältnis 1:5 verdünnen.

Zwiebelschalentee

50 g frische oder 20 g getrocknete Zwiebelschalen mit 1 l nicht mehr kochendem Wasser überbrühen, 24 h stehen lassen und abfiltern. Zum Spritzen im Verhältnis 1:10 verdünnen.

Knoblauchtee

10 kleingehackte Knoblauchzehen mit 1 l nicht mehr kochendem Wasser überbrühen, danach 24 Stunden ziehen lassen und abfiltern. Zum Spritzen im Verhältnis 1:3 verdünnen.

Knoblauch-Kaltwasserauszug

In 1 l kaltes Wasser werden 100 g frischer, kleingehackter Knoblauch gegeben. Nach etwa einer Stunde (nicht später!) abgießen.

Brennnesseljauche

Für Kräuter- und Zwiebeljauchen, also auch Brennnesseljauche, werden etwa 500 g frische oder 75 g getrocknete Pflanzenteile wie beim Kaltwasserauszug in 5 l Wasser aufgesetzt, nur lässt man die Mischung etwa 14 Tage lang in einem Kunststoffgefäß (kein Metall) gären. Gelegentliches Umrühren fördert den Verjauchungsprozess. Es entsteht eine starke Geruchsbelästigung, deshalb nicht im Haus oder in der Nähe von Nachbarn gären lassen! Nach Abschluss der Gärung den Extrakt abfiltern und im Verhältnis 1: 20 verdünnt spritzen.

Adressen und Bezugsquellen

Gärtner Pötschke
Beuthener Str. 4
41564 Kaarst
Tel: +49 (0 21 31) 79 33 33
Fax: +49 (0 21 31) 79 34 44
Email: info@poetschke.com;
http://www.gaertner-poetschke.de

Zentralverband Gartenbau e. V. (ZVG)
Godesberger Allee 142–148
53175 Bonn
Tel: +49 (02 28) 81 00 20
Fax: +49 (02 28) 8 10 02 48
Email: zvg-bonn@g-net.de; http://www.g-net.de
(Über den BdS erhalten Sie eine Adressenliste von Staudengärtnereien und ihren Sortimentsschwerpunkten.)

Bund deutscher Baumschulen e. V.
Bismarckstr.49
25421 Pinneberg
Tel: +49 (0 41 01) 2 05 90
Fax: +49 (0 41 01) 0 59 31
Email: bdb-pinneberg@t-online.de

Sichtungsgärten

Berggarten (Herrenhäuser Gärten)
Herrenhäuser Straße 4
30419 Hannover
Tel: +49 (05 11) 12 34 51 11
Fax: +49 (05 11) 12 34 51 12
Email: info@Hannover-Tourism.de
http://www.Hannover-Tourism.de

Sichtungsgarten Weihenstephan
Am Staudengarten 7
85350 Freising
Tel: +49 (0 81 61) 71 40 27 (vormittags)
Fax: +49 (0 81 61) 71 55 96
Email: stauden-gehoelze@fh-weihenstephan.de
http://www.fh-weihenstephan.de

Staudengärtnereien

Staudengätnerei Arends
Monschaustr. 76
42369 Wuppertal
Tel: +49 (02 02) 46 46 10
Fax: +49 (02 02) 46 49 57
Email: stauden@arends.de
http://www.arends.de

Foerster-Stauden GmbH
Am Raubfang 6
14469 Potsdam/Bornim
Tel: +49 (03 31) 56 72 60
Fax: +49 (03 31) 52 01 24
http://www.foerster-stauden.de
(Großes Staudensortiment, auch viele Wildstauden; kein Versand)

Gärtnerei Hügin
Zähringer Str.281
79108 Freiburg
Tel: +49 (07 61) 55 37 25
Fax: +49 (07 61) 5 00 99 58
(Internationale, ausgefallene Stauden; kein Versand)

Staudengärtnerei Gräfin von Zeppelin
79295 Sulzburg/Laufen
Tel: +49 (0 76 34) 6 97 16
Fax: +49 (0 76 34) 65 99
Email: graefin-v-zeppelin@t-online.de
http://www.graefin-v-zeppelin.com
(Versand von Stauden; Spezialitäten: *Iris*-, *Hemerocallis*-, *Papaver orientalis*- und *Paeonia*-Sorten)

Tangermann Gartenbau
Heyersumer Str. 21
31171 Nordstemmen
Tel: +49 (0 50 69) 9 90 40
Fax: +49 (0 50 69) 99 04 21
Email: tangermann@t-online.de
http://www.tangermanngartenbau.de
(Etwa 900 Wildstaudenarten, Gräser und Farne im Angebot)

Winkler & Richard AG
Frauenfelder Str. 27
CH-9545 Wängi
Tel: +41 (052) 3 78 21 84
Fax: +41 (052) 3 78 21 86
Email: info@gartenland.ch
http://www.gartenland.ch
(400 Wildstauden; auch Saatgut und Blumenzwiebeln)

E.R.D.E.(Institut f. Ökopädagogik)
Postfach 47
A-8016 Graz
Tel: +43 (03 16) 84 15 85
(Wildstauden und Samen)

Bodenuntersuchung

Verband Deutscher Landwirtschaftlicher Untersuchungs- und Forschungsanstalten (VDLUFA)
c/o Landwirtschaftskammer Rheinland
Untersuchungszentrum Bonn-Roleber
Siebengebirgsstraße 200
53229 Bonn
Tel: +49 (02 28) 43 42 511
Fax: +49 (02 28) 43 42 474
Email: info@vdlufa.de
http://www.vdlufa.de

Eidgenössische Forschungsanstalt
für Obst-, Wein- und Gartenbau
Schloss
CH-8820 Wädenswil
Tel: +41 (01) 7 83 61 11

Nützlinge

W. Neudorff GmbH KG
An der Mühle 3
31860 Emmerthal
Tel: +49 (0 51 55) 62 40
Fax: +49 (0 51 55) 60 10
Email: info@neudorff.de
http://www. neudorff.de
(Bestellkarten für Nützlinge im Gartenfachhandel)

Literatur

Zeitschriften

Flora Verlag Gruner + Jahr AG 20444 Hamburg

Kraut & Rüben BLV Verlagsgesellschaft mbH,
80797 München www.blv.de/k&r

Mein Schöner Garten Senator Verlag GmbH
77605 Offenburg www.mein-schoener-garten.de

Bücher

Knaurs Gartenbuch, Knaur, München 2003

Fessler, Alfred: Der Staudengarten. Ulmer, Stuttgart 1991

Hobhouse, Penelope: Farbe im Garten. Ulmer, Stuttgart 1986

Hobhouse, Penelope: Pflanzen in ihren Lebensbereichen. Ulmer, Stuttgart 1999

Jekyll, Gertrude: Pflanzenbilder aus meinem Garten. Über englische Gartengestaltung. Ulmer, Stuttgart 1988

Schmid, O./Henggeler: Biologischer Pflanzenschutz im Garten. Ulmer, Stuttgart 1990

Register

Seitenzahl mit * Sternchen = Abbildung